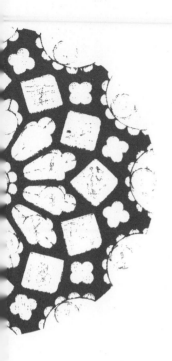

互 照
莱布尼茨与中国

〔美〕方岚生 著

曾小五 译 王蓉蓉 校

Leibniz
and
China

A
Commerce
of
Light

Franklin Perkins

北京大学出版社
PEKING UNIVERSITY PRESS

著作权合同登记号　图字:01-2008-3550

图书在版编目(CIP)数据

互照:莱布尼茨与中国/(美)方岚生著;曾小五译;王蓉蓉校.—北京:北京大学出版社,2013.5

(海外中国哲学丛书)

ISBN 978-7-301-22320-8

Ⅰ.①互… Ⅱ.①方…②曾…③王… Ⅲ.①莱布尼茨,G.W.(1664~1716)-哲学思想-研究②哲学-研究-中国③中华文化-研究 Ⅳ.①B516.22②B2③K203

中国版本图书馆 CIP 数据核字(2013)第 057629 号

Leibniz and China: *A Commerce of Light*, 1st edition, (ISBN:9780521048224) by Franklin Perkins, first published by Cambridge University Press 2004.

All rights reserved.

This simplified Chinese edition for the People's Republic of China is published by arrangement with the Press Syndicate of the University of Cambridge, Cambridge, United Kingdom.

© Cambridge University Press & Peking University Press 2013

This book is in copyright. No reproduction of any part may take place without the written permission of Cambridge University Press and Peking University Press.

This edition is for sale in the People's Republic of China (excluding Hong Kong SAR, Macau SAR and Taiwan Province) only.

此版本仅限在中华人民共和国(不包括香港、澳门特别行政区及台湾地区)销售。

书　　　　名:	互照:莱布尼茨与中国
著作责任者:	[美]方岚生　著　曾小五　译　王蓉蓉　校
责 任 编 辑:	王立刚
标 准 书 号:	ISBN 978-7-301-22320-8/B·1119
出 版 发 行:	北京大学出版社
地　　　　址:	北京市海淀区成府路 205 号　100871
网　　　　址:	http://www.pup.cn　新浪官方微博:@北京大学出版社
电 子 信 箱:	pkuphilo@163.com
电　　　　话:	邮购部 62752015　发行部 62750672　出版部 62754962
	编辑部 62755217
印　　　刷　者:	北京大学印刷厂
经　　　销　者:	新华书店
	650mm×980mm　16 开本　16.5 印张　225 千字
	2013 年 5 月第 1 版　2013 年 5 月第 1 次印刷
定　　　　价:	35.00 元

未经许可,不得以任何方式复制或抄袭本书之部分或全部内容。

版权所有,侵权必究

举报电话:010-62752024　电子信箱:fd@pup.pku.edu.cn

目　录

译者序/1
前　言/5
缩略词表/11

第一章　欧洲遇到世界/〇〇一
　　欧洲与其他文化/〇〇三
　　中国背景/〇一六
　　对中国的接纳和拒斥/〇二七
　　普遍性、宽容和文化的多样性/〇三八
　　莱布尼茨和文化交流/〇四九

第二章　莱布尼茨形而上学中的秩序与多样性/〇五三
　　秩序、多样性与多元论/〇五五
　　神的秩序/〇六二
　　创世/〇七一
　　两种真理——一个意识/〇七七
　　先天问题/〇八六
　　真理的表达/〇九一
　　相互的限制/一〇一
　　感性知识/一一一

第三章　与中国交流/一二三
　　莱布尼茨与中国/一二五
　　光的交流/一三六
　　外交前沿/一四四

渴望的知识/一五五

　　语言与通用字符/一五九

　　自然宗教和伦理学/一六七

第四章　诠释中国/一七九

　　诠释学/一八一

　　争论/一九二

　　共同的基础——自然神论/一九七

　　诠释与接纳/二〇九

　　莱布尼茨作为诠释者/二一九

第五章　莱布尼茨与文化交流/二二五

人名索引/二三七

后　记/二四七

译者序

在中国人的眼中,莱布尼茨这个名字并不陌生。只要是稍稍读了几年书的人,他就可能知道,莱布尼茨是17、18世纪之交德国最重要的数学家、物理学家和哲学家。在数学方面,他与牛顿同为微积分的创建人;在物理学方面,他提出了能量守恒原理的雏形;在哲学方面,他提出了著名的单子论。所以,一般的中国人对莱布尼茨是敬重有加的。

但是,假如进一步追问,或许大家对莱布尼茨就所知不多了。不过,还是有人会知道,莱布尼茨与中国似乎有某种瓜葛,据说他著名的二进制算术就是受了中国古代经典《易经》八卦的启发而创立的。说到这,人们内心可能还会有一种油然的自豪感。

然而,如果人们还知道更多一点,他对莱布尼茨的态度和印象会发生怎样的变化呢?

其实,莱布尼茨与中国不止是有一点点瓜葛,而是有着密切的关联的。可以说,莱布尼茨是唯一的一个严肃对待欧洲与中国文化交流的杰出的近代哲学家。

首先,莱布尼茨极其敬重中国文化,对中国文化有着高度的评价,把中和西两种文化看做是可并驾齐驱的"兄弟"。在他编辑出版的《中国近事》的序言中,莱布尼茨写道:"谁会相信在地球上还有这样一个民族?——虽然用我们的观点看,我们在各方面已经是高度发达了,但是,他们竟然在对世俗生活的理解方面仍超越了我们。"他是这样比较欧洲和中国文化的:在日常生活实践中,中西文化大致相当。在理论上,包括逻辑学、几何学、形而上学以及天文学,欧洲人更胜一筹;而在经验真理的观察上,中国人则更占优势。

其次,他还在实践上极力倡导并推进中西文化的平等交流。莱布尼茨在他的通信中不断地讨论中国。有的莱布尼茨研究者甚至注意到,他对"中国"一词的使用频率也许超过了"单子"和"前定和谐"。对文化交流的推动成为了他一个主要的政治和外交目的。他在与耶稣会士的交往中,在作为柏林科学院的创立者和领导者的时候,以及在与彼得大帝的交往中,他一直致力于此事。莱布尼茨极其看重欧洲与中国的文化交流,在给沃珠(Antoine Verjus)的信中,他这样说道:"因为我断言,这是我们时代最伟大的使命,所以我把这一部分事务当做为了神的荣耀,当做作为一般的善的基督教信仰的传播,以及既在我们之中也在中国人之中的艺术、科学的发展。因为这是一种光的交流:它可以把几千年的成就在极短的时间内传递给我们,同时我们也可以把自己的传递给他们。也就是说,可以使我们的精神财富成倍增长。这是一种比一个人独自思考更伟大的东西。"(《莱布尼茨中国通信集》(*Leibniz Korrespondiert mit China*),第55页。)

再次,莱布尼茨对中国文化还作过深入的研究,并且成为了当时最了解中国的欧洲人之一。莱布尼茨早在1666年就在一本叫做《论结合的方法》(*De Arte Combinatoria*)的书中提到了"中国",那时他还只有二十岁。1697年,莱布尼茨编辑出版了广有影响的《中国近事》——一部关于中国写作的文集。1716年,在他生命的最后阶段,莱布尼茨应尼古拉斯·雷蒙(Nicholas Rémond)之邀而写作了关于中国哲学的最广泛的论述《中国的自然神学论》,虽然直到死的时候还没有完成。此外,莱布尼茨还写了另外两篇直接与中国相关的文章:一篇是《论对世俗孔子的尊敬》(*De cultu Confucii civili*),在1700年1月1日寄给了安东尼·沃珠;另一篇简短的文章则在1709年8月12日寄给了巴托洛梅乌斯·博斯(Bartholomaeus des Bosses)。

美国著名的汉学家孟德卫(David Mungello)指出:"莱布尼茨异常优秀地了解中国文化",他很可能读过或是熟悉每一部关于中国的重要著作。(大卫·孟德卫,"莱布尼茨中国印象的来源"载"莱布尼茨研究"(Studia Leibnitziana),14(1982),第233—243页。)加拿大著名学者秦家懿(Julia Ching)和维尔(Willard Oxtoby)更进一步地指出,莱布尼茨"对新儒家'理'和'气'的概念的诠释十分敏锐,精确得令人吃惊"。

他们宣称:"莱布尼茨甚至在现在看来还是最深入了解中国及其哲学的最伟大的西方哲学家"。(秦家懿和维尔:《道德启蒙》,第12、15页。)

那么,就是因为莱布尼茨与中国有着如此密切的关联,我才决定翻译此书,把他介绍给中国人吗?当然没有那么简单。

大家知道,我们生活其中的时代是多元文化共同相处的、不同文化之间的相互交流和相互作用日益频繁的时代。在这样一个时代,"不同文化的契合已成为是我们时代最紧迫的问题之一"。而作为著名哲学家的莱布尼茨对中国的关注及其对与中国交流的倡导与推动却一定程度地给我们提供了应对这一时代课题的引导和启示。正因如此,回顾并再一次反思莱布尼茨关于欧洲与中国的文化交流的相关的理论与实践,自然地应当受到学术界(当然包括中国学术界)的重视。

方岚生先生(Franklin Perkins)的《互照:莱布尼茨与中国》(*Leibniz and China: A Commerce of Light*)在一个宏大的中西文化交流的历史背景上,全面阐述了莱布尼茨对中西文化交流及其发生的问题的观点、态度和处理应对的方法等,并从莱布尼茨的哲学本身寻找了它形而上的理论根源。这对莱布尼茨的研究是开拓性的,而对不同文化之间的交流的探讨则是深入的。正是这,使得该研究成为了对文化交流典型案例研究的典型,从而使之成为当代世界文化比较与交流研究领域不可多得的佳作范本。

正因如此,我选择翻译了此书。其目的是非常明确的:一是把一种文化比较和交流的研究典范介绍给大家,期待它能给我们某种启迪,并吸引更多的有识之士真正认真地思考我们时代的这一重大课题——不同文化之间的相互作用与相互契合。一是让更多的中国人能更多一点地换一个角度即借助西方人的视野审视不同时代的西方人对西方与中国之间文化交流的观点和态度,以便我们能以更开放的视野面对中外文化的交流这一重大的时代课题。

是为序!

译者
2010年11月18日 于美国芝加哥

前　言

　　莱布尼茨与中国？这标题还真有些新奇。即使当人们得知莱布尼茨一生保持着对中国的兴趣并将他相当的精力和政治智慧投入到了对文化交流——他之所谓"光的交流"(commerce of light)时,这一标题仍然让人觉得奇怪,特别是对于那些从事哲学史研究的哲学家们。在近代思想史中,对其他文化的广泛兴趣往往会受到很大的质疑,因为在这里,其他文化没有容身之所似乎是显而易见的。莱布尼茨着迷于中国这一现象让人吃惊并且值得我们关注的理由正在于它与同时代的同行对中国的索然无趣形成了鲜明的对比。而且,我们这吃惊的反应本身也应当让人吃惊并且值得注意。在 16、17 世纪,其他文化的信息大量涌入欧洲的同时,欧洲的经济也越来越明显地走向全球。在这种全球化的背景下,奇怪的现象不应当是莱布尼茨关于中国的著作,而应当是其他人对欧洲之外的世界表现出如此少的兴趣。对"人"的本性(the nature of "man")如此感兴趣的笛卡儿,怎么会对人类的多样性毫无兴致？作为"经验论者"的洛克,怎么会对非欧洲世界的经验如此无动于衷？

　　这些反问,从某种意义上说,似乎有些不恰当或不公正,并不是一个哲学家真正切入笛卡儿或洛克思想的问题。为什么？我们把我们的时代看做一个独特的多元文化时代,而且它也确实在某些方面是独特的。首先,现在几乎所有的文化都有某种联系。我们可以极快地进入几乎任何一种文化——只要有足够的钱,我们几乎可以飞到世界的任何一个地方；另外,我们还可以借助互联网以更快的速度进入其他文化。但是,如果仅仅因为在日常生活中我们可以遇到来自其他文化的人,或者因为如此多的人生活在一种不同于我们父辈的文化环境之中,或者因为我们时代最大的挑战是如何包容文化的差异,我们就认为这时代是独特的多元文化的,那么,我们就错了。这种独特性的错觉将切断我们本可以从历史——欧洲的历史和世界其他文明的历史——中获得的指导。同时,我们还强化着这样一种错觉:欧洲的思想是一个特殊原因(a causa sui),它孤立地生长着,不需要与其他文化的交互影响。这种独立欧洲的错觉,使我们可以轻易地在"我们"与"他们"、"西方"与"东方"之间做出区分,同时,它还模糊着这种区分的历史性。这种孤立欧洲的错觉诱使我们认为,近代哲学家对其他文化不感兴趣的原因是因为他们无法得到关于其他文化的信息。

本书把莱布尼茨(Gottfried Wilhelm Leibniz)当做一个范例来说明近代思想家在理解其他文化的地位时是怎样规划自己的哲学的,他们又是怎样把文化差异融入自己的哲学之中的,其意图便在于消去这种错觉。莱布尼茨并不是认识到这种文化交流价值的独有例子。不过,莱布尼茨关于中国的理解是在欧洲的扩张这一背景下,以及在(欧洲)与其他文化交流的历史过程中发展出来的。对莱布尼茨研究的独特性和持续性的正确理解决不能抛开这一背景。本书的直接目的就在于既在欧洲与世界其他文化相遇的背景之中又在莱布尼茨本身的哲学之中来理解莱布尼茨对中国的关注。当然,我也希望这本著作能够达成另外两项更为广泛的目的。其一是,给"欧洲是如何从理论上说明和构造其他文化的"这一持续增长的关注再添只砖片瓦。这种关注不能与欧洲对其他文化的主导以及殖民主义的说教分开,尤其是不能与爱德华·赛义德(Edward Said)(在《东方主义》(Orientalism)中)所指出的、形成于18世纪后期的"东方主义"以及与艾曼纽·艾兹(Emmanuel Eze)(《种族与启蒙:读本》(Race and the Enlightenment: a Reader))在18世纪早期诠释的"种族"分开。我这里的工作不同于这些历史研究,因为它讲述的是一个更早的时代,也因为莱布尼茨的著作不和任何哲学与殖民主义相结合的故事相吻合。在对于其他文化的评价中,近代这一时期显然是多样性的:当莱布尼茨要求请中国的传教士到欧洲并在欧洲讲授伦理学的时候,并不是每一个人都发现他的提议是一种让人难以忍受的冒犯。甚至那些对其他文化极少有兴趣的哲学家也清楚地宣称所有的民族在能力上都是平等的。在17世纪,我们可以发现一些后来的殖民主义者所宣扬的欧洲中心主义的成分,但是没有后来不久出现的,例如休谟和康德的种族主义中的那种欧洲优越性的自信。这里,我不为这段历史做一个普遍性的解释,但是,莱布尼茨的例子至少描述了,在近代对其他文化的接触与了解的过程中,欧洲殖民主导性既有某种确实的连续性又有某种确实的不连续性。

如果这是本书作为历史研究的目的,那么它的另一目的则是哲学性的。也许新世纪的最大挑战是围绕在"多元文化论"展开的一系列议题。尤其是如何协调不同文化之间的相似和不同之处以及如何在伦理的普遍性和世界文化的多样性之间求得平衡。然而,现代的哲学尤其不善于阐明这些问题,甚至不能够阐明它自己与文化的关系。现代的哲学家们像斯宾诺莎或洛克一样,奇怪地止步于这样一个地方:乐于承认一种抽象的与其他文化平等的观念,但是对于这些文化产生出来的思想却没有兴趣。这里,莱布尼茨,一是作为一种关于文化交流的哲学关注的范型,一是作为一个早期但有力的对这种文化交流的呼吁。同时,我也希望揭示出,莱布尼茨哲学提供了一种他同时代的哲学家所缺乏的多元主义的奠基,并且通过这一点说明,莱布尼茨哲学也许仍然为我们的文化交流提供着某种基础性的元素。

这些历史的和哲学的目的要求我不要仅仅停留在对莱布尼茨关于中国的著作的描述上。一方面,我阐述了在传统的欧洲与非欧洲思想相遇时,莱布尼茨对中国的关注是怎样出现的。另一方面,我也说明了莱布尼茨对中国的关注并不是一种他自身的经验或性格中的偶然性,而是源自他的哲学思想本身的。换一句话说,为什么莱布尼茨不同于他同时代的哲学家而对其他文化感兴趣的原因在于他的哲学是不同于其他的哲学的。这本书的第一章给出了莱布尼茨对中国关注的时代背景。它包括欧洲思想家为非基督教的思想创建一个空间的主要方法的讨论,特别是他们如何去接纳中国文化的。第二章考察了莱布尼茨的哲学。这种哲学为他研究文化之间的差异开辟了道路,并使他侧重关注于何种不同的观念之间能够并且必须相互学习。这种侧重是一个方法性的问题,但是我们只有把它放在莱布尼茨的本体论和单子心理学的背景中才能得到理解。第三章把这种广泛的基础应用到了莱布尼茨对中国的关注及交流,特别是他关于文化交流的进步的眼光,以及他特别希望欧洲应该学习到什么。第四章考察了莱布尼茨所认为的,中国应当怎样地被对待以及中国思想应当如何地被诠释。这样的进展看起来像是基础性的,因为莱布尼茨的政治思想来源于他的认识论,而这种认识论又来自于他的本体论。但是,这样去解读会是一个错误。莱布尼茨的本体论恰恰能轻易地为他的协调不同观点的政治目的做出论证,就如同莱布尼茨本身在其生活中更多的是关注外交而不是本体论。更正确的观点或许是,所有这些层次——本体论、认识论和政治学——都是秩序和多样性之间关系的不同表达。

二十五年前,孟德卫(David Mungello)出版了《莱布尼茨与儒学——一致的寻求》(Leibniz and Confucianism: the search for Accord)一书。在此之前是唐纳德·拉赫(Donald Lach)对莱布尼茨《中国近事》(Novissima Sinica)前言的翻译和广泛的介绍。在过去的四分之一世纪里,由于孟德卫自己的工作,丽塔·维德迈尔(Rita Widmaier)的工作,以及丹尼尔·库克(Daniel Cook)和罗思文(Henry Rosemont Jr)的翻译等,莱布尼茨的著作可以更多地展示在世人面前。他的其他著作也作为更广泛的工程的一部分而可以得到——最为重要的是莱布尼茨的书信被德意志科学院(Deutsche Akademie der Wissenschaften)陆续出版这一工程。我之所以能对莱布尼茨对中国的关注与交流进行广泛的研究与写作,并且能把这些与他的哲学有机的结合起来,正是建立在这些学者的工作基础之上的。孟德卫那开拓性的著作正是来自于这样一种信念的:不同文化的契合是我们时代最紧迫的问题之一,而莱布尼茨对中国的关注与交流却一定程度地给我们提供了应对这一问题的启示。我的研究工作也是出于同样的信念。

这样一项广泛的历史和哲学工作的完成,没有他人的帮助是不可想象的。最直接地促成我这一课题研究的人是艾米丽·格拉斯赫尔茨(Emily Grosholz)。她是第一个允许我到近代思想史中去翻阅自己所喜欢东西的人。是她建议我查阅莱布尼茨关于中国的写作以及阅读不同版本的莱布尼茨手稿。伍安祖(On-cho Ng)、罗思文以及一个匿名的读者都给了我整个的手稿以不可或缺的反馈。我还要感谢我论文委员会的其他两位成员韦罗尼克·弗逖(Veronique Foti)和皮埃尔·克兹伯格(Pierre Kerszberg),他们阅读了这一著作大部分的早期手稿内容。我也要感谢查尔斯·斯科特(Charles Scott),他第一个把我领入哲学和哲学史。没有丽塔·维德迈尔和赫伯特·布内格(Herbert Breger)的帮助,我的这项工作也是不可能的。他们给予了我关于莱布尼茨文稿档案的指导并且对我的手稿作了部分的评注。尼古拉·杰蕾(Nicholas Jolley)、保罗·劳杰(Paul Lodge)、马塞洛·代斯卡尔(Marcelo Dascal)和理查德·李(Richard Lee)等也给我著作的部分或全部作了中肯的评论。我那关于莱布尼茨的研究生讨论班的学生们同样帮助我梳理了书中的很多观念。我还要感谢剑桥大学出版社,希拉里·加斯金(Hilary Gaskin),杰克·华伦(Jackie Warren),同时也要感谢萨利·麦肯(Sally McCann)对我的整个手稿的详细评论。第一版第二章的部分内容曾发表在《莱布尼茨评论》(*Leibniz Review*)上。第三章"自然神论和伦理学"的早期手稿曾发表在《观念史杂志》(*Journal of the History of Ideas*)上。最后,我还要感谢给予我对莱布尼茨文集档案等研究的以下资助:德意志学术交流中心(Deutscher Akademischer Austauschdienst),宾州州立大学艺术和人文科学研究所(Penn State Institute for Arts and Humanistic Studies),以及瓦萨学院教职研究资助。

  在私人的方面,我首先要感谢我的父母,他们总是鼓励我去追求我真正热爱的事情。我也要感谢江蒽(Jung En),在我艰难的写作过程中,她给了我诸多支持。还有我过去瓦萨学院(Vassar College)的同事以及现在德堡罗大学(DePaul University)的同事,他们给了我很多的鼓励和支持。最后,我还必须指出,没有那些慷慨的、我大学时期的资助,特别是范德比尔特大学院长选择奖学金(Dean's Select Scholarship from Vanderbilt University)以及理查德森基金会(Richardson Foundation)和公民基金会(Citizens Foundation)的奖学金,我也不可能有今天。我将怀着感恩的心永远铭记这些资助给我带来的机会。

缩略词表

A　G. W. Leibniz. *Sämtliche Schriften und Briefe*. Deutsche Akademie der Wissenschaften (ed.). Multiple vols. in 7 series. Darmstadt/Leipzig/Berlin：Akademie Verlag,1923-.

AG　G. W. Leibniz. *Philosophical Essays*. Trans. By Roger Ariew and Daniel Garber. Indianapolis：Hackett,1989.

AT　*Oeuvres de Descartes*. Ed. by C. Adam and P. Tannery. Rev. edn. , Paris：Vrin,1964-1976.

C　G. W. Leibniz. *Opuscules et fragments inédits de Leibniz*. Ed. by Louis Couturat. Hildesheim：Georg Olms Verlagsbuchhandlung,1966.

CD　G. W. Leibniz. *Causa Dei*. Appendix to the *Theodicy*. Cited by section number. Original text in GP Ⅵ, translation in E. M. Huggard, *Theodicy* (London：Routledge and Kegan Paul,1951).

CSM　R. Descartes. *The Philosophical Writngs of Descartes*. Trans. by John Cottingham, Robert Stoothoff, and Dugald Murdoch. Cambridge：Cambridge University Press,1994.

CSMK　R. Descartes. *The philosophical Writings of Descartes*. Trans. By John Cottingham,Robert Stoothoff, Dugald Murdoch, and Anthony Kenny. Vol. 3. Cambriedge：Cambridge University Press,1994.

Cult　G. W. Leibniz. "De cultu Confucii civili." Cited by section. Original text in W 112-114. English translation by Daniel Cook and Henry Rosemont Jr. , *Writings on China*. (Chicago：Open Court,1994)

Dascal　G. W. Leibniz. *Leibniz：a Language, Signs and Thought*. Ed. by Marcelo Dascal. Philadelphia：John Benjamins Publishing Company,1987.

Discourse　G. W. Leibniz. *Discourse sur la Théologie naturelle des Chinois*. Cite by section. Original text in Loosen and Vonessen (1968). English translation in Cook and

Rosemont, *Writings on China.*

DM　G. W. Leibniz. *Discourse on Metaphysics.* Cited by section number. Original text in GP IV; translation in AG.

Dutens　G. W. Leibniz. *Opera Omnia.* Ed. by Louis Dutens. Geneva, 1768.

GM　G. W. Leibniz. *Die Mathematische Schriften von Gottfried Wilhelm Leibniz.* Ed. by C. I. Gerhardt. 7 vols. Berlin and Halle: Weidmann, 1849-1855.

GP　G. W. Leibniz. *Die philosophischen Schriften von Gottfried Wilhelm Leibniz.* Ed. by C. I. Gerhardt. 7 vols. Berlin: Weidmann, 1875-1890; repr. Hidesheim: Georg Olms, 1978.

Grua　G. W. Leibniz. *Textes in édits.* 2 vols. Ed. by Gaston Grua. New York: Garland Publishing, 1985.

K　G. W. Leibniz. *Die Werke von Leibniz.* Ed. by Onno Klopp. Hannover, 1864-1884.

L　G. W. Leibniz. *Philosophical Papers and Letters.* Trans. By Leroy E. Loemker. 2nd edn. Dordrecht: D. Reidel, 1969.

LBr　G. W. Leibniz. Reference to unpublished Leibniz correspondence, Preserved in the Niedersächsische Landesbibliothek, in Hannover, Germany.

M　G. W. Leibniz. "*Monadology.*" Cited by section number. Original text in GP VI; translation in AG.

Essay　Locke, John. An Essay Concerning Human Understanding. Ed. by Peter Nidditch. Cited by book, chapter, section, and page. Oxford: Clarendon Press, 1979.

Ethics　Benedict de Spinoza. The Ethics. Trans. by Edwin. *A Spinoza Reader: The Ethics and Other Works*, Princeton, Princeton University Press, 1994. Cited by book and proposition(p), definition(d), and scholium(s).

NE　G. W. Leibniz. *New Essays on Human Understanding.* Cited by book, chapter, and section. Original text in A VI, vi; translation in RB.

NS　G. W. Leibniz. Novissima Sinica. Cited by section. Original text in H. G. Nesselrath and H. Reinbothe, *Das Nueste über China* (Koln: Deutsche China-Gesellschaft, 1979). English trans. By Donald Lach, in Cook and Rosemont, *Writings on China.*

PD　G. W. Leibniz. "Preliminary Discourse on the Conformity of Faith and Reason." In *Theodicy.* Cited by section number. Original text in GP VI. Translation in Hubbard, *Theodicy.*

PNG　G. W. Leibniz. "Principles of Nature and Grace Founded on Reason." Cited by section number. Original text in GP Ⅵ. translation in AG.

Remarks　G. W. Leibniz. "Remarks on Chinese Religion." Cited by section. Original text in GP Ⅱ, 380-384. English trans. in Cook and Rosemont, *Writings on China*.

RB　G. W. Leibniz. *New Essays on the Human Understanding*. Trans. By Peter Remnant and Jonathon Bennett. Cambridge: Cambridge University Press, 1981.

T　G. W. Leibniz. *Theodicy*. Cited by section number. Original text in GP Ⅵ. translation in Hubbard, *Theodicy*. Cited by section number and page in Hubbard(H).

W　G. W. Leibniz. Leibniz Korrespondiert mit China. Ed. by Rita Widmaier, Frankfurt: V. Klostermann, 1990.

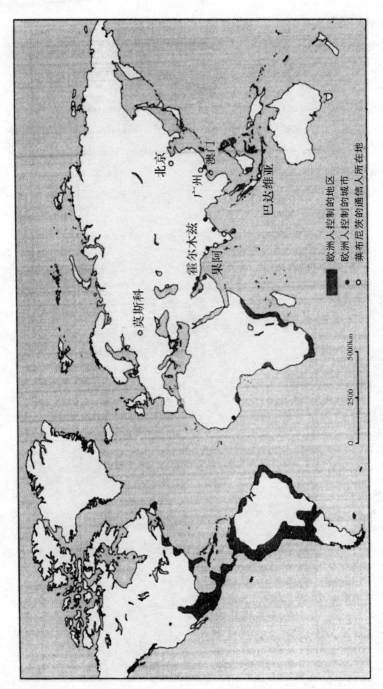

1700年欧洲扩张世界图

第一章
欧洲遇到世界

欧洲与其他文化

　　如果我们把文化多元性看做我们时代的特征,我们将认识到它开始于 12 世纪时欧洲与伊斯兰世界不断增加的摩擦及其带来的压力。这一压力使得人们尝试开辟一条通往亚洲的海路,而这反过来,又导致了欧洲对美洲的"发现"。不过,欧洲与世界其他文化相遇的历史则可以追溯到更早以前。欧洲或"西方"在任何时候都没有自足过。公元前 326 年,亚历山大和他的军队就曾进驻过印度。此后的第二个世纪,印度商人抵达了埃及。而在公元前 26 年,一个来自斯里兰卡的使团在罗马拜会了奥古斯都皇帝(the Emperor Augustus)。在公元 2 或 3 世纪,罗马商人到达了中国——90% 的罗马丝绸正是来自这里。① 在公元 3 世纪的时候,亚历山大的克莱门特(Clement of Alexandria)提到了佛教,同时,希波吕托斯(Hippolytus)讨论了奥义书(Upanishads)。而摩尼(Mani),横跨东西亚的摩尼教(Manicheanism)的创始人,可能已经到过印度,并且把佛陀(Buddha)说成是他的诸神之一。很难判断与亚洲和非洲的接触对希腊—罗马世界哲学的影响,但是,至少,它导致了国际思想(cosmopolitan thought)和作为世界公民的人的概念的形成。

　　进入中世纪基督教时代后,在欧洲与非欧洲之间进行区分还不如在基督教和非基督教之间进行区分那样清楚与中肯,因为此时,对于西方基督教世界而言,非基督教文化成为了"另类"。这种受惠(indebtedness)与距离之间的复杂关系对西方的思想有着决定性的影响,因为它部分地促成了把哲学从宗教神学中区分出来的尝试。从奥古斯丁(Augustine)到阿奎那(Aquinas)的中世纪思想家把哲学看做是由希腊人建立并发展的最高形式的成就。对他们而言,求证和圈定哲学的尝试同时也是求证和圈定异教思想的努力。后来,每当遇到其他文化的思想,哲学与神学或自然神学与启示神学之间的区别就会再一次被涉

---

① 唐纳德·拉赫(Donald Lach):《亚洲之于欧洲的形成》(*Asia in the Making of Europe*),芝加哥:芝加哥大学出版社,1965—1970 年,第一卷,第一部分,第 11—15 页。

及。这一点,可以从欧洲对儒家思想的反应看出来。我们也应该注意,从一般意义上讲,非西方文化在宗教和哲学之间是缺乏明确区分的。这种宗教与文化不分常常被当做一个缺陷,但一个更可能的解释是,宗教和哲学之间的区别是欧洲文化的特性。这种文化特性来源于两个方面的冲突:一是这一文化根基于对圣经的信仰——这是超理性,甚至是与理性相冲突的;二是这一文化又崇拜着没有圣经的古希腊文化。换句话说,宗教和哲学的区分——以及它对一个哲学家所带来的意义——源自于为异教思想创造空间的需要。

地中海多文化的、国际性的世界随着罗马帝国的衰退而破碎与萎缩了。来自亚洲的贸易继续进行着,但是,却经过了埃及和西亚的媒介。第一次影响深远的打破来自蒙古帝国,在其顶峰时期,它曾从中国一直延伸到了波兰。在那些跨越蒙古帝国的人中,最著名的当数马可·波罗(Marco Polo)。马可·波罗于1275年到达了中国。在忽必烈汗(Kublai Khan)的统治下,中国具有足够的世界胸怀,以至于马可·波罗在这里可以为皇帝效力。方济各会修士(Franciscan monks)在中国和印度建立了基督教社团,而一个生于北京的景教教徒(Nestorian Christian)则可能成为了到达欧洲的第一个中国人。① 到了14世纪上半叶,热那亚和威尼斯(Genoese and Venetian)商人就已经在中国和印度出现了。一个要去中国的天主教修士(friar)可能会说,在威尼斯,他已经听到过一些到过杭州的人对当地的描述。② 随着奥斯曼帝国(Ottoman empire)的兴起,欧洲与亚洲的直接接触明显减少。但是,中国、阿拉伯和犹太商人仍然沿着亚洲南部的海滨和非洲西部的海岸继续从事着贸易活动。欧洲仍是这一网络的一部分,但只是通过威尼斯与埃及相连,再通过埃及与世界相通。在知性层面,欧洲与非基督教文化的深入接触是随着阿拉伯和希腊文本的大量涌入才得以发生的。伊斯兰文化通过西西里和西班牙进入欧洲。从印度经阿拉伯辗转传入的"阿拉伯数字"在1202年得到了介绍,而欧几里得的几何原本(Euclid's El-

---

① 唐纳德·拉赫:《亚洲之于欧洲的形成》,第一卷,第一部分,第39页。
② 同上书,第43—44页。

ements)在 12 世纪末的时候也被翻译过来了。由阿本·西纳(Ibn Sina/ Avicenna)和阿本·鲁西德(Ibn Rushd/ Averroes)注释的亚里士多德全集在 13 世纪末已有了译本。不久,这些文本激起了关于神学和哲学关系以及异教思想潜在价值的争论。随着时间的推移,特别是在 1453 年君士坦丁堡(Constantinople)陷落之后,越来越多的希腊文本出现了。新柏拉图主义(Neo-Platonic)和所谓诠释文本(Hermetic texts)的传播引发了关于异教思想地位的新问题。

为了打破威尼斯人和埃及人在与亚洲贸易方面的垄断,欧洲与其他文化的接触随着航海业的发展而不断增加。与非洲的接触开始于 1415 年西屋达(Ceuta)在摩洛哥的被扣事件。此后,葡萄牙人为了寻找金子和奴隶来到了非洲海岸。到了 15 世纪 80 年代,葡萄牙人已经与马里(Mali)、贝宁(Benin)、刚果(Kongo)等王国有了直接的贸易联系。① 1498 年,瓦斯科·达·伽马(Vasco da Gama)绕过非洲好望角到达了印度的卡利库特(Calicut),并且带着丰厚的收获安全回到了葡萄牙。在短短的时间内,葡萄牙人击败了埃及、阿拉伯和印度的军队,并在索法拉(Sofala)(莫桑比克)、忽鲁谟斯(Ormuz)(伊朗)、果阿(Goa)(印度)和马六甲(Malacca)(马来西亚)等地建立了堡垒或贸易站。到了 16 世纪中期,葡萄牙人已经有了五十个军事强化区(fortified areas),并且有大约一万人生活在国外。② 同时,欧洲人也向西扩张着。1492 年,哥伦布(Columbus)到达了加勒比(Caribbean);1521 年,阿兹特克帝国(the Aztec empire)被赫尔南·科尔特斯(Hernan Cortes)所摧毁。通过墨西哥(Mexico)和秘鲁(Peru)的要塞,西班牙人从西方到达了亚洲,并在 1571 年建立了马尼拉(Manila)。不久,其他的国家,尤其是荷兰和英国,也加入了争夺殖民地及贸易全球化的潮流之中。在这方面,法兰西算是很落后了,到了 1672 年,莱布尼茨才鼓动路易十

---

① 大卫·伯明翰(David Birmingham):《大西洋的贸易与帝国:1400—1600 年》(*Trade and Empire in the Atlantic*,1400—1600),伦敦:劳特里奇出版社(Routledge),2000 年,第 27—47 页。

② 乔治·瑞德森(George Raudzens):《帝国:欧洲与全球化,1492—1788 年》(*Empires*: *Europe and Globlization* 1492—1788)。Phoenix Mil:萨顿(Sutton),1999 年,第 34 页。

四入侵埃及。

对于这种扩张,我们实在有太多的话可说,但是我们应该注意欧洲与大量的其他文化迅速接触的范围。到莱布尼茨的时候,成千上万的欧洲人已经生活在国外,遍布了除南极洲之外的所有大陆。虽然有一些人生活在封闭的小区里,但许多人则与当地文化有着密切的接触,把自己融入了当地的经济生活之中。葡萄牙人为了金子而在非洲进行奴隶贸易,其他的欧洲人则充当了中国和日本的媒介。由于这种扩张,大量的人生活在不同的文化之间:一些人是自愿选择的,一些人是被迫的。还有一些极端融入的例子:印度人和非洲人花多年的时间在欧洲接受教会神职训练、法国商人生活在休伦人(the Hurons)中、耶稣会士(Jesuits)在中国内地度过他们的青壮年时期、非洲的奴隶被迫到美国劳动等等。这种交融文化的一个标记也许是印度果阿的耶稣会学院。1546年,来自包括中国、日本、马来西亚和埃塞俄比亚(Ethiopia)等十一个国家的学生在这里接受天主教教会的神职训练。①

除了这种深层的接触,世界各地的商品涌入欧洲的速度远快于世界各地的文化知识。即使如此,与其他文化的接触对中世纪后期和文艺复兴思想的冲击也主要是通过希腊文本的发现而发生的,因为这提出了异邦智慧的问题并迫使人们澄清哲学和神学的关系。在与非欧洲世界相遇的过程中,接纳其他文化思想的范式建立起来了并形成了一些观察其他文化的透镜。进入现代后,中国文化的影响逐渐深化。这些已被建立的透镜就被运用到对中国的认识中。首要的"透镜"是"自然神学"。这种观点认为,知识可以没有神启(revelation)而"自然地"获得。自然神学源于古典世界,就像基督徒使用新柏拉图主义异教作者一样。但是,在伊斯兰和希腊文本从西班牙进入欧洲时得到了改进。托马斯·阿奎那(Thomas Aquinas,1225—1274年)提供了一个极好的例子。阿奎那认识到,为非基督教思想创造一个空间的困难在于它的边界。一个潜在的区分点在于方法论。但是,阿奎那拒绝这种区分,因为在他看来,哲学和神学都是科学。在处理学科关系的《论三位一体》

---

① 唐纳德·拉赫:《亚洲之于欧洲的形成》,第一卷,第一部分,第262—263页。

(*In Boethium De Trinitate*)中,阿奎那把科学解释为:"科学的性质在于这一点,从已知的事物必然地推知其他事物的结论。"①根据亚里士多德对"知识"的看法,科学的本性在于建立在基本原则之上的必然过程。而这是哲学和神学中共同存在的方法。第二个可能的区分点是按内容划分。阿奎那部分地接受了这种区分观。在直接把哲学当做不同文化之间的共同根据或者作为为非信仰者证明真理的手段的《反异教大全》(*The Summa Contra Gentiles*)中,他是从这样的区分开始的:

"在我们关于**神**(由于本书多处提到中国古代书籍中的"上帝"一词,为了避免混淆,本书酌情把西方基督教的 God 一律译为黑体的"**神**"。译者注)的宣称中,存在着真理的双重模式。一些关于**神**的真理超越了人类理性的所有能力,例如,**神**是三位一体的这一真理。但是,也有自然理性可以理解的真理,例如**神**存在,**神**是一,以及诸如此类。事实上,这些关于**神**的真理已经被哲学家们的推理所证明,被自然理性之光指引着。"②

然而,神学和哲学之间的基本区分不能建立在内容上,因为它们经常面对同样的课题。如果我们考虑神学和哲学如同启示神学和自然神学之间的区分,那么这种重叠是很明显的。阿奎那解释说:"因此,在能够被自然的理性之光触及的范围内那些被哲学对待的东西不能同时在神启之光所能触及的范围内被另一门科学当成对象是没有理由的"③

这种评说解释了,这种区分对阿奎那来说存在于什么地方。那定义科学的东西在于结论必然地来自于普遍的原则,但是原则自身则可以来自经验的反思或其他的什么源泉。阿奎那在《神学大全》中解释

---

① 托马斯·阿奎那:《信仰、理性和神学》,阿尔芒·毛雷尔(Armand Maurer)译,多伦多:主教中世纪研究所,1987 年,第 41 页。
② 托马斯·阿奎那:《反异教大全》,第四卷,安东·培吉斯(Anton Pegis)译,圣母玛利亚:圣母玛利亚大学出版社,1975 年,第 63 页。
③ 托马斯·阿奎那:《圣托马斯·阿奎那介绍》,安东培·培吉斯译,纽约:当代文库,1948 年,第 5 页。

道:神学区别于哲学之处在于,它的原则不是由自然理性或经验给出的,而是由来自信仰的神启给出的。① 《论三位一体》对神圣原则的分析也是这样。哲学根据逻辑的必然性由感性事物的原则所推动。神圣原则虽然也由必然性推动,但是这种原则却通过信仰而来自**神**的实在性(the divine realities)。② 神学和哲学原则的区分对于欧洲文化与其他文化的相遇有着重要的影响,因为它允许一些被其他人发现的伦理、科学和神学原则。这种区分之被运用于其他文化并不是偶然的,因为它本身就来自一种这样的观念:希腊人已经发展了一种任何一个基督教思想家所不能企及的哲学。虽然阿奎那只考察了地中海地区产生的思想,但是没有什么能够阻止更远地方的文化中发展出哲学来。而自然神学也成为了耶稣会士进入中国的指针。自然神学不是启示神学的一个直接威胁,因为两者都来自于神,因此,这里的理性不会与信仰矛盾。③ 哲学则通过证明对于神来说什么是可能的并揭示反对信仰意见的缺陷来为神学服务。《反异教大全》清晰地沿着这么两条路径。《论三位一体》给出了三种在对待神圣原则时哲学的特殊应用:(1)它能够建立由信仰假定的某种前提,例如**神**的存在和统一性;(2)它能通过与生物类比的方法澄清信仰的内容;(3)它能够反驳无信仰者。④ 求助于哲学是要付出代价的,也就是,教会只有证明自然神学的不足才能够维持自己对于自由思想者和其他文化的特殊权威。这正是阿奎那的工作所要限定和达到的。在《反异教大全》中,他论证了为什么有些事物必然是遵循超理性原则的,因而只能由信仰来回答。教会的重要性和其他文化的地位在于揭示出超越自然神学对于宗教和拯救的根本性。我们可以在斯宾诺莎那儿看到这种威胁。他接受了阿奎那创立的形式,但却把对自然神学的超越看做是与真正的宗教信仰无关的。于是,他把信仰从教会和文化的特殊性中分离出来。然而,即使是对于可以为理性所理解的事物,阿奎那也认为,我们需要信仰。其理由有三。第

---

① 托马斯·阿奎那:《圣托马斯·阿奎那介绍》,第4—5页。
② 托马斯·阿奎那:《信仰、理性和神学》,第41—42页。
③ 阿奎那:《反异教大全》,第74—75。
④ 阿奎那:《信仰、理性和神学》,第49页。

一,一些人由于缺乏某种能力、自由时间或自身的投入而不能充分发展他们的理性;第二,即使是那些能在晚年发展出哲学思想的人,他们在早期也需要知道有关信仰的事情;第三,人类理性总会出错,因而即使是博学的人有时也会接受错误的观点。① 只有第三个理由绝对适用于哲学或自然神学。

对于把哲学从神学中独立出来的原则而言,自然神学的理论在现代思想的建构中是极其重要的。它来自于与其他中世纪非基督教思想的相遇。后一点经常被人们忽略,但是莱布尼茨注意到了。在《神正论》(Theodicy)中,他明确把信仰和理性之间的冲突归于中世纪思想家对柏拉图和亚里士多德的接纳。(PD 6-7)即使如此,自然神学从它的跨文化起源中分离出来,在笛卡儿的著作中较好地建立了。在了解其他文化的路径中,自然神学在很大程度上被遗失了。因为,由于文化多样性的知识越来越多,来自普遍认同的理论坍塌了。作为自然神学的方法,只在大众文化中徘徊,像阿道斯·赫胥黎(Alduous Huxley)的《永生哲学》(Perennial Philosophy),或者像常识中所认为的,所有的宗教实质上都说着"同样的事情"。不过,如果我们更广泛的去看待自然神学,把它当做理性或经验允许我们达到最终事物本质性的真理的立场,那么我们就能看到,自然神学仍然是一个重要的研究路径。

第二个进入其他文化的"透镜"是文艺复兴传统中广为人知的普里斯卡神学(prisca theologia)或"古代神学"。与自然神学相同,这种方法根植于早期教父把基督教与异教思想关联起来的尝试。这些早期教父希望揭示出柏拉图和新柏拉图主义中的智慧最终是从犹太—基督教(Judeo-Christian)传统中引申出来的。② 奥古斯丁自己在多个地方提到过这种方法。例如,在《上帝之城》(The City of God)中,他写道:

---

① 阿奎那:《反异教大全》,第66—68页(第一册,第四章);参见《信仰、理性和神学》,第66—67页。
② 教父最常引用的是拉克唐修、亚历山大的克莱门特和优西比乌(Lactantius, Clement of Alexander, and Eusebius),见D. P.沃克:《古代神学:15世纪到18世纪的基督教柏拉图主义研究》(The Ancient Theology: Studies in Christian Platonism from the Fifteenth to the Eighteenth Century),依萨卡:康奈尔大学出版社,1972年,第1—4页。

"除非,他是一个最执着的知识寻求者,一个大师,——事实上,他确实是这样的——他通过一个翻译者而研读了这些著作,否则,在柏拉图(去埃及)的旅程中,他既不可能看到耶利米(Jeremiah)——因为他很早就离世了,也不可能读过那些同样的圣典(scriptures)——因为它们还没有被翻译成希腊文。"①

他支持这样的观点,即在摩西和柏拉图之间有一些相似之处。与自然神学不同,"古代神学"因拜占庭落到土耳其人之手导致的大量新异教文本的涌入而迅速发展。马尔西略·费奇诺(Marsilio Ficino)用拉丁文翻译的《诠释经典》(*Corpus Hermeticum*)1471年时出版了。柏拉图、其他新柏拉图主义者的著作以及许多教父的著作在这个时期也都得到了翻译。这种传统包括着琐罗亚斯德(Zoroaster)、赫尔墨斯·特里斯梅季塔斯(Hermes Trismegistus)、奥菲斯(Orpheus)、毕达哥拉斯(Pythagoras)、柏拉图、大法官狄奥尼修斯(Dionysius the Areopagite)以及不同的新柏拉图主义者。② 所有这些资源都被当做基督教版本,被认为是从圣经真理中引申出来的,能够提供关于这种真理的新视角。作为一种释经学的方法,这些文本是为了发现隐藏或"装饰的"的基督教真理而被阅读的。

"古代神学"的真实性建立在几个错误的假设之上。最关键的是文本的来源。它们往往被认为是写于数千年前、跨越多种文化。事实上,所有这些文本都源自于希腊。其中,柏拉图的著作是最早的,其他人的写于公元前的三个世纪。这是一个具有强烈综合倾向的年代。这是一种新柏拉图主义、斯多葛主义以及不同形式的神秘主义结合在一起的世界观。③ 解释者也没有意识到希腊思想对中世纪基督教的影响程度。柏拉图和基督教之间的相似性决不能被当做巧合而忽略,但是,它们之所以能得到解释,是因为基督教在柏拉图世界(Platonic world)

---

① 奥古斯丁:《上帝之城》,马杜慈(Marcus Dods)译,纽约:现代文库,1993年,第八章,第十一节,第256页。

② 沃克:《古代神学》,第20页。

③ 弗朗西斯·叶芝(Francis Yates):《布鲁诺与诠释学传统》(*Giordano Bruno and the Hermetic Tradition*)。芝加哥:芝加哥大学出版社,1964年,第4—6页。

里发展,而不是因为柏拉图已间接地得知了摩西而预言了基督教。我们可以看到诠释文本、奥菲斯诗(orphic poem)、新柏拉图主义文本和早期基督教之间明显的相似性,因为所有这些都表达着同样的文化背景。如果这些文本被认为是代表着不同的时代和文化,那么,这些相似性将令人难以理解。持这种观点的第三个假设是关于历史的一个基本观点。以旧约全书的观点看——只将它当做关于古代历史观点——这个世界还是比较年轻的,所有的文化都来自同一个源泉:先是亚当,然后是诺亚。文化和语言的分歧是在通天塔事件之后才出现的。从这种圣经的历史观看,所有的智慧都来自圣经中的人物。历史循着一条衰退与分散的轨迹而延伸,所以,阅读后来文本的目的就是恢复和拼凑那些原始的真理,甚至原始的"亚当语言"(Adamic language)。文本越是古老,就越接近它的圣经本原,它就越可能包含更多的真理。

诠释传统(the hermetic tradition)和古代神学在近代早期开始衰退,尤其是当诠释经典(Corpus Hermeticum)的年代在1614年被伊萨克·卡素朋(Isaac Casaubon)更正之后。但是,这种传统对欧洲最初怎样与其他文化(那些同样具有某种设定的古代历史的文化)相遇有着重要的影响。使诠释经典具有价值的这种力量,也导致了埃及文化——尤其是象形文字——以及中国文化的重要性。首先对中国文化感兴趣的欧洲人是那些原埃及古物学家,比如被认为是关于埃及和中国的权威的耶稣会士阿塔纳斯·基歇尔(Athanasius Kircher)。① 保罗·伯里埃(Paul Beurrier)和戈特利布·斯皮泽尔(Gottlieb Spitzel)是另外两个建立这种关联的早期作者。② 对于莱布尼茨而言,最有关联的例子是耶稣会士白晋(Joachim Bouvet)。他作为一个传教士在中国

---

① 阿塔纳斯·基歇尔在1652年出版了《埃及的俄狄浦斯》(Oedipus Aegyptiacus),《1667年的画报……中国纪念碑》(China Monumentis…Illustrata in 1667)。

② 保罗·伯里埃在1663年出版了他的《三种法则的基督教镜:自然的、马赛克的和福音的》(Speculum christianne religionis in triplici lege naturalii, mosaic et evangelica),其中把琐罗亚斯德、赫尔墨斯、奥菲斯、毕达哥拉斯、柏拉图与中国联系在一起。(柯拉妮(Claudia von Collani),《耶稣会教士白晋:他的工作和他的一生》,内特塔尔(Nettetal):斯泰尔出版社(Steyler),1985年,第120—121页)斯皮泽尔在1661年写了《中国文史评析》(De Re Litteraria Sinensium Commentatius)。莱布尼茨与基歇尔、斯皮泽尔两人有过简短通信。

度过了他的成人生涯,是莱布尼茨的主要通信者。白晋在1685年首次来到中国。当时,他已经是一个杰出的数学家,巴黎科学院的成员。在中国,他掌握了汉语和满语,并且投身于对中国经典的研究。康熙皇帝认为,他可能是唯一一个真正精通中国文化的西方人。① 白晋对中国经典的研究方法后来以"象数主义"(Figurism)而著称。② 它是扎根于古代神学和赫尔默斯主义(hermetism)的。与基歇尔和伯里埃一样,白晋把埃及的象形文字和中国语言的特征联系起来。他相信,它们代表着大洪水以前使用的语言。(W73)在一篇论述中国古典著作《易经》——他在1700年把这本书送给了莱布尼茨和耶稣会士查尔斯·戈本(Charles Le Gobien)——的论文中,他宣称,这一古老著作的体系包含着"由最早的先辈教给他们后代的很多弥足珍贵但却被漫长的时间混淆、甚至几乎完全掩盖的、最古老、最优秀的哲学道理的片段。"(W123)这个体系与毕达哥拉斯和柏拉图模糊提出的观念之间的相似性揭示出它们都阐述着同样的系统。该系统也在喀巴拉(Cabbala)(神秘哲学,指对圣经作神秘解释的学说。译者注)中被阐述着。(W125)几年以后,白晋不再把他对《易经》的研究当做对中国文化的研究,而当做对他们先辈文化的研究。(W125)白晋的论断现在看来有些怪诞,但是它们在圣经的历史观中有更多合理性。根据白晋的观点,伏羲——传说中《易经》的创造者——生活在四千六百多年前,其年代接近诺亚。他论辩说,在那时,这种知识的创造想必是全新的,而伏羲的观点如果不是正确的,就会被人们拒斥。(W126)白晋研究的力量部分依赖于中国早期文本中的一神论的正统地位,但是,更多地依赖于这些文本的模棱两可性以及他对相同模式的鉴别能力。说明他方法的一个特好的例子是对伏羲身份的讨论。因为伏羲的体系与"我们古代的作者"是这样相似,所以他可能就是或者琐罗亚斯德、或者赫尔墨斯、

---

① 史景迁(Jonathon Spence):《中国皇帝:康熙自画像》,纽约:阿尔弗雷德A.克诺普夫公司(Alfred A. Knopf),1975年,第75页。

② 关于中国的象数派的最好的书是柯拉妮著的《中国使团中的象数派》(Die Figuristen in der Chinamission)(法兰克福市:彼得·D.郎出版社,1981年)和《耶稣会教士白晋》。诠释学传统更为广泛的关于象数主义的观点,参见沃克的《古代神学》。

或者以诺(Enoch)之类的人。他说,即使是"伏羲"这一名字本身,也提供了这种线索,因为"伏"字有两个部分,一部分意味着"犬",一部分意味着"人"。很明显,这一名字指"赫尔墨斯",因为在传统的观念中,赫尔墨斯就是犬首人身的一个神。(W125-26)

因为自然神学和"古代神学"都承认异教著作中的宗教真理的可能性,所以,这两种研究很难区分。① 几乎所有耶稣会使团中的人,都赞同中国有一些**神**的知识。只不过,有些人,如使团的创建者利玛窦(Matteo Ricci),相信他们通过理性的自然之光已经达到了这种知识,而另一些人,如白晋,则相信他们是通过古代的神启而得到了这种知识的。这些态度有着截然不同的结论。诠释学传统使一个人依赖文本,使得经典诠释成为了发现真理的主要方法。自然神学则走了一个相反的方向——它是通过理性的自主权而独立于历史和文本的。白晋和笛卡儿的观点可谓是截然相反的。作为一种研究其他文化的方法,这两种观点都对异教思想表现出了宽容和尊重,但是,当可以被发现的真理的种类不同的时候,他们的叙述是不同的。自然神学给予理性严格的限制,因而,像三位一体之类的东西是不能被发现的;而在诠释学传统中,宗教的细节都可以在任何一个文本中发现——譬如,白晋在《易经》中的六条横线中看到了创世的六天。(W155)更为重要的是,诠释学传统对文本的依赖产生了一种对于没有被发现和研究的不同文本的迫切要求。文本是我们所有的一切,所以,如果我们在中国发现了一些古代的文本,没有什么比研究它们更为重要的了。自然神学承认真理存在于这些文本中,但是认为并没有学习这些文本的必要性。事实上,像阿奎那那样的自然神学的早期倡导者已经看到了研究异教思想的重要性。这超越了一个孤立的思想者所能达到的范围。但是这种依凭却被像笛卡儿之类的近代思想家所拒斥。莱布尼茨的诠释学,由于致力于在不同的文化表达中发现理性,所以,它在某种程度上是"诠释学"

---

① 例如,沃克(Walker)在他们之间没有做出一个基本的区分,因此我们看到全部的耶稣会使团都是建立在"古代神学"之上的。沃克《古代神学》(*Ancient Theology*),第196—202页。

方法的继承者。这种联系不仅仅是一种巧合。克里斯蒂亚·默瑟(Christia Mercer)指出,莱布尼茨早期受到的是排斥诠释学传统的影响,主要接受的是相关文艺复兴时期的传统即"调和的折中主义"。这种调和折中主义是形成莱布尼茨哲学的原初力量之一。①

与前两者不同,第三个"透镜"主要集中在文化差异上。蒙田(Michel de Montaigne)提供了一个最好的例子。蒙田的例子揭示了,对其他文化的兴趣代表了一种智力的好奇性。他曾经和一位在巴西的法国殖民地里住了十多年的朋友共处了一段时间,而且蒙田自己曾经通过一个翻译者与一些土著的美洲人对话。所以,他对在美洲发现的事物有着充分的接触与了解。② 蒙田通过不同的方法应用着他关于其他文化的知识,但是,我只想强调那最重要的支持怀疑主义的方法。蒙田意识到这些新的发现将迅速地改变中世纪的世界观。他得出了这样的结论:所有的知识必须对未来的新发现保持一种开放的姿态。在关于知识限度的辩论中,他写道:

"即使所有过去报告给我们的东西都是真的且被我们知晓,它与未知的东西相比还是近似于零……我们惊呼为我们发现了火炮和印刷等奇迹,然而,在中国,在世界另一角落里的另一些人,却在千年以前享有了这些发明。如果我们能够尽量多的看到我们没有看到的世界,那么,我们将有着永久增殖的知识的数量和不断变化的知识的形式。"③

对其他文化兴趣的一个动机在于对欧洲中心主义的批判。他说,我们认为秘鲁人是野蛮人,但是,我们自己行为的野蛮恐怕有过之而无不及。他在《论教导者》(On Coaches)一文中着重阐述了这个观点。他在诸多欧洲人的残暴行为中描述了墨西哥国王被西班牙人活生生炙烤

---

① 克里斯蒂亚·默瑟(Christia Mercer):《莱布尼茨的形而上学:它的起源与发展》,纽约:剑桥大学出版社,2001年,第23—59页。
② 他在他的《论食人族》(On Cannibals)中提到了两方面的事实。
③ "论教导者(Of Coaches)",蒙田,《蒙田全集》(Complete Works of Montaigne),唐纳德·弗雷姆(Donald Frame)译,帕洛·阿尔托(Palo Alto):斯坦福大学出版社,1958年,第692—693页。

时的高贵的忍受。①

他的一些论证确立了这样一个规范性的判断,即没有堕落的美洲人比那些欧洲的堕落分子更好。但是在《论食人族》(On Cannibals)一文中,他提出更极端的看法:

"从我所听到的事件中,我认为在那个国家中根本就没有什么残暴和野蛮——除了每一个人说和自己不一样的人都是野蛮人。事实上,似乎是,在我们生活于其中的社会风俗和观念的模式和例子之外,我们没有其他检验真理和理智的标准。现有的是某种完美的宗教、完美的政府以及在所有的事物中完美和完成的方式。"②

在《为雷蒙·色帮致歉》(Apology for Raimond Sebond)中,他以相似的方式使用了来自加勒比(Caribbean)的信息。③ 在这一段文字中,蒙田为建立在观念的多样性之上的怀疑主义给出了一个常规的辩护。他正确地看到,这样的辩护能通过与远方文化的接触得到加强。他用相同的方式使用了希腊异教的资料,有时杂以现代和古典的资料。我们可以在一段描述自我控制的文字中看到这种混杂。蒙田是从关于一个男人的古典描述开始的。这个男人由于他的阳痿病而阉割了自己。然后,他继续描述"萨提"(sati),即一个妇女在她的丈夫死后自焚的宗教仪式。这里使用了一个近代的印度事例。然后,他又给出了另一个关于印度的事件——一个苦行主义者自愿自焚的事件。这次是基于普鲁塔克(Plutarch)的描述。④ 在辩论的结构和文化多样性的使用这两方面,蒙田都提供了一个如何与被古典模型肯定的"新"世界相遇的例子。对于近代思想而言,这种对文化的研究方式与自然神学的研究方式具有同样的重要性。蒙田关于文化多样性的论述很容易转换成反对天赋观念存在的论述,因而,是否有普遍的先天观念的问题与(不同民族的)文化是否是完全不同的问题联系起来了。洛克和莱布尼茨在这两个问题上各执一端。更引人注目的是,蒙田的论述是与我们现在的

---

① "论教导者",蒙田:《蒙田全集》,第 696—697 页。
② "论食人族",蒙田:《蒙田全集》,第 152 页。
③ "为雷蒙·色帮致歉",蒙田:《蒙田全集》,第 433 页。
④ "论美德",蒙田:《蒙田全集》,第 532 页。

时代同步的。"客观真理"和教条主义的没落与文化相对主义的兴起部分应归功于介绍文化多样性的人类学家的工作。也许最经常使用的透视文化多样性的"透镜"是文化相对主义,而这种态度后面的动力与蒙田的则是一样的——质疑我们自己文化的前提并使我们不要把它凌驾于其他文化之上。

所有我们考察的这些"透镜"都把其他文化融入了源于古代地中海世界的预先存在的参数与模型。这一切或许可以叫做对其他文化接纳的方式,因为它们至少给予了其他文化一定的平等地位。尽管欧洲人有另外的神启优势,但在自然神学中,所有人都会一样的用理性得到宗教的真理。所有的古代文化都有宗教真理的片段,尽管圣经对它们的阐述也许更为清晰。对于怀疑主义而言,所有的文化都一样地不确定和不开化。更进一步讲,所有这三者都可叫做接纳的方式,因为它们都看到了与其他文化相遇的一些好处。它们和与其他文化相遇时的不接纳态度是相对立的,诸如冷漠、斥责或对签饼的种类(中国餐馆提供的薄脆饼,内有预测命运的小纸条。译者注)的表面化使用等。作为一种接纳,所有的方法都提倡对其他文化一定程度的容忍和尊重。但是,只有诠释学传统把对其他文化的研究看做是必要的。在自然神学中,其他文化可能有助于发现真理,但是这些真理也可以通过我们自己的理性去发现。从怀疑主义的观点看,其他文化只能造就这样的观点:所有的观点都是不确定的,从它们那里,我们得到的仅仅是娱乐性的经验。因此,当所有三种模式接纳并解释文化多样性的时候,只有诠释学传统赋予它价值。具有讽刺意味的是,这种观点在近代早期是最不受重视的。通过对文艺复兴时对其他文化的巨大兴趣和近代早期的令人吃惊的兴趣缺失的比较,我们可以看到这种转变。

中国背景

莱布尼茨从没有到过中国,也从没遇到过出生在中国的任何人,与之交谈或通信的那些在中国呆过或在中国生活的人几乎全是耶稣会士。他看了几本中国的著作,但都是由耶稣会士选择、编辑和翻译的。

对于莱布尼茨来说,中国看起来像是在欧洲文化中建构起来的。用詹启华(Lionel Jensen)的话说,部分是通过耶稣会"制造的"诠释,部分是通过欧洲与其他非基督教文化相遇的这个大背景,尤其是通过对基歇尔和斯皮泽尔(Kircher and Spizel)所编著的《中国文史评析》的研究。① 莱布尼茨的著作本身成为了欧洲观念中关于中国和儒家的关键部分。因此,要理解莱布尼茨对中国的关注,更多地依赖于17世纪后半期关于中国的观念而不是现时代关于中国的学术观点。尽管如此,要理解17世纪的背景,我们必须一定程度的了解中国的历史和思想。这种简单的预设将使你把注意力集中在与莱布尼茨的工作最相关的方面。利玛窦在1583年——明朝的最后阶段,首次进入中国。在这里,利玛窦发现了一个具有一亿五千万人的人口稠密的国度。其领土从北方的北京延伸到了南方的越南和缅甸边境,以及西方的西藏的边缘。在疆域和人口上,它可以和整个欧洲相比较,更不要说任何一个欧洲的国家了。从理论上讲,这样面积和人口的一个大国,都是由一个以皇权为中心的中央政府统治,并被一个广泛的官僚等级机构所管理。这些官僚机构的官员都是通过考试系统而录用的。这种制度是一种关于儒学经典及其评论的公务员考试。这种考试对每一个人都是开放的。但是,它也从一些有权势的家庭吸收成员,因为他们受过良好的教育,也因为偶尔的腐败行为。这大量的人口主要依靠一种劳动密集型的农业经济而生活。但是,中国社会却处于一种不断增加的商业化和城市化的过程之中,具有无数的大城市和制造中心。由于这些变化,它出现了受教育的阶层、高雅文化的城市支持者以及不断增长的贫穷的城市工人。其结果是中国文化和艺术的空前繁荣。宋朝(960—1279)之后,数学和科学的发展相对滞缓,但是在解决问题的能力和对结果的预测方面,他们与欧洲人大致相当。甚至,中国人可能还有一定的技术优势。这里,除了孔庙、道观以及南方和西南地区农村和山野中土生土长

---

① 詹启华:《人造儒教:中国传统和普世文明》(*Manufacturing Confucianism: Chinese Tradition and Universal Civilization*),北卡罗莱纳州,杜兰(Durham, NC):杜克大学出版社,1997年。

的宗教外,还有汉化的佛教庙宇、西藏佛教寺庙(Tibetan Buddhist temple)、一些犹太教堂(synagogues)、清真寺(mosques)和景教基督徒的遗存(remnants of Nestorian Christians)。即使是相对仇外的明朝后期,中国也有相当的多元文化和宗教的存在。这种对宗教观点的容忍与对中国社会制度和儒家思想的优越性的绝对信仰相伴而行。中国人把他们自己看做是四千多年不间断文明传统的一部分。

由于历史的惯性、复杂而强有力的官僚体系、人口的庞大规模的支持,中国的社会体系本身相当的稳定。但是,相对而言,明朝却比较弱小。在明朝的后期,内部的叛乱和外部的侵略相继发生。1644年,北京首先被由李自成领导的农民军攻克,然后再由多尔衮领导的满族军队占领。在中国的历史进程中,中亚民族不断地威胁它的皇权。我们已经提到过的一个例子:元朝(1279—1368)就是成吉思汗(Chinggis Khan)领导下的蒙古人创立的。在明朝的时候,满族人生活在北京的东北地区,被努尔哈赤统一并统治着。与蒙古人不一样,满族人由游牧和农耕两类人组成。作为中国的邻邦,他们体验并知道皇帝的统治,而且他们的逐步强大也使他们发展出能够让他们融入中国社会生活方式之中的方法。通过入侵北京,清朝建立起来了,顺治做了皇帝。他的继承者康熙则基本上实现了清朝对中国的控制,此后清朝延续了大约205年,一直到帝制的结束。满族人承袭了中国法制的传统形式,维持了传统的典章仪式。通过对官僚体系的改造,使得他们能有效地实现中央集权和满族人的统治。但是,它不是一种激变。儒学仍然是国家占统治地位的意识形态和考试体系的基础。一些耶稣会传教士在这一朝廷的更替中被杀,但是,从总体上看,他们还是很好地处理了这件事,而且甚至在清朝统治的第一年就成了最靠近了权力中心的人。正是在清朝第二个皇帝康熙统治的时候,莱布尼茨开始了解中国。在他的《中国近事》一书中,莱布尼茨翻译发表了白晋用奉承的笔触描写的康熙皇帝。

耶稣会传教士主要与儒家的学者和官员来往。这成为他们有关中国之思想的主要来源。因此,主要是正统的宋明儒学而不是佛教文化和道教文化被介绍给了他们。他们把基督教作为儒教的一个补充——

对儒家伦理精神层面的补充。① 然而,要理解莱布尼茨和耶稣会士们所遇见的儒学思想,我们必须回到更早的时候,回到希腊的柏拉图和印度的佛陀讲道的年代。周朝是在公元前 12 世纪的时候建立的,然而,随着时间的推移,皇权逐渐衰微。在积弱的中央集权的统治下,中国分裂成越来越多的小国。后来,这些小国甚至彼此开始攻打起来。这一时期——通常被称为"战国时期"——一直持续到公元前 221 年秦国征服了其他诸国建立秦朝为止。周朝晚期的社会和政治混乱,提供了中国哲学产生的土壤。这里,士从一个国家到另一个国家,或者隐居乡下,提出自己匡世救弊的方案。这是一个极其多样化的时代,完全摆脱了我们所熟知的非道即儒的状态。② 我们很难给予这个时期的思想家们某种单纯的判断,但是,有三点是可以肯定的。第一,关注着如何使人们过上幸福丰裕的生活而不是形而上学或认识论问题。第二,大多数思想家把他们的时代看做是一种倒退,而把过去看做是一个更为稳定的生活的范本。第三,大多数人对超自然的世界漠不关心。其预设的世界观把自然本身当做最终的存在,相信自然有一种内在的秩序或形式。这也许就是我们所最为熟悉的"道"(道路或方式)。其主要的分歧在于这种自然的方式所承担的。道家倾向于认为,教育和社会结构都是强加于道的,而儒家则倾向于认为它们是扎根于"道"之中的。

　　儒家是社会退化论最一贯的支持者。公元前 15 世纪时,中国人就认识到自己是已有两千年发展历史的文化的一部分。这古老的时代既通过传说与故事流传下来,也有文献的记载。例如,《诗经》作为一部诗歌集子,有的赞扬伟大的领导者,有的则扎根于日常生活,包括爱情

---

① 利玛窦写道:"我们可以真心地说,这种书院教育,尽管只在少数的情况下保存着,与基督教的原则并不矛盾,所以,这样一种机构,可以从基督教中得到很多帮助,可以通过它得到推进与完善。"利玛窦和金尼阁(Nicholas Trigault)著,《十六世纪的中国:利玛窦日记,1583—1610 年》,路易斯·加莱格尔(Louis Gallagher)译,兰登书屋(Random House):纽约,1953 年,第 98 页。

② 关于这一时期哲学家的最好读本是艾文荷和布莱恩·凡·诺顿(Philip J. Ivanhoe and Bryan W. Van Norden)编的《中国古代哲学读物》,纽约:七桥出版社,2001 年。该书中包括一些哲学家的著作编选,同时附有进一步阅读的概说与指导。这一时期思想历史的大致情况,参阅葛瑞汉(A. C. Graham),《道之辩:古代中国的哲学争论》,马萨诸塞州剑桥:哈佛大学贝尔克耐普出版社(Belknap Press),1985 年。

诗、社会动乱的描写以及对战争的批判。另一部古老的书——《尚书》,是中国历史上过渡时期的文献集,描述了一些伦理和政治的事件。所有这些古老的书籍都是很久以前写下的,而且都被儒家修改整理,所有的都被认为比它实际产生的年代更为古老。由于这段古老的中国历史对莱布尼茨和耶稣会士具有重要的意义,一些观点必须加以讨论。

这些经典的书籍明显缺乏超人类的"人物"(super-human figures)。英雄们都是普通的凡人。这就是为什么他们可以作为每一个人学习楷模的原因。对于儒家而言,最伟大的人物是前面三个朝代的创立者:尧和舜,他们是夏王朝建立的创立者(实际是创立之前的开拓者。译者注);汤,他是商王朝的创立者;文王和武王,他们是周王朝的创立者。具有讽刺意味的是,这些被儒家捧为英雄的人都是革命者。而最大的恶棍则是王朝的那些无德无能的末代皇帝:桀——被汤推翻了,纣——被文王和武王推翻了。对于莱布尼茨和耶稣会士而言,尧和舜,以及一个更为古老的传说人物——伏羲等是最重要的人物。伏羲被认为是中国语言文字的创立者,同时也是《易经》这一著作的最初创制者。因为这些人物似乎令人惊奇的生活在靠近大洪水的时代,所以,他们对欧洲人来说具有重要的意义。

莱布尼茨和耶稣会士感兴趣的第二点是这些经典文本中的一神论思想。有两个词语尤其重要。一是"上帝"。这个词语的第一个字的意思是"在上面"、"高高的",第二个字的意思就是"主宰"、"统治"。这样,"上帝"就意味着"高高在上的统治者"。就像陈荣捷(Wing-Tsit Chan)翻译的那样。但是,理雅各(James Legge)和冯友兰(Fung Yu-la)那些早期翻译者则简单的把它叫做"**神**"(God)。陈博士写道:"上帝"也许首先是一个什么部落的君主或者一个神化祖先,只是到了后来,它才发展成为"万物之神"。① 冯友兰解释说,"上帝"是具有最高权威的

---

① 陈荣捷:《中国哲学史料》,普林斯顿:普林斯顿大学出版社,1963年,第4页。

神,它统治着一个复杂的神的机构。① 即使是在最早的文本中,"上帝"也是作为世界之中的一个神而存在的,而不是世界的创造者。在这个意义上,"上帝"或许更像宙斯(Zeus)而不是"**神(God)**"。第二个重要的词语是"天"。这一词通常被译成"Heaven"。② 随着周朝的兴起,"上帝"的概念逐渐让位于更具自然意义的"天"的概念。③ 这一词语代表了天空,本身预示了"一条高于人类之上的线"。"天"有时指天空,但有时它似乎是一种指导宇宙万物的有意识的力量,有时还可以被翻译成"fate(命运)",或者仅仅是"事物本身的方式"。马修斯(Matthews)在他编写的字典中给出了"天"的解释:"Providence. The Supreme Ruler. God. Celestial"④。冯友兰给出了"天"的五层含义:1.人头顶物质意义的天空;2.超越的统治者,一种像"上帝"一样的拟人化神;3.命运;4.自然;5.宇宙间起作用的伦理原则。他补充道,最早的经典倾向于在前面两层意义上使用"天"。⑤ 与"上帝"一样,即使"天"被当做人格化神的时候,它也因是内在于宇宙之中而不同于基督教的"God"。然而,"天"常常不是作为一个具体的存在,而毋宁是宇宙的一个方面,一种内在的秩序、样式或者力量。在早期的文本中,"天"是赏善罚恶的。更有甚者,据说一个不道德的君主将失去他的"天命"。"天命"可以证明并解释一个新的王朝的建立。只要王朝的皇帝仍然是值得的,这个王朝就仍然拥有"天命"。但,即使是这样的描述,我们也难以区分"天"是一种判断人行为的有意识的存在还是一种内在的自然法则——譬如道德的统治者倾向于拥有一个繁荣的国家并被奖赏。

---

① 冯友兰:《中国哲学史》,德克·布德(Derk Bodde)译,普林斯顿:普林斯顿大学出版社,1952年,第一册,第31页。

② 关于"天"的最好论述是伊若泊(Robert Eno)的《儒家的天:哲学与礼仪控制之抗辩》(*The Confucian Creation of Heaven: Philosophy and the Defense of Ritual Mastery*),奥尔巴尼(Albany):纽约州立大学出版社,1990年。安乐哲和罗思文(Roger Ames and Henry Rosemont)有关于"天"一词复杂性的极好的论说。(安乐哲和罗思文:《论语的哲学诠释》。纽约:蓝灯书屋(Ballantine Books),1998年,第46—48页)

③ 陈荣捷:《中国哲学史料》,第5页。

④ 马修斯:《R. P. 马修斯中英字典》,马萨诸塞州剑桥:哈佛大学出版社,1966年。

⑤ 冯友兰:《中国哲学史》,第31页。

早期文本中第三个重要的观点就是《易经》，或曰《周易》。①《易经》成书的时间十分漫长，很多是在孔子之后完成的。但是，后期儒家、耶稣会士、以及莱布尼茨等人都认为它来自一个更古老的年代。在最宽泛的意义上，它描述的是根据一种可把握的卦象而变化的动态宇宙。这个宇宙论系统通过六十四个卦象来描述。每一个卦象代表着事情发展的不同时期。通过理解这些卦象，人们可以有效地行动。每一个六线卦象（为六爻）由两个三线卦象组成。每一爻象征着阴或阳，分别由一条中断的线条或一条没有中断的线条代表。在最宽泛的意义上，阴代表放弃或退让的趋势，而阳则代表着去行动。就其本身的意义而言，它们分别代表着山的背阳面或向阳面。每一个卦象由代表阴阳的六爻组成，其本身预示着一个具有具体的变化倾向的宇宙力量的某种平衡。通过对一个卦象的情形的分析，人们能够恰当地行动。《易经》列出了六十四卦，并且附有一些评说。其评说告诉我们怎样对待每一个具体的情形，而且常常转化成一种道德的劝诫。传统上认为，三爻八卦是由伏羲创造的，而把这种八卦演绎成六十四卦的是文王。首先对卦象进行解释的是周公，其次是孔子。② 我们可以从三个视角看《易经》。首先，它可以当做科学的早期形式，是为了描述自然规律并且告诉人们怎样利用自然规律。其次，它可以被当做关于人在不同的情形下怎样生活的智慧的言说与劝导。最后，它还可以当做一个占卜的工具。这就是它在民间流行的作用。在这里，人们通常是同过某种随机的方法得到代表某种情形的卦象，然后，按照相关的劝告采取相应的行动。

儒家学说的奠基性著作是《论语》。该书是由孔子的追随者们编

---

① 关于《易经》的一个简短而中肯的解释可以在卫德明（Helmut Wilhelm）的《变：关于〈易经〉的八次演讲》，纽约：万神殿（Pantheon），1960 年。标准的翻译是由卫礼贤（Richard Wilhelm）和卡里·贝恩斯（Cary Baynes）的《易经或变易之书》(*The I-ching or Book of Changes*)，普林斯顿：普林斯顿大学出版社，1961 年。

② 陈荣捷：《中国哲学史料》，第 262 页。柏应理（Phillipe Couplet）在《中国的哲学家孔子》(*Confucius Sinarum Philosophus sive Scientia Sinensis*) 给出了同样的谱系（1687），第 18 页。

辑的,记载的主要是孔子的相关言论。① 孔子大约生活在公元前551年至公元前479年。《论语》关注的主要是政治和伦理问题而非形而上学和认识论问题。下面这段话很符合论语的精神:

> 子路问事鬼神。子曰:"未能事人,焉能事鬼?"
> "敢问死?"
> 曰:"未知生,焉知死?"(《论语·先进》)②

"子"就是孔子。孔子之后有很多竞相追随的诠释者。其中最著名的人物是孟子和荀子。这些诠释者扩展了早期的儒家伦理思想,使之建立在一个更为广阔的自然以及人类心理学的背景之上。宋代儒家学者们确立的早期儒学的官方经典即《四书》,包括《论语》、《孟子》和两部较短的著作《大学》、《中庸》。这些耶稣会会士所熟悉的经典,通过1687年的一种拉丁文译本流传到了欧洲。③ 耶稣会对早期儒家研究的影响通过这样的事实表现出来——即使是到了最近的年代,我们仍然用拉丁化的名字来指称孔子(Confucius)和孟子(Mencius)。④ 耶稣会士们在古代历史的背景中阅读这些早期儒家经典的时候,把孔子当做一个相信"上帝"和"天"是"**神**"的两个名称的一神论者。事实上,这个时候,"上帝"对于儒家学者来说已不再是很重要的了,它只是在古代经典的引文中才偶然出现。"天"使用的频率相对而言高得多,但是其意义却很难解析。它实际上成了一种谈论宇宙变化的力量的形象化方式。

---

① 关于《论语》的一个极好的读本有安乐哲和罗思文合著的《孔子的论语》。一个关于论语一书作者的权威资料有布鲁斯·布鲁克斯和妙子·布鲁克斯(E. Bruce Brooks and A. Taeko Brooks)合著的《孔子的论语:孔子的言说和他的后继者》,纽约:哥伦比亚大学出版社,1998年。

② 《论语·先进》第十一。

③ 在《中国的哲学家孔子》(Confucius Sinarum Philosophus)一书中有《论语》、《中庸》的翻译,并附有关于中国思想的广泛介绍资料,包括古典名著的描述以及关于道教和佛教的简短的章节。参阅孟德卫《奇特的土地》(Curious Land),第247—299页。

④ 有时候,耶稣会对孔子的表述和原初中国思想家之间的对立被描写成"Confucius"和"Kong Zi"之间的对立,就像在詹启华(Jensen)的《制造儒家》以及鲁保禄(Paul Rule)的《K'ung-tzu还是Confucius·耶稣会对儒学的诠释》,波士顿:爱伦-爱文(Allen & Unwin)出版社,1986年。

在这种一神教背景中,耶稣会士和欧洲人都很敬重把社会关系当做首要对象的孔子伦理思想。孟子把它们归结为四主德。第一是"仁",包括关怀的情感与慈爱的行为,基于我们感受别人的遭遇与危险时自然而然产生的同情倾向。第二是"义",指做应当之事。第三是"礼"。从西方人的观点看,这一点最难理解,但它却是维持社会关系和谐的必要成分。第四种美德是"智",可以被恰当地翻译成"phronesis"。所有这些美德的核心是"孝"。"孝"通常被翻译成"filial piety"。就儒家的观点而言,我们是从最近的人开始发展并展开我们的道德关系的:首先是我们的家庭成员,然后,随着我们道德感的发展,我们的道德关怀对象将不断向外延伸。儒家道德的另一个核心问题是培养一种质朴的快乐:"子曰:'饭疏食,饮水,曲肱而枕之,乐亦在其中矣。不义而富且贵,于我如浮云。'"(《论语·述而》)(7.16)这种对质朴快乐的培养是为了能更好的服务于社会而不是为了个人的利益。最后一个应当提到的美德是"恕",因为这是欧洲人印象最深的:"子贡问曰:'有一言而可以终身行之者乎?'子曰:'其恕乎?己所不欲,勿施于人。'"(《论语·卫灵公》)(15.24)在政治方面,原始儒家对统治者的劝告在于追求美德而非利益,通过美德而非暴力实现自己的统治。儒家认为,一个社会需要一个强有力的中央政府和官僚机构是毫无疑问的。

秦朝在公元前221年统一了中国,但是,很快就被推翻了,取而代之的是汉朝(公元前206—公元220)。在汉朝,一种改造了的儒家学说成为了官方理论。此后,儒学的这种地位一直持续了很多世纪。儒家早期的主要竞争者是道家和法家。但是,到了汉代,佛教进入了中国,并且慢慢发展壮大起来,甚至超越了儒家思想。所以,宋朝的后期,人们开始振兴儒家思想并对佛教思想做出应对。这次振兴之后的儒家学说被叫做"新儒学",但是,在广义上,我们还是把它当做儒家的传统思想。士大夫阶层都是通过对这些儒学经典的学习而培养出来的。[①]耶稣会士和莱布尼茨知道的儒学的具体形式源于宋代,即理学,或者说

---

① 对于"新儒家"一词的批评,可以参阅田浩(Hoyt Tillman)的"儒学界的一个新方向"(A New Direction in Confucian Scholarship),《东西方哲学》,第455—474页。

程朱理学。理学的主要人物是程颢（1032—1085）和程颐（1033—1107）兄弟，以及朱熹。朱熹也许是中国古典时期之后影响最大的哲学家。理学大体上可以认为是一种把在佛教和道教影响下的思辨的、系统的形而上学融入伦理和社会取向的儒学之中的尝试。理学家们宣称，佛教徒寻找一种逃避家庭和社会责任的智慧，而他们则是把自己的探求融入到公共服务中。他们的主要哲学概念是"理"与"气"。在《易经》中，我们已经看到一个按照内在的法则或形式运行的动态宇宙。在通常的意义上，"理"代表着这个动态宇宙的秩序，而"气"则是那种被理所规范的，是它的物质力量。"理"作为一个词语也是很难明确解释的。高本汉（或译为珂罗倔伦）（Karlgren）的字典中是这样写的："polish gems according to the grain; dispose regulate, manage, govern; rules; laws; principle, doctrine, reason; reasonable, right".① "理"是统一的，并且是宇宙统一的原则，但是，它也作为具体事物的原则或者趋向标准而存在于每一个具体事物之中。因此，"理"本身是唯一的，但是它却可以通过无数的方式表现自己，就像唯一的月亮可以在水中投下无数倒影一样。这种形象与莱布尼茨那作为唯一神的不同表达的单子的概念惊人相似。但是，使"理"很难被把握并且不同于莱布尼茨的叙述的，是理学形而上学。因为它不是建立在个别实体的基础之上的。② 他们构想出一个由"理"统一且在其中的每一部分都包含"理"的宇宙。与"理"相辅相成的另一个概念是"气"。"气"意味着"空气"或"气息"，同时也有"能量"或"物质力量"的意思。③ 这一概念在中医和中国功夫中较为常见。理和气之间关系的问题成为后期儒家的核心问题之一。朱熹是这样描述它们之间的关系的："从根本上讲，我们不能说理和气谁先谁后。但是，如果我们不得不追寻它们的来源，那么我们只

---

① 高本汉:《汉语与中日语解析词典》,台北:成文出版社,1966年。

② 李约瑟(Joseph Needham)记载了相似的情况。他把它当做了影响的证据。他说："单子系统和它们的'前定和谐'与新儒家的'理'表现在万事万物之中是类似的。每一个单子反映了世界，就像因陀罗网上的节点一样。"(李约瑟:《中国的科学与文明》,【剑桥:剑桥大学出版社,1954—】第二册,第499页)

③ 吴义(Yi Wu):《中国哲学词汇》,纽约:美国大学出版社,1986年,第70—71页。

得说理在先。然而,理却不是某种孤立的实体。它恰恰存在于气之中。没有气,理将无所依附。"①欧洲人把理和气的关系等同于形式和质料之间的关系,但是,理更像自然按之运动的天然形式或法则而不是西方人所说的物质的形式,而且,理的具现只在一个更大的统一体中而不是在与理相分离的实体中。气是遵循理的秩序和法则的宇宙能量或物质。气,也不像传统西方的物质概念,它本身不是被动的。②

在这样一个简单的对"新儒学"的概述之外,还有几点值得注意。第一,宋明理学家们把他们的哲学看做是早期儒家道统的继承,不强调他们自己的创造性。如此,通过宣称这种连续性,他们建立了自己的学术权威。在伦理领域,这种继承应该是中肯的,但是,在形而上学和心理学方面,理学家们则体现出了佛教和道教的影响。第二,虽然,早期儒家在是否把"天"当做一种指导宇宙万物的有意识的力量上表现出一定程度的两可性,但理学则不。他们认为,宇宙是由"理"的秩序所规范的,但是"理"却不是一个根据某种有意识的计划控制事物的孤立力量。"理"是宇宙本身的一个方面,另一方面是"气"。在这一点上,我们再一次发现了在莱布尼茨和后期儒学之间的分野,因为后者更接近于斯宾诺莎。第三,儒家思想背后的动机力量是社会与伦理因素,所以,仅仅停留于形而上学上的讨论是不正确的。"理"不仅仅是自然世界的一种原则,同时也是伦理关系的一种原则。早期儒学描述的伦理思想就是人之理。道德修养的基础是每一个人都要保持这种"理",但是这种"理"被掩盖着,很难被找到。伦理学的任务就是纯化自身,使我们自己能够认识到这种内在的"理"。这个任务与佛教中那种逃避虚幻自我的尝试类似,但是对于理学家们而言,当自我消融了,伦理关系之"理"仍保留着。因此,朱熹写道:"对于我们理学家而言,心是空灵的,但理却是具体的。另一方面,佛教徒们却直接走进了虚无之境。"③居于这种空灵心境中的开明状态,人们将自然而然地、完全地献

---

① 陈荣捷,1969 年,第 77 页。
② 关于对理的一个全面的讨论,参阅裴德生(Willard Peterson)的"理的另一种视角",《宋元研究通报》(Bulletin of Sung and Yuan Studies),第 18 期(1986),第 13—32 页。
③ 陈荣捷:《中国哲学史料》,第 648 页。

身于社会。最后一点要注意的是,英文世界中所用的"Neo-Confucianism"之作为一个不恰当的标签的一个理由是它意味着所有的哲学体系都是同质性的。事实上,儒家思想发展了千年以后,已经包括着一个多样性的、甚至相互矛盾的观点。① 理学的一个众所周知的竞争者就是陆—王儒学或心学。最著名的心学思想家是明代的王阳明。心学持有同样的关于理和气的形而上学观点,但是,它强调心和世界的统一性,强调心已经包含了理。"心包含理"的事实意味着心具有内在的善的知识。理学和心学的主要冲突表现在道德修养的过程上。朱熹强调,道德修养的主要方法是理的学习,因为理具体地表现在外在世界和古代经典之中。而王阳明则认为,道德修养主要是关注自我的结果,即通过无私的行动和静思。他最为著名的思想也许是"知行合一"说。这一思想意味着他把那个时代的理学当做一种烦琐的学问。

对中国的接纳和拒斥

欧洲之相遇中国文化,首先是通过与其他多种文化的接触而实现的。而这些早期的相遇却被更早的相遇和范式所限制。尽管如此,欧洲与中国的相遇也不同于与其他文化的相遇。至少对于很多欧洲人来说似乎是这样。中国像古希腊、罗马或埃及一样,有着高度发达的文化,而且这种文化仍然是活生生的。② 欧洲人和中国人都毫无疑问地

---

① 清朝早期儒家思想的一个很好的观点,参阅伍安祖(On-cho Ng)的《李光地研究》。李光地生活在莱布尼茨的同时代。(伍安祖:《清朝早期的程朱理学:李光地(1642—1718)和清学》。【奥尔巴尼:纽约州立大学出版社,2001年。】儒学传统中不同思想家的介绍,参阅艾文荷(Philip J. Ivanhoe):《儒家的道德自我修养》(Confucian Moral Self Cultivation),印第安纳波利斯:哈克特出版社(Indianapolis:Hackett Pub.),2000年。

② 在遥远的文明中,中国是唯一一个被欧洲人认真对待。一个可能的例外是伊斯兰文明。这种文明有时也被认为是一个具有高度成就的现实的文化。但是,他们对待伊斯兰文明比对待中国文明更具有敌意。这种差异的明显理由在于,伊斯兰文明看起来更具军事和文化的威胁。而中国却没有。关于近代伊斯兰文明态度的一个简短的研究,参阅丹尼尔·威特库斯(Daniel J. Vitkus),"近代东方主义:十六、十七世纪欧洲的伊斯兰表现",见于大卫·布兰克斯和查尔斯罗兰(David R. Blanks and Charles Ronan)编的《中世纪和近代欧洲时期西方对伊斯兰的观点》,纽约:圣马丁(St. Martin)出版社,1999年,第207—230页。

认为自己的文化是地球上唯一重要的,甚至直到现在它们彼此仍在不断地相互对比。双方都把自己摆在一个向对方学习的位置上,但是这种学习将要求他们本身一定程度的放弃"自我中心主义"的立场,承认他们在某些方面是被对方超越的。在这两种情况中,对对方的接纳与成败参半的感觉就不期而遇。虽然双方都能得益,但是它们却在相互的排斥中结束了。① 耶稣会士能令人惊奇地把自己很好地融入中国的知识阶层,主要是因为他们愿意使自己适应于中国文化。利玛窦与中国的一些高官是朋友,他用中文写成的文章也得到了广泛的阅读。他出版的著作不仅涉及基督教教义,而且还涉及友谊和几何等话题。1611 年,他把欧几里得的《几何原本》翻译成了中文。因为满族人自己对于中原文化来说也是一个外来者,所以,在清朝早期,中国对欧洲文化的接纳达到了新的高度。在清王朝统治中国的第一年,耶稣会士汤若望(Johann Adam Schall)与中国及穆斯林的宫廷天文学家比试预言日蚀。汤若望预言得更为准确,于是,他成为了钦天监监正。有一段时间,他甚至与年轻的顺治皇帝本人保持着密切的私人关系。② 南怀仁(Ferdinand Verbiest),一个与莱布尼茨有通信来往的耶稣会士,在 1669 年的一次类似的比试之后,同样成为了钦天监监正。他与后来的皇帝康熙发展了一种密切关系,并且给康熙讲授数学和天文学。③ 康熙还与其他的一些传教士有着密切的关系。这一点,他在下一段文字中有着精彩的描述:

"在与俄国签订了尼布楚条约之后,我命令耶稣会教士托马斯

---

① 这种相遇的中国一方的情况,参阅孟德卫撰编的《中国的礼仪之争:它的历史和意义》,《华裔学志》(Monumenta Serica),第 33 期。内特塔尔(德国):斯泰尔出版社,1994 年;裴德生(Willard Peterson)的"为什么他们成为基督徒?"英·邦尼·奥和查尔斯·罗兰(In Bonnie Oh and Charles Ronan)编《东方与西方相遇:中国的耶稣会教士,1582—1773 年》(芝加哥:洛约拉(Loyola)大学出版社,1988 年);以及詹启华(Jensen)的《制造儒家》。

② 邓恩(Dunne)说,在那个时候,汤若望是中国最受欢迎的人物之一。但这也许言过其实了。乔治·H. 邓恩(George H. Dunne):《杰出的一代:明朝最后几十年中国的耶稣会教士的故事》,圣母大学出版(Notre Dame: University of Notre Dame Press)社,1962 年,第 348 页。

③ 史景迁(Jonathan Spence):《中国的帮助者:中国的西方顾问,1620—1960 年》,伦敦:博德利·黑德出版社(Bodley Head),1969 年。

(Thomas)、张诚(Gerbillon)、白晋(Bouvet)等研究满语,用满语把西方的算术和欧几里得几何写成文本。17世纪90年代早期,我一天常常与他们一起工作几小时之久。我与南怀仁检查了铸造枪炮的每一个阶段,并且请他建造了一个与一架风琴相连的喷泉,还在宫中立起了一个风车。后来,我又与一个新的团队一起研究过钟表和机械。陆伯嘉(Brocard)和杜德美(Jartoux)后来也加入进来这个团队。该团队由我的长子胤禔领导着,在阳信宫工作。杜德美教我演奏在有八分音符的羽管键琴上演奏"P'u-yen-choi"。德理格(Pedrini)教我的孩子们音乐理论,年画师(Gherardini)则在宫中画人物肖像。我也学着计算球体、立方体以及圆锥体的重量和体积,并且测量河岸的距离和角度。在后来的视察中,我运用这些西方的方法告诉我的官员们在安排他们的治水工程的时候怎样地精确计算。"①

这一段文字记述了康熙向耶稣会士学习的开明态度,但是并没有提到在伦理或宗教方面即基督教方面学习了任何东西。清廷把这些使节当做了顾问和技术员,说服他们去做从制造大炮到设计舞蹈喷泉的事情。莱布尼茨与一个被皇帝提到过的耶稣会教士通过信。1692年,康熙发行了他的"宽容赦令",允许基督教在中国的自由信仰。这一赦令为欧洲人广泛的知晓并得到了高度的赞扬。

相遇中国对欧洲的影响是很难估价的。也许欧洲需要接纳中国的最好的例子是在世界历史方面。② 在欧洲,世界历史的三个重要事件——创世、大洪水重新使人类出自一个共同的祖先、巴别塔事件中人类及其语言的分异——是根据不同的圣经版本来确定的。其主要的冲突在于拉丁文圣经和七十人编译的旧约圣经(the Vulgate and the Septuagint)之间。拉丁文版本的圣经建立在被圣哲罗姆(St. Jerome)对希伯来文本翻译的基础之上。它把创世说成大约是在公元前4004年,而

---

① 史景迁:《中国皇帝》(*Emperor of China*),第72—73页。从君主的视角看中国与欧洲相遇的相关叙述,参阅第72—84页。
② 我的考量建立在埃德温·凡·科莱(Edwin S. Van Kley)的"欧洲对中国的发现及世界历史的书写"一文的基础之上。《美国历史评论》(*The American Historical Review*),76(1971),第358—372页。以及孟德卫的《奇异的土地》,第124—132页。

大洪水则大约在公元前 2348 年。七十人编译的旧约圣经是从不同的希伯来文本翻译过来的早期希腊译本。它把这些重要事件推得更早。它认为创世是在大约公元前 5000 年的时候,而大洪水则是在公元前 3617 年。耶稣会士卫匡国(Martino Martini)于 1658 年把中国历史纳入了世界历史之中。① 根据卫匡国的计算,第一个中国皇帝伏羲是在公元前 2952 年开始自己的统治的。在那个时候,天文学已经有了一定的发展。而《易经》的八卦就是在那个时候创立的。另一个因素是,中国传统的大禹治水是在尧统治的时代(公元前 2357—前 2257)。卫匡国得出了这样的结论:中国人在圣经所说的洪水之前已经生活着了。但是,他并没有给出这种可能性的理由。② 凡·科莱(Edwin Van Kley)描述了这种关于中国历史的知识改变欧洲人关于世界历史的观点的过程,描述了对新年表接纳的尝试。人们最简单的反应就是使用七十人编译的旧约圣经中的年代表,比如在中国的耶稣会士赋予了他们这样做的权威。另一种态度是,简单地把中国的这种记录当做错误的。但是,这样得有更富有创造性的调整。艾萨克·福西厄斯(Isaac Vossius)就是这样论辩的:因为圣经中所说的洪水是地区性的,所以中国人活了下来。③ 其他人则把这个最古老的中国皇帝等同于圣经元老,把中国历史当做旧约圣经的一个版本。这在白晋的尝试中可以看到。伏羲被不同地当做是亚当、诺亚或以诺(Enoch)——该隐(Cain)之子。假如中国人是诺亚儿子的后代,那么,一个重要的问题就出现了:是闪(Shem)——最大的孩子,还是含(Ham),是崇拜偶像民族的祖先?④ 另一个被关注的问题是中国和巴别塔之间的关系。例如,约翰·韦伯(John Webb)就相信,中国人没有来到巴别塔(因为他们居住得太远

---

① 卫匡国:《中国上古史》(*Sinicae historiae decas prima*),慕尼黑(Munich),1658 年。凡·科莱(Van Kley)注意到中国的年表很早以前就摆在欧洲的面前,但从来不是用一种令人信服的方式。凡·科莱:《欧洲的发现》(*Europe's Discovery*),第 362 页。
② 凡·科莱:《欧洲的发现》,第 363 页;孟德卫:《奇异的土地》,第 127 页。
③ 同上书,第 363—364 页。
④ 因此,多明我会士的多明戈·拉瓦莱特(Dominican Domingo Ferandez Navarette),在再一次调适中国时,认为伏羲是含(Ham)。含也被认为是琐罗亚斯德(Zoroaster)(古波斯袄教始祖。译者注)。凡·科莱:《欧洲的发现》,第 366 页。

了!),而中文是诺亚的语言。① 年表的问题描述了欧洲与中国相遇所带来威胁的种类,和对这种威胁反应的令人吃惊的范围。很多思想家不是简单地敌视或轻视。我们发现,像福西厄斯(Vossius)和韦伯(Webb),他们以令人吃惊的方式接纳中国。在年代表上的冲突,强有力地影响着欧洲对中国的接近。所有人都把中国文化的极端古老和中国历史史料的全面性看做理所当然的。这些古老的记载使得人们期待着中国古代的著作和语言中隐藏的东西。白晋提供了这种期待的一个极端的例子,但是莱布尼茨和其他人则遵循着同样的原则。

接纳中国的焦点问题是所谓"礼仪之争"(Rites Controversy)。这导致了把基督教引进中国文化的尝试。② 莱布尼茨生活时代的欧洲,礼仪之争是学者们争论的首要话题。帕斯卡(Pascal)、阿尔诺(Arnauld)、莱布尼茨和马勒伯朗士(Malebranche)等人都卷入了其中。这次争论源于两个问题。第一个问题是礼仪的问题,尤其是对于祖先和孔子的礼仪。如果这些仪式是宗教性的,则它们是偶像崇拜,没有基督徒可以践行它们。问题是——这些礼仪是宗教性的吗？第二个问题涉及用什么词语去翻译"God"。耶稣会士往往用在中国的早期经典中见到的两个词即"上帝"和"天"。问题在于,这些词语是否可以用于"God"。相关于仪式或者相关于词语的这两个问题并不必然联系在一起,之间却似乎存在着内在的张力。如果中国人有一个关于"God"的概念,他们的本土语汇就似乎是可使用的,那么我们就可以期待他们的仪式是宗教性的,于是,它们就不能被基督徒采用;而假如中国人是无神论者,这些仪式将是非宗教性的。与此对立的态度甚至更有问题:它强行宣称中国人是没有"God"观念的唯物主义者,而同时也宣称他们的仪式是宗教性的。大多数耶稣会士持包容两方面问题的态度,但是少数的耶稣会会士则坚持一种看来似乎更为自然地态度——接纳礼仪而不接纳词语。例如,龙华民(Nicholas Longobardi)——莱布尼茨的关

---

① 凡·科莱:《欧洲的发现》,第365—366页。
② 礼仪之争最好的哲学资料是孟德卫编辑的《中国礼仪之争》。也可以参阅鲁尔(Rule)的《孔子或儒家?》。关于这种争论的教会的决定,可以参阅米勒米克(George Minamiki)的《中国礼仪之争:从发端到现代》。芝加哥:罗约拉大学出版社,1985年。

于礼仪之争的一个主要来源——就坚持认为,中国人没有"God"的观念,"上帝"和"天"是指一些自然原则,其礼仪也往往是世俗的而非宗教或迷信。把这两个问题联系在一起揭示了与它们相联系的深层次的问题。礼仪之争标志着基督教怎样才能与其他文化相融合的一种尝试。一方面,它在问基督教的本质可以离欧洲文化多远。另一方面,它又在问一个同样难以回答的关于中国文化的问题:儒学是一种宗教吗?古代中国人相信一个唯一的人格神吗?欧洲人不仅对中国人的信仰如何可以被估价和归类有着不同的争议,在基督教本质和它的欧洲文化形式之间达成某种平衡的问题上争论更大。所以,维吉尔·毕诺(Virgile Pinot)是从一个看起来没有什么深意的事件——耶稣会士决定穿上儒服——开始他关于争论的叙述的。方济各会修士(the Franciscans)和多明我会修道士(the Dominicans)则保留了他们的欧洲服装。①那些站在包容这两个问题一方的人,包括莱布尼茨和几乎所有的耶稣会教士,往往对中国人都持有肯定的看法,对异教思想怀有更大的信任。他们的现实关怀也是一致的——对两个问题的接纳似乎更有利于基督教在中国的传播。与此相反,那些反对接纳两个问题的,在对中国人轻视和对异教文化的反对方面是一致的,而且他们常常都不喜欢耶稣会士。② 这些反对派包括大多数在亚洲从事活动的多明我会和方济各会的教士、詹森主义者(the Jansenists)、索邦大学(the Sorbonne)的神学职员,最终教皇也反对了耶稣会士。

耶稣会的创立者利玛窦确立接纳中国礼仪作为实现耶稣会在中国使命的手段。在此之前,教士们已经推介了具有欧洲文化形式的基督教,但常常是通过经济和武力的手段。这样一种形式的渗入在中国被认为是不正当的。利玛窦通过把自己融入士大夫阶层定下了事情的基

---

① 维吉尔·毕诺:《中国和法兰西哲学精神的形成(1640—1740)》(*La Chine et la formation de l'esprit philosophique en France*),日内瓦:斯莱特金(Geneva:Slatkine),1971年,第73页。

② 毕诺宣称,如果詹森主义者没有把它当做攻击耶稣会教士的手段,这种争论可能仍然是模糊的神学问题。帕斯卡(Pascal)是最先在这种方式上利用争论的人之一。(毕诺:《中国和法兰西哲学精神的形成》,第79—80页)

调。他对基督教的介绍是渐进的,并且尽可能让中国文化保持完整。他的逐渐渗入甚至导致了一些对他的控告,说他是在介绍一神的自然神学而不是基督教。① 是实际性的关怀激起了他的方法,因为中国人更倾向于哲学的自然神学而非基督教的琐事。利玛窦相信,古代中国人有一种他们自己的自然神学。他写道:

"我发现,在所有为欧洲人所知晓的异教教派中,当他们处于古代早期时,没有人比中国人犯的错误更少。在其历史最初的开端,他们的文献就已经记载了他们认识并崇拜的一个被叫做"天堂之王"的超越存在。有时这种存在是用其他名称表示的,预示着它对天与地的统治。"②

他说,起初,这些礼仪既不是偶像崇拜也不是迷信,但是,当流行在普通民众中的时候,它们的意义就逐渐减弱。然而,他相信,作为原始的形态,它们可以被纯化并大体保持完整。接纳者的这种对礼仪的解释在利玛窦自己的描述中可以看到:

"从君王到最下层的读书人,所有的文人所从事的最普通的庆典是我们曾经描述过的每年一度的祭祀礼仪。按他们自己的说法,他们认为这种庆典是一种给予他们逝去祖先的侍奉,就像他们还在世一样。他们并不真正相信那些死者真正需要这些摆在坟墓前的祭品。但他们说,他们尊重这种把祭品放在坟墓前的习俗,因为它似乎是表达对先祖敬意的最好方法。实际上,很多人声称,这种具体的礼仪首先是为了生者而不是死者。通过这种方法,人们可以期待孩子们,以及那些没有文化的成人们,在他们看到那些逝去的祖先仍然受到受教育者和精英们如此的尊重后,可以知道怎样尊重并侍奉他们仍然活着的父母。这种把祭品放在死者坟前的仪式似乎既不是任何形式的亵渎神灵,也许也根本不是什么迷信,因为他们没有任何把祖先看做神的意思,也没有向

---

① 邓恩(Dunne):《杰出的一代》,第96页。史景迁注意到,中国人自己把利玛窦看做一个"回人"。这一词也被用于穆斯林人和犹太人。(史景迁(Jonathon Spence)《利玛窦回忆中的宫殿》,纽约:维京(Viking)出版社,1984年,第93—127页)关于利玛窦对中国文化和基督教思想的融合,参见詹启华《制造儒家》(*Manufacturing Confucianism*)。

② 利玛窦:《十六世纪的中国》,第93页。

他们请求或者希望从他们那儿得到任何东西。然而,对于那些已经接受过基督教教育的人来说,用对穷人的施舍和灵魂的救赎来取代这种仪式,看起来会更好一些。"①

正如利玛窦这里所说的,接纳者们认为,这些祭奠礼仪仅仅是世俗的,意在对父母、祖先以及像孔子那样的大德者的一种尊敬。莱布尼茨认同这种解释,并把它当做祭奠礼仪的假设起源。反对者则大致把自己的态度建立在这种事实的基础上,即这些祭奠礼仪看起来是宗教性的。另外,当耶稣会士把自己的观点建立在礼仪的猜测的起源或者与他们联系的知识精英们的解释之上时,反对者们则求助于普通的民众,因为在这些人中,对鬼神的相信大有人在。②

在(翻译"God"的)词语问题上,耶稣会士本身是有不同意见的。从表面上看,争论是一个翻译的问题。西方人的"God"观念怎样译成中文呢?可能的选择是创造一个新词,要么用欧洲词语的音译,要么使用或改造一个中文词语。后一种选择可能更容易引起误解。但前一种选择同样有很多困难。创造一个新术语就可以避免误解吗?更重要的是,中国人相信他们的传统,怀疑任何全新的东西。为此,我们可以再一次回到康熙那儿看一看中国人的观点:

"虽然一些西方的方法与我们自己的不同,而且可能更为先进,但是,它们很少是全新的。西方的方法其实是源自中国。例如,数学原则就是从《易经》引申出来的:代数(algebra)——'A-erh-chu-pa-erh'——源自于一个东方词语。虽然西方人确实给我们展示了我们古代历法学家所不知道的东西——如怎样计算北极的角度。但这也仅仅是揭示了朱熹通过他对事物的研究所得出的结论:地球像一个鸡蛋中的蛋黄。"③

汉语词语的使用建立了一座通达中国文化的桥梁。我们可以期待一个翻译问题可以被语言学家或汉语言的专家解决。它没有表明问题之关键的事实在于其他地方。维吉尔·毕诺指出,问题随着《中国的

---

① 利玛窦:《十六世纪的中国》,第96页。
② 米勒米克(Minamiki):《中国的礼仪之争》,第22—23页。
③ 史景迁:《中国皇帝》,第74页。

哲学家孔子》(Confucius Sinarum Philosophus)的出版而有了变化。在这里,对耶稣会士态度的辩护变成了对古代中国思想的辩护,从而使得关于耶稣会士的争论变成了关于中国人的辩论。阿尔诺(Arnauld)就是通过对耶稣会士和中国哲学的攻击来进行这场争论的。① 于是问题变成了中国人是否知道在"上帝"或"天"的名称之下的"**神**(God)"。它变成一个自然神学和异教得救的可能性的问题。这是一个贯穿基督教历史的、争论不休的问题。莱布尼茨和大多数接纳的支持者都认为异教可以得救。② 争论的核心可以在索邦大学对耶稣会士的态度的谴责中看出。耶稣会士的詹森主义敌人从两本提倡接纳异教的耶稣会士的书籍中摘录了六种观点供索邦大学神学职员批判。③ 这些命题如下:

(1)中国人在两千多年前即耶稣基督出生之前的时候就有了真的"**神**"的知识。

(2)在其最古老的庙宇里,他们已经有对**他**的敬献。

(3)他们对**神**的敬献甚至可以作为基督教的一个典范。

(4)他们奉行着一种与他们的宗教一样纯洁的道德。

(5)他们早已有了信、谦卑、内部和外部的崇拜、神职、牺牲、圣洁、奇迹、**神**的精神以及最纯洁的慈善。而这些正是真宗教的特征和完善。

(6)在地球上所有的民族中,中国人是最常为**神**恩所惠顾的。④

这些宣称对中国人大加赞赏,以至于使得莱布尼茨对中国的赞赏也相对逊色。它们再一次描述了中国文化之受欢迎和受指责的两种极端不同的态度。在1700年10月18日,所有的六条声明被索邦大学一一谴责。

---

① 毕诺:《中国和法兰西哲学精神的形成》,第88—89页。
② 传统的异教徒可以得救的一个明确的解释,尤其是相关于中国的,参见克劳迪娅·冯·柯蓝妮(Claudia von Collani,)《异教徒的得救问题》(Das Problem des Heils der Heiden),新杂志的科学任务(Neue Zeitschrift für Missions Wissenschaft),45(1989),第17—35页及第93—109页。
③ 这两本书是:孔德(Louis Le Comte)著的《对中国现状的新记忆》(Nouveaux memoires sur l'état present de la Chine)(第二卷,巴黎,1696年);莱布尼茨的一个通信者查尔斯·乐·戈本(Charles Le Gobien)著的《中国出版史上的基督教青睐》(Histoire de l'édit de la Chine en faveur de la religion chrestienne)(巴黎,1698年)。
④ 毕诺:《中国和法兰西哲学精神的形成》,第98页。

虽然支持接纳很容易,但是,礼仪之争却带来了信仰的性质和中国文化的深层次难题。这些难题进一步被政治和实践问题所复杂化,一些还卷入了教堂之间和国家民族之间,尤其是西班牙人和葡萄牙人之间的派别之争。其他的则更为根本。例如,站在反接纳立场的传教努力很难成功。在中国,放弃对自己祖先的祭奠礼仪将是最大的不敬,而且一个人要成为官员则不得不行尊孔大礼。而且,我们已经知道,孟子的四主德之一就是"礼",即礼仪文节。所以,禁止一个基督徒行使这些礼仪将会阻止任何来自官方的友善的转变。尽管有这些实际的问题,基督徒最终决定反对接纳。于是,在中国的天主教教会随之瓦解。虽然接纳可以帮助传教士,但它确威胁基督教的权威。基督教的本质可以与它的文化表现相分离的观点可以很容易地用于有利于新教教徒的事。如果基督教可以剥离它的欧洲模式而适用于中国,那么,它为什么不能剥去"罗马模式"而适用于英国? 从对中国道德的赞美中还可以引申出更深层的威胁,就像索邦大学的神职人员批驳的声明那样。对儒家道德的赞美是从自然神学之中引出的,它倾向于弱化基督教的启示"基督"部分和人们对教堂体制的依赖。然而,反对接纳的立场则更糟糕。如果中国人虽然既没有基督也缺乏任何**神**的知识却又拥有如此好的美德,那将意味着什么?① 对于很多基督教的反对者来说,中国人作为"有道德的无神论者"的原始例子加入了斯宾诺莎的行列。

在莱布尼茨的有生之年,礼仪之争达到了它的顶峰并随后结束了。莱布尼茨带着不安与迷惑看到了这种反对礼仪的运动,尽管他一直希望罗马会终于领悟它的意义。1704 年,在研究了七年之后,教皇克莱门特十一世(Pope Clement XI)颁布了他反对接纳的赦令:禁止教徒参与祭祀孔子的活动以及关于祖先祭祀的诸多事务。当教皇使节查尔斯·托马斯·铎罗(Charles Maillard de Tournon)去中国宣布并强化这个决定的时候,这一赦令一直是严守的秘密。他是在 1707 年 2 月 7 日实行了这一命令的。不久,他被驱出中国。相应地,中国皇帝也颁布了要求所有传教士都得拥有一个证明(票)的政策。但是,只有承认并追

---

① 参见毕诺:《中国和法兰西哲学精神的形成》,第 105 页。

随利玛窦的人才能拿到这种证明。康熙对教皇的这个决定大为恼火,因为他已经正式认可了耶稣会士的观点。他写道:

"我已经同意北京教父在1700年制定的规划:孔子作为夫子被中国人所尊奉,但是他的名字不应该为了获得幸福、官阶或财富的目的而在祝词中被祈求;祭拜祖先是一种爱的表达和孝顺的回忆,而不是为了对祭拜者的保护;我们没有任何这样的观念,即当祖先的牌位立起来的时候,祖先的灵魂栖息于这个牌位之中。当牺牲被奉祭天的时候,我们并不是把它们奉献给了我们头顶的蓝天,而是奉献给主和万物的创造者。如果'上帝'有时候被叫做天,这并不比给皇帝一个尊称具有更多的含义。"①

莱布尼茨把康熙的叙述当做对这种争论的决定性的意见,但是它却被教会看做一种干涉。② 教皇反对礼仪的赦令在1709年被印刷发行。虽然其他的赦令接连颁布了,这种反对礼仪的决定一直持续到了20世纪。③ 1724年,康熙死后一年,康熙的儿子雍正驱逐了所有除从事天文事业的教士。天主教会在中国的使命就此结束。康熙描述了与另一个反对接纳的官方批评家颜当(Charles Maigrot)的一次较早的见面。其言说值得引用:

"颜当不仅仅对中国文化无知,他甚至不能认识最简单的汉字;然而他还是去讨论中国道德体系的错误。正如我指出的,有时中国的皇帝被尊称为'陛下',难道颜当要说,这是提及被某个工匠制造的台阶?我被尊称为'万岁——一万年',显然,这也不是字面意思——因为历史从开端到现在才不过七千六百年。即使是小动物们,也会在母亲死后哀痛多天,那些冷漠地对待他们死去亲人的西方人甚至还不如动物。他们怎能与中国人相比?我们敬重孔子,因为他的尊德性的教导、他的

---

① 史景迁:《中国皇帝》,第79页。
② 米勒米克(Minamiki):《中国的礼仪之争》,第40—42页。
③ 涉及这些赦令的讨论的,参看米勒米克的《中国的礼仪之争》,第25—76页。在20世纪,教会改变了它对礼仪的态度。基于日本和满洲国(Manchukuo)——被日本人占领的中国东北地区——国家主义者的要求,教会决定认可,儒教及神道教(Shinto)的礼仪是文明的,基督徒也可以践行。

教育体系、他谆谆教诲我们爱长辈和祖先。西方人因圣徒们的行为而敬重他们。他们画出带翅膀的人像并且说：'这些代表着天国的精灵。他们非常快捷，如同他们有翅膀一样，尽管现实中的人没有翅膀。'我认为，来争论这种问题是没有必要的。然而，颜当却用肤浅的知识来讨论中国神圣的东西。他用自己愚顽的理智、用可怜而隐藏的愤怒谈论了一段时间，但是当他不能得其所当的时候，这个反对天主教训导的罪人、这个中国的叛徒就逃离了这个国家。"①

普遍性、宽容和文化的多样性

当莱布尼茨开始思考康熙的时候，已经是欧洲向亚洲、撒哈拉以南的非洲以及美洲扩张的两百年之后了。对其他文化最初的热情已平静下来，接近、容纳或拒斥不同文化的各种范式也已经融合。同时，扎根于与其他文化接触的哲学话题开始获得了独立的生命。这些话题最直接地在天赋观念的争论中表现出来。这些天赋观念与文化的普遍性和自然神学相关联、也与怀疑主义及建立在普遍认同基础上的**神存在**的争论相联系。这些情态可以看做是在中世纪和文艺复兴时期欧洲与其他文化相遇时发展起来的早期范式和"透镜"的产物。斯宾诺莎和洛克更为直接地表述了其他文化的地位，但是其基调是笛卡儿设立的。虽然只用理性证明宗教的核心真理的计划变得只有在非基督教思想中出现的自然神学传统中才是可能的，但是笛卡儿却切断了他的著作和文化的关系。笛卡儿对其他文化明显的冷漠现象由于评论者忽视他本具有的那一点点兴趣的趋势而被拔高了。例如，在三卷本的《笛卡儿的哲学著作》(*The Philosophical Writings of Descartes*)的索引中，只包含一条对其他文化的引述——提及在美洲的休伦人，即使在《论方法》(*Discourse on Method*)一书中，就有三次提到中国，一次提到波斯，一次提到墨西哥。虽然这些提及从表面上看是没有什么深意的，但是它标

---

① 史景迁:《中国皇帝》，第79—80页。康熙对他与颜当的会面有一个更长的叙述，第75—79页。

志着某种缺失。忽视它们就给我们造成这种印象：笛卡儿忽视其他文化，因为他不知道它们。欧洲的历史和笛卡儿本身的引述说明这是一个错误的印象。当我们认识到这一状况，我们就不得不追问：为什么像笛卡儿这样的哲学家会对当时容易被欧洲人接触的多种文化表现出如此少的兴趣？

文化多样性的话题在《论方法》的开始就已经出现了：

> 良好的判断和区分真理和谬误的力量——我们把它叫做"明智"或"理性"——在所有的人中自然是相等的，所以，我们观点的多样性不是因为我们比其他人更富有理性，而仅仅是因为我们的思想通过了不同的途径而达到了不同的事物。（CSM 111；AT Ⅳ，2）

在后面几句中，他揭示出这种平等包含了所有人是同一个类——"对于理性或理智，由于它是我们区别于动物的唯一的东西，因而我相信它作为一个整体存在于我们每一个人之中。"（CSM 112；AT Ⅵ，2）很明显，这段文字是提倡作为一个类的所有人的平等性的。他关于文化的观点，在第一段中也是很明显的：人的不同是因为他们在使用自己的理智时采用了不同的方法，关注着不同的事物。人们也许可以期待，由于这种思考文化时的理性观，将导致笛卡儿研究理性的不同应用。然而，虽然这种观点使得莱布尼茨认真地对待中国，但是由于蒙田的影响，笛卡儿却站到了一个对立的立场。笛卡儿一次又一次把多样性和怀疑主义联系起来。如果没有遇到如此多的多样性观点，他也许会一直对他老师们的观点感到满意。他的论述反应了蒙田的观点：

> 通过旅行我已经认识到，那些持有与我们相对立观点的人并不因此就是无教养者或野蛮人，他们中很多人对理性的使用比我们还多。同时，我也想到，具有这相同心智的同样的人，从小就在法国人或德国人中生活着，与那些一直生活在中国人或食人者中的，是怎么以不同方式成长的。甚至在我们服饰的流行过程中，十年前让我们很愉悦的东西，也许十年后也会同样使我们愉悦，但现

在却使我们觉得奢侈而荒唐。因此,是习俗和事例影响着我们,而不是任何确定的知识。(CSM Ⅰ 119;AT Ⅵ 16)

在这样的段落中,笛卡儿竟然很奇怪地与文化相对主义接近。他的观点是,人类文化和习俗的多样性证明,在追求真理的过程中,我们不能依靠文化和习俗。

从这种对多样性的怀疑态度中,笛卡儿很精明地给出了两个结论。一是怀疑主义本身不会对其他文化有深层的兴趣:"知道不同民族的习俗,可以使我们更好地判断我们自己。而不要认为每一种与我们自己的方式相对立的都是可笑的和没有理性的,就像那些对这个世界一无所知的人所做的那样。"(CSD Ⅰ 113—114;AT Ⅵ 6)但是,在对我们自己观点界限的认识之外,没有更多的研究多样性的需要。从这种明显的文化相对主义中他得出的第二个观点是,如果有所谓真理,我们也必须在文化局限性的领域之外去寻找。他的另一个途径是:自我反思和天赋观念。当他指出经验文化多样性价值的时候,他补充说:"我逐渐摆脱了使我的自然之光暗淡并阻碍我倾听来自身理性声音的错误"(CSM Ⅰ 116;AT Ⅵ 10)文化多样性的价值是使我们从文化的因素中摆脱出来,而依赖纯粹的理性之光。在《沉思录》中,怀疑的方法被浓缩了,但是《论方法》则揭示出我们必须怀疑的不仅仅是我们纯真的本体,而且还有我们的文化本身。当我们从我们年轻时所沉浸的文化因素中解放出来后,我们可以通过每一个意识的天赋观念而把真理的大厦建立在一个坚实的基础之上。因此,他在《论方法》中说,为了把自己从自己的意见中解放出来,去各地旅行比坐在有着暖炉的房间好。但是,在九年的对各种不同意见采样分析之后,当他真正准备回去建构这真理的大厦的时候,他就隐居到了荷兰。在那里,他"过着一种就像生活在最偏远的沙漠之中一样的孤独而隐蔽的生活。"(CSM Ⅰ 126;AT Ⅵ 31)

斯宾诺莎对其他文化的态度追随着被笛卡儿创立的路径,但是更为清晰。普遍性的共同人性是斯宾诺莎政治和神学著作的核心。他说,如果从"人性的一般考虑"①中抽引出他的政治学观点,它们将超越于怀疑之上。在描述他的被用于政治科学的共同人性的时候,斯宾诺莎关注的焦点是,在我们心中是激情而不是理性的能力占据着主导的地位。他说:"所有人,不管是犹太人还是外邦人,都是一样的,在每一个时代中,美德都是非常少见的。"②这种普遍人性在斯宾诺莎关于政治和宗教的著述中起着不同的作用。人性的负面解释了迷信的普遍存在以及宗教的倾向转变为对教士的尊敬。但是,就其正面而言,我们都有通过我们的理性和共同的天赋观念达到宗教真理的能力。因此,在"论希伯来人的使命"的一章中,他写道:"就人的知性和美德而言,即就神恩而言,**神**对每一个人都同样宽宏,就像我们通过理性已经证明和宣称的一样。"③在人的平等性方面,斯宾诺莎比别人走得更远,因为他否认《圣经》和基督教的特殊地位。对斯宾诺莎来说,人性的共同性揭示了他为了欧洲问题而求助于其他文化的那个复杂的交点。斯宾诺莎的意图不在于揭示宗教是普遍的,而在于揭示,对于每一个人来说,即使没有神启或宗教机构,它也都是可以达到的。这种所有人在理性、德性或神恩等方面都平等的宣称,并不意在指引我们对其他文化进行一种比较研究,而是要揭示出,在人的共同本性之外,我们无须任何其他东西。他说:"理性的自然之光在理性的指针之外并无任何的指令,但是,它却能给我们清晰地指出什么是善,什么是获取神恩的手段。"④在斯宾诺莎同等看待不同文化的同时,它们平等性的条件——理性和共同观念的普遍性——却使文化的多样性变得无关紧要。认识那些非欧洲人的理性也许会表现为欧洲内部的宽容和自由争论之延伸,但是还会产生别的后果。欧洲独立宗教的空间正是建立在为异教思想创造空间时的理性之上的。

---

① 斯宾诺莎:《神学政治论》(*Theological-Political Treatise*),塞谬尔·雪莉(Samuel Shirley)译,印第安纳波利斯:哈克特(Indianapolis:Hackett),2000年,第77页。
② 斯宾诺莎:《神学政治论》,塞谬尔·雪莉译,印第安纳波利斯:哈克特(1998)第146页。参见斯宾诺莎,《神学政治论》,第61—62页。
③ 同上书,第40页。
④ 同上书,第52页。

斯宾诺莎的论证有两个方面：一是揭示出每一个人都可以通过理性和天赋观念达到宗教的核心；二是指出大多数有组织性的宗教并不是这个核心。因此，斯宾诺莎必须给这个基本的核心做出狭义的阐释——"爱神超越一切，爱邻人如爱自己。"①虽然《圣经》可以引导我们达到这些真理，但是，它的作用是有限的，因为它的故事适应于特殊的读者并依赖于他们的经验，而宗教的核心真理必须从对一般的理念性的反思中得到。② 礼仪只与暂时的幸福和政治稳定相关，教义只有在它们可以导向公正和慈善的时候才是有意义的——"信仰，与其说需要真正的教义，还不如说更需要虔诚的教条，因为后者通过感动人心而使之遵从。"③后一种宣称支持一种多元论的立场。相同的核心真理是通过很多方式表现出来的，即使是在《圣经》中，它也是如此。事实上，真理必须去适应不同人的观点。④ 对于他自己关于神的思想，斯宾诺莎主要是求助于容忍，但是这种宽大的容忍也惠及了其他文化。这一点，他在给雅各布·奥斯滕斯(Jacob Ostens)的信中提到了："对于土耳其人或其他的异教徒，如果他们通过实践正义或爱他的邻人来崇拜神，我相信，他们拥有基督的精神，可以得救，不管他们由于对穆罕默德和神谕的无知而持有怎样的信念。"⑤他的这种对所有人在获取知识和德性上都有平等能力的观点的执着，使得上面的观点成为无条件的判断，揭示出在其他民族中是有人实践公正和慈善的。神对所有人都一样慷慨，因而所有的文化都将有先知激励人们去拥有真的德性。

在论述多元主义和宽容中有一个严格的区分：什么是本质的并且适用于每一个人，与什么是非本质的并且依赖于文化本身。这种区分意味着，如果谁通过内在反思的途径接近神，世俗的表现就没有任何意义。斯宾诺莎对真正的核心(真理)在历史或文化中表现自己的不同

---

① 斯宾诺莎：《神学政治论》，第151页。
② 同上书，第150—51页。
③ 同上书，第161页。
④ 同上书，第163页。
⑤ Ep 43；斯宾诺莎：《信件》，塞谬尔·雪莉译，印第安纳波利斯：哈克特1995年，第241页。

方式并没有什么兴趣。像笛卡儿一样,他关于普遍人性的宣称并不求助于对人的多样性的观察。在斯宾诺莎的认识论背景中,这些因素是显目的但并不令人惊奇。虔诚的程度即对正义和慈善践行的程度,依赖于关于**神**的直觉知识。而这种知识就是最高的知识。(Ethics 5P32,4P37)对这种知识的渴望或追求是由理性知识推动的。这种理性知识属于较低一级的知识。(Ethics 5P28)两种知识都依赖于充足观念,即"就其本身没有与一个客体相联系而言,具有真的观念的所有的性质或内在价值的观念"。(Ethics 2P40,2P41;2D4)"内在",他意指排除观念及其客体的外在关系,但是也意指这种观念本身的一种品性。一种观念要成为充足的,它必须完全根植于人的心中,建立在"这样的事物的基础上——它对一切事物都是共同的、不管在部分上还是在整体上都是相等的"。(Ethics 2P35,2P28)这些命题的结论是:**神**的知识必须建立在完整地存在于每一个人心中并且对所有人都是一样的那种观念之上。在实践或教条或其他文化的符号中寻找,只能使我们陷入最底层的破碎的、混淆的、无序的观念之中。(Ethics 2P40s2)这样的观念不能引导我们到达**神**的真知识,甚至不能使我们渴望**神**的真知识。(Ethics 5P28)

斯宾诺莎的认识论和他对文化多样性的态度在与阿尔伯特·伯夫(Albert Burgh)的通信中有很好的表现。伯夫在刚刚皈依天主教后,写了一封即使不怎么相干但却热情洋溢的信给斯宾诺莎。他希望斯宾诺莎像他一样:

"你假定你最终发现了真哲学。你怎么知道你的哲学是所有曾经讲授过的、现在正被讲授的或将来要讲授的哲学中最好的?我们姑且不说将来的哲学,你考察了所有古代和现代的哲学吗?你考察过此地的、印度的和世界其他任何地方的哲学吗?"①

斯宾诺莎回答说:

---

① Ep 67,斯宾诺莎:《信件》,第303页。雪莉提供了一个从近代思想中删除其他文化的例子。他在翻译的时候,删去了对印度的具体提及,从而模糊了伯夫(Burgh)清楚提出过比较哲学的问题并且认识到世界的其他部分也存在哲学的事实。

（对于您的问题，）我也许有十分的权利反问您。因为我并没有假定我已经发现了最好的哲学，但是我知道我懂得真的哲学。如果您问我是怎么知道这一点的，那么我的回答是，我是用你知道三角形的三个内角之和等于两个直角的和同样的方法。……因为真理是真与误的指示。①

如果一个人把宗教真理建立在经验、奇迹和某些证据的基础上，他必然在这种世界宗教的多样性中遇到无穷的模糊证据。幸运的是，我们没有这种必要，就像测量扇形之于几何一样，对于哲学而言这也是毫不相关的。

斯宾诺莎和笛卡儿两个人都是通过区别什么是普遍的、重要的，什么是随着文化而变化的因而是不重要的来研究文化多样性的。斯宾诺莎之不同在于他更强调所有人所共有的。约翰·洛克具有类似的特点，但是他更关注那随文化而变动者。洛克利用其他文化来构建自己的哲学观点并反对天赋原则和天赋观念。在这种利用其他文化的过程中，洛克更加接近蒙田的怀疑主义，虽然他的立场更为复杂。因为在这个方面，洛克并没有像蒙田一样进行怀疑，而在其他方面，他的宽容的基础不仅仅是依据于怀疑论而已。这里，我并不打算对洛克立场的复杂性作一个公正的评价，我只是试图描述一条辩论的路线。在这种辩论中，他一直利用着其他文化。像蒙田一样，洛克对其他文化的奇怪轶事也颇感兴趣而且他的兴趣主要还是在美洲人。在对待土著人不公正待遇的批判方面，洛克与蒙田也是一样的。他说："宗教或心灵关怀的幌子是多么容易作为贪婪、劫掠和野心的外衣。"②他辩论说，美洲本土人应当被给予宗教的自由、应该用爱心去对待。

洛克和蒙田之间的相似之处比这种对美洲人兴趣的相似多得多。在"关于宽容的信"中，他关于"正统信仰"的宣称与蒙田关于野蛮性的宣称几乎一个模子：

---

① Ep76，斯宾诺莎：《信件》，第342页。
② 约翰·洛克（John Locke）：《论宽容》（*A Letter Concerning Toleration*），詹姆斯·H.塔利（James H. Tully）译，印第安纳波利斯：哈克特，1983年，第34页。

"我们必须记得,不管在什么地方,民众的力量都是一样的。每一个王侯的宗教观念对他自己而言都是正统的。因此,如果这样一种权力给于民事裁判从而控制宗教,就像在日内瓦(例如),他可以通过暴力和鲜血根除那里被视为偶像崇拜的宗教。通过同样的规则,在相邻国家的另一种裁判,可能压抑改革的宗教。在印度,则是基督教。"①

很明显,这里的叙述是把欧洲和印度放在平等的地位上的。在把自己的观念强加给别人这件事上,我们与印度王子把自己的观念强加给基督徒是一样的。褊狭的反应是明显的——不宽容的基督徒与不宽容的印度人不同,因为基督徒是对的。洛克对这种反应的拒斥根植于怀疑主义——正因为我们认为我们是对的并不意味着我们在事实上是对的,因此,我们不要把自己的观念强加于人,正如我们不愿意别人把自己的观念强加给我们自己一样。洛克的目标接近于蒙田,但是他更少关心其他文化的宽容而更多关注于欧洲人本身。根据这种目的,他在没有涉及其他文化的情况下重复了相似的论述。他论述说,即使只有一条通向天堂的道路,也没有谁能确信他自己的选择是正确的。②

有了这一背景,我们就可以明白《人类理智论》为什么会发展出这种对宽容的怀疑主义的支持并夹杂着非基督教情结了。洛克自己在他的前言中设立了这个背景,其目的是要考察我们的知性是怎样引导我们得到"如此多样的、异质的、甚至完全矛盾的"观点的。如果考察我们观念的历史,我们或许可以得出这样的结论:或者根本没有所谓真理,或者人类根本就没有发现真理的能力。为了避开这种结论,他要去考察我们知识确定性的界限,其目的在于,使人的心智在"面对它所不能理解的事物的时候更加谨慎"。(I,i,3-4)在划一条在其外我们应该怀疑的界线时,洛克跟从了笛卡儿和斯宾诺莎,但是,他把更多的知识放到了界线的另一边。其他文化通过描述人的观点和实践的多样性来适合这种方法,因此打破了任何易于理解的普遍性。这种论题的交集在第一本书中是最清楚的——直接反对天赋原则。洛克是这样总

---

① 洛克:《论宽容》,第42—43页。
② 同上书,第36页。

结的:

"很少有可以命名的道德原则与德性原则不在世界的某处被社会的流行观念所轻视或者谴责。这个社会由实践的观念所统治。这是与其他文化的观念不同的。唯一的例外是,被认为对于社会稳定性是绝对必要的原则,然而这些原则常常在不同社会的互动中所忽视。"(Essay, I, iii, 10, P. 72)

当斯宾诺莎为建立在他对理性的理解之上的文化普遍性辩护的时候,洛克却利用其他文化的经验证据反对它们。洛克的证据值得一读:

"在亚洲的一个地方,病人,当他们的**看护者**认为没有什么希望的时候,就被抬出去,放在**地上**。在他们死前,由其在那里,任风吹雨淋,没有人**帮助或怜悯**,直到死去。众所周知,在明各列尔人(Mingrelians)——一个承认基督教的民族——中,人们会在**孩子**仍活着的时候就毫无顾忌地将其掩埋。**有些地方**的人吃他们的孩子。卡利比人(Caribes)习惯于阉割他们的孩子,目的在于养肥后把他们吃掉。加喜乐叟(Garcilasso de la Vega)告诉我们,一个在秘鲁的民族,他们习惯于把他们的女俘当妾并把与她们生下的孩子养肥并吃掉。而当这些女俘过了生育年龄,她们本身也被杀并被吃。陶皮诺堡人(Tououpinambos)相信使他们配得天堂的美德是复仇和吃掉他们大量的敌人。他们没有所谓**神**的名字,也没有任何关于**神**的知识,没有宗教、没有崇拜。在土耳其人中封为圣徒的人,过的生活让人无法心生恭敬"(Essay, I, iii, p. 71)

他接着讲述了土耳其的一些故事,然后指出,一些文化,甚至拒绝譬如父母应该照顾孩子等最起码的道德规范。

洛克论述的思路似乎有些奇怪。他几次正确地指出,即使有普遍性的原则,但也不能证明它们是天赋的。他举出了火的观念的例子。火的观念虽然是普遍的,但不是天赋的。(Essay, I, iv, 9, p. 89)同时,洛克不是一个怀疑论者。他相信真的和可知的宗教和道德原则。他求之于其他文化的论证就像瓦解天赋观念的宣称一样毁坏了这一宣称。换一句话说,文化的普遍性与知识是天赋的还是来自经验的之间很少有直接的关联。两种考虑可以使我们更好地理解洛克的方法。我们读到他的关于天赋观念的论辩,但是他是从另一个关于**神**存在的普遍认同的论证中引出这个论辩的。在这个论辩中,其他文化和天赋观念都起着重要的作用。从洛克对其他文化的使用和他对于雪堡的赫伯特主教(Lord Herbert of Cherbury)在 1624 年首版的《真理论》(De Veritate)一书冗长的批判看,这种背景是清楚的。(Essay Ⅰ,ⅲ,15-19,pp. 77-80)赫伯特是一个自然神论者,它的书是建立在多元文化普遍认同基础之上的自然神学的辩论并代表着起主导作用的一个倡导性的表达。赫伯特自己把普遍认同和天赋观念联系起来。他的自然宗教五原则是:**神**的存在;**神**应当被崇拜;崇拜的主要因素是德性;恶应当得到忏悔;赏罚会在来生出现。这五条原则都是从"共同的观点"而不是从经验中推演出来的。他的每一论点都是从这开始的:所有文化都接受被给予的原则。① 正如我们已经看到的,斯宾诺莎在同样的文化普遍性中提出他关于共同观念的论辩。第二条指引洛克论辩的思路是他对宽容的关注。洛克认为,为了不把自己的观念强加于人,我们应该对自己观念有足够的怀疑。但是他却不愿倡导彻底的怀疑主义(或者彻底的宽容)。他态度的两方面处于一种张力之中,而对其他文化的倚重则支持着怀疑的一面。这种联系的一个很好的例子是关于天赋**神**的观念的讨论。这种讨论是从对其他文化观念的求助开始的。他指出,非洲、巴西和加勒比的所有国家都没有**神**或宗教的观念。他注意到,这些民族是缺乏艺术和科学的,然而甚至那些很有知识的民族像暹罗(Siam)和中国,他们也缺乏关于**神**的观念,(Essay,Ⅰ,ⅳ,8,pp. 87-88)② 其意图在于否认天赋**神**的观念的存在。但是在后来的讨论中,他把这种观点运用到了宽容上。他说,即使大多数的欧洲人都没有**神**的观念,或者他们持有不同的甚至自相矛盾的观念,他们也是共有同样的词语而不是同样的观念。因为,我们没有共同的、天赋的**神**的观念,我们必须从

---

① 其例子可以参看雪堡的赫伯特,《真理论》(De Veritate),迈瑞特·卡勒(Meyrick H. Carré)译(伦敦:劳特里奇(Routledge/Thoemmes)出版社,1992 年),第 291 页。在这里,他宣称,希腊人、罗马人、穆斯林以及东方的印度人都有某种主宰的神。

② 笛卡儿关于天赋**神**的观念的宣称也面临着同样的反对意见。反对者宣称,在休伦人(Hurons)中就没有**神**的观念。(CSM Ⅱ89;AT Ⅶ124)

我们有限的经验中把它建构出来,因而,我们不应该把自己的观念强加于人。

尽管洛克和斯宾诺莎的观点有诸多的差异,但是他们的观点也有明显的共同之处:两者都把文化的普遍性和天赋观念联系起来。正如我们已经看到的,这两种观念是不一定联系在一起的。斯宾诺莎可能宣称,只有欧洲人对他们的天赋观念有足够的反思,而洛克也尽可以宣称,只有欧洲人对他们的经验有足够的反思。笛卡儿在评论洛克也注意到的赫伯特的同一本书的时候看到了这种论题之间的区别:

> 作者把普遍的认同当做他真理的标准。然而,对于我自己而言,除了自然之光外,没有任何别的标准。这两种标准部分地是重叠的:因为我们所有的人都有自然之光,所以我们应该有共同的观念。但是,这两个标准也有很大的区别,因为,很少的人使用自然之光。因此很多的人——也许是所有我们知道的人——都可能共有同样错误的观念。而且,很多的事物是可以被自然之光认识的,只是没有一个人反思过它们而已。(CDMK Ⅲ 139,AT Ⅱ 597-98)

斯宾诺莎和洛克之间的第二个共同之处是两者都运用他们的认识论支持他们对多样性观念的包容,甚至把这种宽容延伸到了非基督徒身上,然而却没有谁对其他文化真正感兴趣。这种对其他文化的冷漠是出之于他们的哲学体系的。斯宾诺莎在什么是重要的和普遍性的以及什么是多变的并且不重要的东西之间做出了严格的区分。对于斯宾诺莎来说,那重要的东西随处可见,包括此时此地。而那些我们可以从其他文化习得的东西则是无关紧要的。洛克可以很容易地站在另一个立场,因为如果我们所有的知识都建立在经验的基础之上,我们则可以向那些有完全不同经验的人学习。而他没有采取这一立场的原因很大程度上似乎在于欧洲文化优越性的假设,同时也由于他对其他文化的怀疑主义的运用。他考察其他文化不是为了发现真理,而是为了描述人们所做的所有蠢事和稀奇古怪的事。

莱布尼茨和文化交流

像斯宾诺莎和洛克一样,莱布尼茨也提倡对不同观点的包容。但是莱布尼茨的不同在于,他设立了一条自己所遵循的、向多样性学习的必要命令。莱布尼茨在1697年12月2日写给耶稣会士安东尼·沃珠(Antoine Verjus)信中说,他想知道更多关于中国的事情:

> 因为我断言,这是我们时代最伟大的使命,所以我把这一部分事务当做为了**神**的荣耀,作为一般的善的基督教信仰的传播,以及既在我们之中也在中国人之中的艺术、科学的发展。因为这是一种光的交流:它可以把几千年的成就在极短的时间内传递给我们,同时我们也可以把自己的传递给他们。也就是说,可以使我们的精神财富成倍增长。这是一种比一个人独自思考更伟大的东西。(W55)

莱布尼茨是唯一的一个严肃对待欧洲与其他文化接触的杰出近代哲学家。在《人类理智新论》(*New Essays on the Human Understanding*)中,他使用了从美洲、马里亚纳群岛、暹罗,当然还有中国这些地方收集到的信息。在这些从欧洲之外的世界涌入的知识中,中国占有一个特殊的位置。莱布尼茨写道:"谁会相信在地球上还有这样一个民族?——虽然用我们的观点看,我们在各方面已经是高度发达了,但是,他们竟然在对世俗生活的理解方面仍超越了我们。"(NS 3)。莱布尼茨把中国拥有一种新的知识财富看做是理所当然的,而且通过文化的交流,欧洲人可以立即学到他们千年以来的成果。对莱布尼茨而言,中国的重要性,被他的写作的主体所证实。就像丹尼尔·库克和罗思文所注意的,莱布尼茨对"中国"一词的使用频率也许超过了"单子"和"前定和谐"。① 莱布尼茨早在1666年就提到了"中国",那时他还只有二十岁。那是在一本叫做《论结合的方法》(*De Arte Combinatoria*)的书

---

① 库克和罗思文:《论述中国的著作》(*Writings on China*),第11页。

中。在这里,他注意到了中国语言是象形的,而不是表音的。莱布尼茨一生中出版的少数著作之一——《中国近事》,是一部他编辑的关于中国作品的文集,于1697年得到出版和介绍。① 1716年,在他生命的最后阶段,莱布尼茨仍然关心着中国——他应尼古拉斯·雷蒙(Nicholas Rémond)而写的关于中国哲学的最广泛的文章,直到死的时候还没有完成。② 此外,莱布尼茨还写了另外两篇直接与中国相关的文章。两篇都发给了耶稣会士:《论对世俗孔子的尊敬》(De cultu Confucii civili)在1700年1月1日寄给了安东尼·沃珠;另一篇简短的文章在1709年8月12日寄给了巴托洛梅乌斯·博斯(Bartholomaeus des Bosses)。③ 莱布尼茨在他的通信中不断地讨论中国。他的与中国交流的取向的努力反映了他的精力和他联系的范围。对文化交流的推动成为了他的一个主要的政治和外交的目的。他在与耶稣会士的交往中、在作为柏林科学院的创立者和领导者的时候,以及在与彼得大帝的交往中,他一直致力于此事。

像斯宾诺莎和洛克一样,莱布尼茨研究并接纳其他文化也是从他的广泛的哲学体系出发的。他的整个哲学可以看做是他关于不同的观念不仅应当被容忍而且应当被理解的正当理由。这种关于差异的观点既表现在他对中国的研究中,也表现在他在教派间调和分歧、推动科学院的建设以及它们之间进行交流等事情上,甚至表现在他对哲学史的阅读上。在某种程度上,其基础是多样性和秩序性或者相似性与差异性之间的关系。对莱布尼茨而言,多样性对于世界的完善是至关重要的。他的完善的标准就是"最大多样性和最好的秩序。"(PNG 10)因为

---

① 原始文本见 H. G. Nesselrath 和 H. Reinbothe,《中国近事》(Das Nueste über China)。Koln:Deutsche China-Gesellschaft,1979年。由库克的唐纳德·拉赫和罗思文翻译成英文,《论述中国的著作》。

② 《中国的自然神学论》(Discours sur la Théologie naturelle des Chinois)的原始文本见洛森(R. Loosen)和弗内森(F. Vonessen)的《莱布尼茨:论二进制与中国哲学》(Gottfried Wilhelm Leibniz:Zwei Briefe über das binäre Zablensystem und die cbinesische Philosophie),斯图加特:贝尔瑟出版社(Stuttgart:Belser-Press),1968年。英文翻译,库克和罗思文的《论述中国的著作》。

③ 前者,原始文本见 W112-14。后者,原始文本见 GP Ⅱ,第380—384页。两者的英文翻译见库克和罗思文的《论述中国的著作》。

多样性总是有序的,所以,它绝不会是没有意义的。在莱布尼茨的哲学中,多样性和秩序不是对立的。最完善的可能世界不是秩序与多样性之间的妥协,而是发展它们到最大化。我的观点是这样的,对于莱布尼茨而言,在跨文化领域、甚至在个人与个人之间,根本就没有简单同一的观念,但也没有全然的不同观念。因此,他避免了普遍和相对之间的过激观念,从而也避免了斯宾诺莎自足的孤独思考以及洛克对其他文化的拒斥性的怀疑主义。

这种秩序和多样性之间的调和性在莱布尼茨的表达(expression)概念里边表现出来。如果表达的角色是给定的,我们可以期待每一个单子至少可以有一个稍有不同的关于世界的观点,允许甚至需要差异。同时,每一个单子表现同样的事物,提供一个理解的、互动和估价的基础。简单性和多样性的最大化以及同一事物的表达的经验模式之间有着密切的关系。因为后者运用前者。**神**选择创造这样的世界,在这里,每一个单子都是同一个宇宙的不同的表达。这正是因为这样的世界是最完美的。也就是说,它有秩序和多样性的最大可能的结合。因此,宇宙在不同单子的表达中具有无限的多重性,而每一个单子都被给予了无限多样的内容。每一个人的经验就是根植于这个共有的宇宙和共有的理性之中的,因而每一个人都是有限的,并形成一个独一无二的视角。我们通过反思我们自己的那一重世界而学习知识,但是我们也能从其他人的世界中学习,而且实际上,我们必须从其他人的世界中学习。与洛克不同,莱布尼茨认为,文化差异不仅仅是奇怪的实践的不同,同时也是对同一事物视角的不同。与斯宾诺莎不同,莱布尼茨认为,每一个理性的真理都是具体的情景中的表达,受制于每一个单子的方式,因此我们可以受益于文化的交流。

第二章

莱布尼茨形而上学中的秩序与多样性

秩序、多样性与多元论

考察莱布尼茨对中国及文化交流兴趣的挑战在于,我们要揭示出这一兴趣不是偶然的东西,揭示出莱布尼茨对交流的推进不是与他的哲学体系无关的而正是出自他的哲学本身。要在莱布尼茨的实践多元论和作为一个整体的哲学之间建立一个内在联系,其困难在于,他是如何避免我们在笛卡儿和斯宾诺莎那儿所看到的情况的,即虽然所有文化可以大致相等,但对其他文化的研究对于真理的追求是不相关的,因为对真理的追求来自于个人的反思。从表面上看,把莱布尼茨与这种观点剥离开来是不可能的。莱布尼茨被归为"唯理论者",他以提倡天赋观念和必然真理以及关注让必然真理的应用成为可能的逻辑而著称。但这种对莱布尼茨的传统解读——尽管被罗素—库迪拉特(Russell-Couturat)阐释路线典型化了——近来已持续地被莱布尼茨的研究者在以下三个路线上的阐释所削弱。第一条路线更倾向于把莱布尼茨当做一个实用主义的、经验主义的、可误论的学者。第二条路线从作为逻辑学家的莱布尼茨转向了被实践和神学的关注所推动的莱布尼茨。在这里,他重视文化交流。第三条路线偏重于认为,莱布尼茨是一个努力把不同的团体和学派调和起来的多元论思想家。这三种路线的阐释是相互支持的,我希望我的工作可以对这三者均有所贡献。本章的目的在于揭示交流的重要性和视角有限性的观点是如何从莱布尼茨的形而上学与认识论中产生的。后面的章节便是把这一哲学基础应用到与中国交流的具体事例中。

从表面上看,莱布尼茨"表达"(expression)的概念对文化交流的观点尤为有益。在研究一种外在文化的思想时,一个问题是要在相似处和不同处之间进行平衡。没有相似之处,我们就没有进入其他文化思想的切入点;没有不同之处,我们就没有什么新的东西可以学习。在一般人看来,相似和不同似乎是相互对立的。然而,对于莱布尼茨来说,它们其实并不对立。因为,众所周知,他认为,完善的准则是"具有秩序的最大多样性"。莱布尼茨哲学尝试着把世界解释为相似与不同或秩序与多样性的最大结合。正是这，使跨文化的哲学成为可能。这种相似和不同之间的张力在被应用于文化交流的时候变得更加清楚。如果我们希望不是仅仅观察而是要进入另一种思想，那么我们必须有某种估价这种思想的方法。如果我们特别地关注于不同之处而否认更为根本的相似之处，那么，我们就没有判断其他思想的方法，同时也就没有办法估价对于我们而言什么是重要和有用的。这种对不同之处的强调是相对主义的一种形式，它不仅阻止了我们对其他思想的批判，同时也阻止了我们利用其他思想来批评自己的思想。然而，如果我们走到另外一个极端，即过分强调相似之处，我们同样不可能利用其他的思想来批评自己的思想，因为我们甚至看不出这些思想有怎样的不同。更为糟糕的是，我们甚至会错误地运用我们自己的范畴，设定它们不仅是我们的而且是每一个人的。正是在这一问题上，这种对普遍人性的强调已经到受了一次又一次的攻击，因为它使欧洲中心主义、殖民主义以及种族主义的观点交织在一起。我们可以在笛卡儿和斯宾诺莎中看到问题的根源，因为他们要代表所有的人却没有研究欧洲以外的人。

与此相反，莱布尼茨作为同一事物不同视角说明的单子的隐喻，则平衡了这种相似与不同之间的张力。莱布尼茨写道："事实上，所有单个的实体都是同一宇宙的不同表达，而不同表达的共同的普遍原因就是神。但是，这些表达的完成并不相同，在完善化的过程中，各种表现是不同的，正如从不同的视角得到的同一个城市的不同景象或图画。"(C 21;AG 33)这种作为对同一个城市不同视角的隐喻，为文化交流提供了依据。每个单子有一个独特视角，容许了不同之处的存在；每个单子都是针对同一事物的一个视角，容许了相似之处的存在。更具体地说，我们可以想象不同的人从不同的角度看同一个城市的同一个部分，虽然他们会给出不同的描述，但这些描述在事件的基本秩序上将是一致的。我们也可以想象，当不同的人看同一个城市的不同部分的时候，他们可以看到其他人看不到的关系。最后，我们还可以想象，其中的一些关系与其他人看到的关系相互一致。例如，我们可能会看到不同的交叉路口，但是我们能看到相同的关系或样式。与此相似，世界边远部分的单子可以得到关于肉体或心灵的同样的结论，即使它从来没有经验过同样的肉体或心灵。从我们自己有限的视角,我们可以得到关于整体的一些真理,但是,通过视角变换,我们可以得到关于整体的更多知识。这就是说,通过把不同的人带到一起交换意见并且理解他们的观点,就像在文化交流中一样,我们可以取得最大的进步。

然而,这一隐喻仍有模糊性,我们必须更准确地决定,这些不同的视角有什么共同之处,而它们本身又是如何不同的。这一隐喻似乎能很好地描述我们对宇宙万物的表达,以及随之而来的有条件的、存在的真理。考虑到关于世界的事实,我们必须集中不同视角并且交换信息。但是,如果这一隐喻被当做理智单子或心灵怎样相互关联的一个模型,则它将似乎是不完美的。对一个城市的每一视角有什么共同之处的回答,只是对每一个理智单子有什么共同之处这一问题的部分回答。我们仍然必须解释那似乎是独立于每一个视角的必然真理和先天观念(innate ideas)。在这一章,我所论述的一个城市的不同视角的隐喻仍然适合于理智单子,而且必然真理和先天观念的使用并没有减少文化交流的需要。这一论述是关于最广泛意义上的科学方法的。但是,在转向方法论和认识论之前,我们必须把注意力放在本体论的背景中,以揭示宇宙的秩序。在这一秩序确立起来以后,我们才能够追问更核心的问题:每一个单子是怎样接受这一秩序的,一个单子可以向其他单子学习什么?

莱布尼茨的完善准则包含多样性,而这直接导致了他对文化多样性的欣赏。对这一欣赏的威胁是我们对普遍必然真理的认识,因为秩序也蕴涵在完善的准则之中。这一威胁也蕴涵在作为秩序的完善的标准里面。多样性和秩序之间的对比看起来有些不伦不类。多样性的对立面是一致性而不是秩序;而秩序的对立面是混乱而不是多样性。秩序需要多样性——用有秩序来说明单一性的群体是不恰当的。不过,秩序也需要某种一致性。这里,字典提供了一个例子。一个字典看起来像是十足的散乱——它包括用文字表达的任何事物——然而,它有严密的秩序。在每一个单元里,都有某种允许所有词条编排的一致性。每一个条目是一个词,彼此按照一致的字母顺序排列着,每一个词条编入一个有序的阵势。假如给出"China"这一词,我们可以准确地确定它在字典中的位置以及哪些词在它的前后。假如缺少秩序，字典将会变得更为散乱。例如，字典还可以用其他几种方式来编排——按字母的顺序、按主题、按对我吸引力的大小等。① 如果这一字典不仅使用文字，而且还使用图像、声音、以及实物本身，它将更为散乱。最散乱的将是这么一种字典，其中每一个词条都与其他词条毫无关系，或者属于一个上不封顶的组合，或者属于一个具有无限数量的散乱组合。如此，我们可以看到，尽管秩序需要一致性，但它排斥多样性。秩序和一致性之间的这种联系表现在莱布尼茨的作为秩序与多样性的最大和谐的不同表述之中，如"多样的一"、"被一致性特征弥补的多样性"、"归结为对称的、相互联系的统一体"的多样性等。(A Ⅶ,484-85)②

坚持多样性更为重要的挑战在于，它使宇宙的秩序与它的多样性不可分割地联系在一起，并且认为我们只能从多样性中去把握宇宙的秩序。我认为，莱布尼茨持这种态度。第一个要被阐述的问题是：什么是宇宙的秩序？这一问题的答案可以分为两个方面。首先，每一个事物都是有原因的，或者说，任何事物都有一个理由。因此，每一个事物都是宇宙因果序列中的一环。其次，这一普遍秩序在它的创造者——**神**那里有一个原初的统一性。因此，每一个单子都有一个与**神**和其他单子相关的决定性的原因。两个层次的秩序在充足理由律中联系起来。所谓充足理由律，就是"没有充足的理由，什么东西都不可能发生。也就是说，对于知道得足够多的事情的人来说，他应当可以给出一个足以决定事情为什么是这样而不是那样的理由。如果这不可能，就没有事情会发生。"(PNG 7；AG 210)每一个事物都有一个理由，它本身

---

① 一个多样性的适当的描述由福柯(Foucault)论及博吉斯(Borges)的一段文章时提出来了："这一段落援引了'某中国百科全书'中的如下文字：'动物可以划分为如下的类型：(a)belonging to the Emperor, (b)embalmed, (c) tame, (d) sucking pigs, (e)sirens, (f) fabulous, (g) stray dogs, (h) included in the present classification, (i) frenzied, (j) innumerable, (k) drawn with a brush, (l)et cetera, (m) having just broken the water pitcher, (n) that from a long way off look like flies.'"米歇尔·福柯著：《事物的秩序》(纽约：优质图书,1970年)，第15页。

② 引自唐纳德·卢瑟福(Donald Rutherford)的《莱布尼茨与自然的理性秩序》(剑桥：剑桥大学出版社,1995年)，第13页。卢瑟福是这样解释秩序的："事物有序地存在意味着它们从属于一条法则、规则或原则,棂此,它们能够被理解为相互区别又相互联系的。"

并不意味着,每一个事物都是居于秩序之中的。但是,充足理由律则宣称,对于任何事件,有一个决定"它为什么是这样而不是那样"的决定性的原因。给出一个具体的时空环境,一个确定的事件就是可能的。因为这同样宣称也适应于环境中的每一个事件——一个环境本身又决定于一个更为广泛的环境——所以,每一个事件都是确切地定位于时空坐标中的。这一秩序可以通过在**神**那儿的更为根本的秩序得到解释。在"论事物的最终本原"(On The Ultimate Origination of Things)中,莱布尼茨使用了一个"几何书的复制"的例子。我们可以用一个更早的书解释一本现有的书,而更早的书又可以用更早的书解释,如此下去。但即使我们可以接受如此的因果链环是无限的,我们仍需要一个理由:为什么这本书是它所是的样子?莱布尼茨写道:"在永恒的事物中,即使没有原因,但我们仍然觉得必有一个理由。"(GP VII,302;AG 149)。在"单子论"中,莱布尼茨强调地说,条件性的因果链环,不仅可以向过去无限回溯,也包括无限的当下原因,而且大多是感觉不到的。(M 36;AG 217)。由于我们可以构想其他可能的世界或因果链环,想必也有这些特殊链环为什么存在的理由。

充足理由律迫使我们在世间的因果链条之外去寻找最初的原因,于是,把我们引向了**神**。莱布尼茨给出了自充足理由律的几个不同版本的证据。(例如,GP VII,302-05;AG 149-52;参阅 M 36-41,AG 217-18;T7)在这些论辩中,一个值得注意的地方是,事物之间的相互联系要求给予它们的多样性有一个最终的理由。于是,所有单个事物的理由共同归结于一个理由——**神**。这样,多样性和统一性之间的关系的第一个表现在于被创造物的多样性和造物主的统一性之间。这种关系的一个更根本的表现在于**神**的统一性和**神**的观念的多样性之间。这种关系进一步导致了我们心灵的统一性和我们有意识经验的多样性。因为不同的理由归结为一个统一体,所以,"充足理由律是真实的"的断言与"宇宙是完全有序的"的断言完全是一致的。所有事件都有被自然规律所决定的原因是一个普通的信念。但是,对于莱布尼茨来说,是人和**神**之间强烈的相似使得宇宙的秩序成为可认识的。**神**从虚无中创造了宇宙并把它的秩序赋予每一个存在的事物。而正是这个"创造者",假定了与我们的心灵以及与我们创造性的行为经验类似的东西。就像莱布尼茨常写的,一个结果必然表达它的原因。他说:"因为这一结果必然与它的原因具有一致性。实际上,结果只有通过原因才能最好的认识。"(DM 19,AG 53;参见 DM 2,AG 36)在从虚无中创世的过程中,作为原因之结果的秩序延伸到了创造的每一个方面。与二元论者的宇宙观相对,创世说为事物提供了一个巨大的统一性和一致性。它也与中国传统的世界观念相冲突。这种观念认为,世界的秩序是建立在"道"或"天"的基础上的,但是却从来没有把这种秩序看做是一种有意的统一性。因而,中国人从来没有提出恶的问题和创世的理论。这就成了中国人皈依基督教的主要障碍之一。① 莱布尼茨把他的二进制算术寄给中国,以之描述创世来自于虚无。

  因为宇宙的秩序是**神**的表达,所以,我们能够从一个知识转移到另一个知识,提供关于**神**的正面知识和自然神论的切入点。同时,我们能确定的**神**的性质越多,我们关于创世的秩序的知识就越确定。莱布尼茨作出了以下推断:因为**神**是全知、全善、全能的,所以这个世界肯定是所有可能中最好的。莱布尼茨在这里进行了循环论证。因为我们从经验中知道有东西存在,所以,我们知道有一个万能的**神**存在;因为我们知道**神**是万能的,所以我们知道存在的世界是所有可能性中最好的。我们怎么会知道宇宙的秩序和它的创造者?这将是随之而来的主要问题。但是我们仍然能够观察到莱布尼茨相信我们不仅能够知道自然的秩序,而且知道这是**神**意志的表现。终极原因的使用描述了在认识宇宙的秩序时这种类比的应用。在为终极原因辩护的过程中,莱布尼茨对他那个时代的潮流进行了特别的抨击:"我奉劝那些有着虔诚情感以及对真正的哲学怀抱热忱的人远离那些矫饰心灵的表达,——他们说,我们看见,是因为我们碰巧有眼睛,而不是因为眼睛是为看的目

---

① 对于这一观点的一个更为广泛的讨论,参见钟苏安(Jong-Su Ahn),《莱布尼茨哲学和中国哲学》(*Leibniz's Philosophie und die chinessische Philosophie*)康斯坦茨:哈坦—霍勒出版社(Konstanz:Hartung – Gorre Verlag),1990 年,第 180 页。

而创造的。"(DM 19；AG 52-53)①莱布尼茨认为,对世界终极原因的排除危及到了对**神**的爱,但是,终极原因对"提高人的理智"的作用更大。在《论自然本身》(*On Nature Itself*)一文中,莱布尼茨拓展了终极原因的重要性。他说:"终极原因不仅推进了伦理学和自然神学中的美德和虔诚,也帮助我们发现了隐藏在物理学本身中的真理。"(GP IV,506；AG 157)莱布尼茨举例说明了终极原因怎样地提示人们研究重点的投向,譬如解剖学和光学以及他自己发现的能量守恒定律。(DM 21,22；AG 53-55)在另一些时候,他用终极原因作为论证的补充证据。他的关于自然界中生命无处不在的观点就是一个例子。他写道:"如果在宇宙中仅有一小部分事物是有生命的(就是,它们的运动来自事物内部),那么这种宇宙是和秩序、美丽或者合理性不一致的,因为只有无处不在的生命力才构成最伟大的完善。"(GP IV,512；AG 163)我们怎样通过完善的概念判断**神**存在的另一个具体的例子是莱布尼茨对非基督徒和未施洗礼的人不一定必须进入地狱的论证。因为诅咒无辜者是与**神**的完善相矛盾的。

我们利用终极原因的一个更有意义的方法在于道德。对于莱布尼茨来说,道德要求我们按照**神**的要求行动。我们的道德责任就在于把过去看做是**神**的意志,并把已经发生的看做是最好的。他接着写道:

"面对未来,他(道德人)努力用最大的热情去遵循**神**的律令,不管是来自公众关于**神**的荣耀和仁慈的表达或者假定。而且,在有疑问的时候,他就会采取那一种最谨慎的、最可能的、最有益的;正如一个精力充沛而勤劳的人,如果一个王子指定他与另一个人协商事物,他将充满了热情,尽量地把事情做好。"(A VI,4,2379；参阅 GP II,136；L 360)

我们与**神**的要求的关系和我们与老板的关系类似(老板把事情安

---

① 这一类比和最终原因的使用受到很多莱布尼茨同时代人的攻击。那些最为有趣的攻击来自斯宾诺莎。斯宾诺莎认为,莱布尼茨的这种观点是阻止人们获得真理的最主要的偏见之一。此观点可以在斯宾诺莎的伦理学的第一部分,附录与笛卡儿的"哲学原理",第28页。(AT VIII,15-16；CSM I,202)同时,尼古拉·玖勒(Nicholas Jolley)指出了应用这一断言的另一种相反的走向。他们说,我们是在**神**的表象中创造的,而莱布尼茨把这种类比进行得最彻底。尼古拉·玖勒:《心灵之光:莱布尼茨、马勒伯朗士和笛卡儿的理念的理论》[牛津:克拉伦登出版社(Clarendon Press),1990年],第149—152页。

排给我们,然后去度假)。这对莱布尼茨来说也许太过"虔诚"了,但是,它却被那独立于**神**的意志的完善标准所调和。利用终极原因,就是用这样的假设去认识自然和人类社会:所发生的都是所有可能中最完善的方式,我们的责任就是去增进世界的完善、使和谐与多样性达到最大限度的。① 终极原因的使用使我们能认识宇宙的根本秩序。

总之,宣称整个宇宙是全然有序的、每一件事物都有自己的一个位置和理由,就是宣称充足理由律是真实的。这充足的理由和全部秩序的源泉就是**神**。如果你想确切知道这一秩序——譬如我们怎么能认识它以及我们的认识怎样与其他人的认识相比,我们就必须求助于莱布尼茨关于**神**的概念。这样,我们已经能够得出两条基本的关于文化交流的结论了。第一,我们是同一秩序和同一规划的不同部分。就其本身而言,这一观点并没有提供多少具体的东西。就像我的钢笔和你的鞋都是这一秩序的不同部分一样,但是我们与它们很少有共同之处。尽管,我们可以补充,当我们都知道这一秩序的时候,我们就走得更近了。我们的观点并不是完全对立的。第二,我们之间观点的差异不是无序或裂痕的表现,必然有这些差异的充足理由,而且它必须是最好世界不可分割的一部分,或至少在这个时候,我们仍有文化的差异和冲突。假如不考虑使比较哲学成为可能的确实结构,则这两个结论将在一个正面的背景中设立我们的任务。我相信,正是这个基本的背景,使莱布尼茨如此热衷于文化交流。

神的秩序

宇宙秩序充足理由的需要导致了蕴涵在**神**之中的秩序。这种转向

---

① 在这一点上无须赘述太多。神正论的最紧要的需要是完全建立在对**神**必须是证明人的公正的观念正确性的。根据帕特里克·赖利(Patrick Riley)的引述,在针对霍布斯早期的神正论时,莱布尼茨宣称了他的目标:"澄清我们有着好的、真实的关于**神**的贡献的观点,或者——这实际上是同一件事——我们有理由向他献上公正与良善。但一个人把这些词语运用到**神**身上时,它们什么也不意味,这将是没有根据的。"(Grua II,495;帕特里克·赖利,《莱布尼茨的普遍法理学》(*Leibniz' Universal Jurisprudence*),哈佛大学出版社,1996年,第96页。

来自于莱布尼茨充足理由的概念和他的**神**概念的需要。说世界要有秩序是因为**神**希望它有这一秩序,这不是给出一个充足理由。它仅仅是提出这样一个问题:为什么**神**有这种愿望？莱布尼茨之所以提出一个最后的充足理由,是由他对**神**三个传统的方面——意志、知性和能力——的处理决定的。莱布尼茨说:"**神**有力量——它是一切事物的动力源泉;**神**有知识——它包含了各种不同的观念;**神**还有意志——它带来事物的变化,并依照最好的原则导致这种变化。"(M 48;AG 219)在莱布尼茨的设计中,**神**的知性是最基本的,**神**的意志根源于它的知性,而**神**的行动依据于它的意志。关键的区分在知性和意志之间。在叙述由教徒提出的、作为有两个**神**存在——一个好的,一个坏的——的经验证据时,莱布尼茨这样回答:有两个原则,但不是有两个最终的原则。毋宁说,这两个原则都是**神**——一个是它的知性,一个是它的意志。(T 149)与此类似,作为恶的源泉的物质和作为善的源泉的**神**之间的区别,最后也通过知性取代物质的位置并入**神**之中。(T 335,380)

  莱布尼茨为这种知性优先性提供一个多向度的论证。他说,只有他的阐述能够消解经验世界表面的不完善和**神**必须创造一个最好可能世界的事实之间的矛盾;也只有他的叙述给永恒的真理提供了充足的基础。莱布尼茨接着说,如果**神**创造了善的标准,那么赞扬他是没有意义的,因为不管**神**怎么做,他都将是一样的好。然而,莱布尼茨论辩的核心是他的"意志"概念。他写道:"这种意志在于去做与它所包含的善相称的事务的倾向。"(T 22;H 136)关于意志的很多误解来自于错误地把意志当做一种选择倾向性的工具,而意志实际上就是倾向性本身。当洛克在把意志解释为一种意向性的力量而自由是将这一意向赋予行为的力量时,他对这一点的阐述尤其精当。他说:"自由不是一种属于抉择的观念或者意向性本身,而是一个人依照他心灵的选择或指导去行动或不去行动的能力。"(Essey II,xxi,10;238)更特别的是,莱布尼茨反对一种出于"冷漠"(indifference)的意志概念。他的论证来自他的充足理由律,即一定有"决定它为什么是这样而不是那样的充足理由"。(PNG 7;AG 210)没有决定它的一个理由,意志是不会有这样或那样的意向的。在讲述布里丹之驴(Buridan's Ass)问题的时候,他承认,对于一个行为,如果所有的倾向性都平等地划分——一个可能的情形,那么,驴可能无法行动。他把这个故事运用到神对创世的选择:如果有两个同样完善的世界,神将无法在它们之间作出抉择,因而它也就无法创造任何东西。莱布尼茨的"自由"意志的概念直接与冷漠相对:"选择被智慧判断为道德上必须的或者出于善的考虑的义务,就是选择了自由。"(T 237)莱布尼茨意志概念的后果是它不能优先于认知。意志,对神而言,就是趋向最好,而对我们来说,就是趋向那看起来最好的东西。没有那所谓最好的东西存在,就没有意志这东西。对于莱布尼茨来说,把意志置于优先于认知的地位或者使它们相当的尝试,是出于对意志的误解。

因此,神或宇宙秩序的根据并不在于它的意志而在于它的知性。这个知性建立必然关系的领域。神对于在他的知性中存在什么是没有什么选择的。在一封给马格努斯(Magnus Wedderkopf)的信中,莱布尼茨写道:

"因此,什么是神的意志的最终理由?神圣的理智……那么,什么是神圣的理智的理由?事物的和谐。什么是事物和谐的理由?什么也没有。例如,2:4 的比率与 4:8 的比率是一样的,这是无须什么理由的,即使是神的意志也是这样。这决定于本质本身或事物的理念。因为事物的本质是数,包含着神没有使之像他自己的存在那样存在的可能性,因为,这些可能性或事物的理念毋宁说是与神本身一致的。"(A II,i,117;L 146)

这种神的理智要求的必然性,在莱布尼茨那里,既被当做恶的一个解释,也被当做必然真理的一个基础。神的知性领域包含什么呢?可能性。所有可能结合的完全可能性都是由神的知性决定的。神并没有一个我关于我自己能作这件事或那件事的模糊观念。毋宁说,神有一种确实在此的"我"的观念,但也有一个很像我却穿着不同鞋子的人的不同观念(设想这是可能的)。因此,有无数个富兰克林,每一个之间又有细微的区别。这种限定对于莱布尼茨解释为什么一些人得到恩典而其他人不能得到具有关键的作用。如果犹大没有犯罪,他就不是犹大。但是唯一的问题在于:为什么神选择创造这个犹大?(DM 30;AG 61)

神知性的内容是确定的并且是无限巨大的。任何内在不自相矛盾的事物都是可能的,因而都存在于神的理智中。这种可能的事物应该分为两种。因为每一件不自相矛盾的事物都存在于神的理智中,所以,神心中也有很多对立的观念。它们是可能存在也可能不存在的。因为所有的可能性不可能同时出现,所以,导致了一组观念本身或共存性原则隐含的必然真理。例如,假如某种有限的实体可以奇迹般开始和结束,那么它就不能有组成部分,而且与其他实体也没有相互作用。这些真理是必需的,因为它们蕴涵在实体的概念之中,而如果他们的对立面是真的,则将自相矛盾。这些真理的范围是有限的,但它们又是必要的。既是实体其本身又可分的东西是不可能的。这一真理使必然性可应用于每一个可能的世界。然而,一些可能的世界可能根本不包含实体,因而在这里,这种真理就无法应用。换一句话说,一些像实体却又是可分的东西并不是不可能的。它将不是实体,而是集合。既是实体又是可分的那种东西是不可能的。就这样,共存性的原则打开了一个可以归结为个体本身的必然真理领域。

对莱布尼茨来说,神的知性的秩序具有多种功能。因为它的秩序是必然的,神的知性本身就无须任何理由而可成为最后的充足理由。另外,神的知性是心灵所依赖的必然真理的根源。莱布尼茨甚至利用必然真理的存在作为神存在的证据。在表明了一定有必然真理后,他这样写道:"正如我上面所说的,存在的事物仅仅是存在的事物而不能从任何东西中推出来。因而,永恒的真理在某一绝对的或形而上学的必然主体即神那儿的存在是必需的。通过神,这些事物成为现实,而如果没有神,这些事物就只能是幻象。"(GP VII,305;AG 152;参见 M 43;AG 218)除了反驳"必然真理是全然任意的"这一宣称外,莱布尼茨还努力解决它们的本体性的地位。如果真理是必然的,它们就不可能是幻象或是从经验中抽象出来的原则,而必然有某种本体论地位。但是,必然真理怎么能外在于我们的思想过程而存在呢?答案是,它们存在于神的思想之中。正是在这种意义上,莱布尼茨认为,没有神就没有必然真理,同样,也没有可能性,即使这些真理不依赖于神的意志。

(见 CD 9;或者 T 181)①

神知性的需要也根源于恶的存在。莱布尼茨在讲述**神**的知性和意志取代摩尼教的善恶原则的时候提出了这种关联。生物的本性在于其形而上学的必然的有限性。这种有限性在理智动物中部分地表现为道德上的恶。这种必然的不完善来自何处?因为,它甚至强加于**神**之上。莱布尼茨写道:"这就是说,只要永恒的真理是理解的对象,那么,这种必然性——事物的本质属性,就将是知性的对象。但是,这种对象是内在的,是在**神**的知性之中。……它正是取代了物质地位的永恒真理的领域。"(T 20)他接着说:"由于这一巨大的真理的领域包含了所有可能性,无限多的可能世界就成为必然,而恶也就进入其中的一些世界,甚至最好的世界也含有了恶。正是这,决定了**神**允许恶的存在。"(T 21)任何事物都不是内在地自相矛盾的——任何可能的事物都存在于**神**的知性之中。恶也不是内在地自相矛盾的,因而恶也存在于**神**的知性之中。但,恶最终是不存在于**神**的心中的,因为它是匮乏或虚无。在上下文中,莱布尼茨叙述根据人所认为的恶,——用他的话说,即身体的或道德的恶。如果更详细的改写一些他的表述,我们可以这样说:任何可能的宇宙,甚至最完善的,都包含局限性,而这种局限性以物理或道德的恶表现出来。恶的存在可以追溯到共存原则。对此,**神**也没有选择。共存的局限并不意味所有可能的事物都可以共存,它要求**神**的选择。其结果是:这不是唯一可能的世界,但这是所有可能世界中最好的世界。② 这也允许莱布尼茨这样宣称:现有的世界是所有可能世界中最好的,——排除了那些可以提出一些想象的批评的世界,因为它们不可能与其他事物即善与存在共存。世界的善是不可能与它的恶分开的。这正是事物必然的存在方式。

---

① 永恒真理的这种身份,使莱布尼茨的唯名论问题更加复杂。本森·马茨(Benson Mates)通过宣称观念仅仅作为意向或能力存在于**神**之中而避开了抽象实体存在的全部重量。因此,几何体只是潜在地存在于**神**的心中。但是,我宁愿这样认为,观念总是存在于**神**的心中,作为一种活跃的知性。在这种意义上,例如,抽象的几何体就是永久性存在的。本森·马茨,《莱布尼茨哲学:形而上学和语言》,纽约:牛津大学出版社,1986年,第245—246页。

② 参阅 *Ethics*,2P16。

对于**神**的知性,我们还可以作一些评说。第一个困难是设想一个没有外在客体而认知的知性。尽管如此,也没有一个与**神**的知性相关的自由漂浮的理念的领域。我们必须严肃认真地对待莱布尼茨的这种论辩:必然真理的存在证明了**神**的存在——这些真理无需外在于**神**的基础。我们可以这样说,正如**神**在创造某物之前就有它将要创造的事物的理念一样,它也同样有它从来也不会去创造因而现在不存在、也永远不会存在的事物的理念。这些仅仅是特殊意义上的事物。与此相联系的第二个问题是,**神**的知性与可能事物的理念之间的关系。这一问题十分重要。因为莱布尼茨说过,知性单子表达**神**的知性。我们可以在《神正论》中看到莱布尼茨的一些这样的表述。莱布尼茨在 191 节中写道:"这一强加在**神**(身上)的所谓宿命(fatum),只不过是**神**的本性——它自己的知性[la propre nature de Dieu, son propre entendement]。"(T 191;H 246-47) 在后面,他写道,**神**的意志不生产必然真理,"因为,它们在可能的理想区域[dans la région idéale des possibles],即在神的知性中[dans l'entendement divin]。"(T 335;H 327) 在附录"神的例子"(Causa Dei)中,他把"在一种纯可能性状态中(in statu purae possibilitatis)"、"在永恒真理的领域中(in Regione Veritatum aeternarum)"和"**神**理智中的理念(ideis Divino intellectui observantibus)"等同起来,好像它们是同义词。(CD 69) 这些表述是有一定歧义的,但是它们却提出,**神**的知性不是与可能性理念相关的一种能力,而毋宁是这些理念的整体。这种解释被可选项的缺乏而支持着。就像优先于意志因而优先于力量一样,知性也优先于行为。这样,知性似乎仅仅是内容,为所有可能的精神存在。

与文化的差异相联系,我们已经能够看到,建立在**神**的知性之上的普遍真理在各种不同文化之间的应用。被赋予像"物质"一样的几何法则,甚至德性原则,都具有普遍的真实性,因而,来自所有文化的所有人都可以持有这些原则的相同的精髓。接下来的问题是,我们能够通过什么路径进入这些原则?当我们考察在"表达"这些真理时它意味着什么,我们将考察这个问题。但是,莱布尼茨认为,我们至少有一些途径进入这些原则。这一点可以为我们能够证明**神**的存在而标明,因为我们知道有必然的真理。**神**的知性给予所有可能的世界以秩序,这一秩序决定了我们在其中生活的世界的秩序。这就是说,假如单子的特征使它与一个特殊的世界相关联,而且每一个可能的世界都完全存在于**神**的知性之中,那么,这个世界的所有秩序在被创造之前就存在于**神**之中。这就是为什么这个问题——为什么我是我这个样子?——可以通过**神**的知性而不是意志得到回答。尽管如此,我们的世界也是与其他世界不同的,因为它是最完美的。那么,在与**神**的意志相联系的条件下,我们生活于其中的秩序可以更确切地被认识。必然的规律构成了每一个可能世界的秩序,但是,我们的世界却是由完善的规律所构成。所以,对这一特殊世界秩序的详细阐述要求我们对**神**的意志和完善原则作出一个必要的讨论。

  神的意志所遵循的完善的准则蕴涵在**神**知性的必然性中。在《神正论》中,莱布尼茨利用几何的例子说明了这一内在的特征。如果**神**意欲创造一个圆球,但是,它还没有理由确定它的具体尺寸,那么,就没有充足的理由决定它的意志。然而,如果**神**意欲创造一条连接一点与另一直线的线段,它所创造的垂线将被"事物的本性"所决定。(T 196;H 249)为什么?就像我们在他给马格努斯的信中所说的,这没有理由,因为没有其他的选择。"那么,什么是**神**的理由?事物的和谐。那么,什么是事物和谐的理由?什么也没有。"(A Ⅱ,Ⅰ,117;L 146)莱布尼茨用两种方法阐释了完善的标准。这两种方法最终又可以归结为一种。① 第一是效率。(M 58;AG 220;T 204;H 255;DM 6;AG 39)最完善的是以最小的付出得到最大的收获。一方面是秩序——简洁、统一的理想;另一方面是多样性——生产效率和现象上的繁荣的理想。莱布尼茨支持这一标准是建立在他对我们通常接受的标准进行分类的基础之上的:几何学家的完美行为是为一个问题发现一个最好的结构;建筑师的完美行为是尽可能地利用他的资源;房主的完美行为是充分

---

① 就我对完善的观点而言,我更赞同卢瑟福(Rutherford)。他给出了一个更为详细的讨论,使它延伸到了幸福的最大化和公正(卢瑟福:《理性的秩序》,第1—3章)。这里,我不同意的地方,或许在于在决定最好的可能世界的时候,什么是"最令人高兴的原因"。为了澄清这个观点,参见该章第29节。

利用他的资源使所有这些都是生产性的;机械师的完美行为是以最轻易的方式行动;作家的完美行为是以最小的篇幅容纳最多的真理。(DM 5;AG 38-39)①在这个清单中,我们可以分辨作为使生产最大化的手段的效率和作为美学原则的效率。这里,莱布尼茨倾向于把美学标准作为创造的标准:

"确实,没有什么东西能耗费**神**任何东西——甚至于比一个哲学家在任何假设之外去构建他幻想的世界的结构更少——因为**神**仅仅作一个决定,就可以使一个真实的世界存在。但是,关涉到智慧,命令或假设取代了花销的位置,以至于它们彼此更为独立,因为理智要求我们避免多重假设或原则。这与在天文学中最简单的系统总是受到欢迎相似。"(DM 5;AG 39)

这里,根据**神**知性中事物的本性,简单和效率就是善。完善的第二种公式是存在的最大化,或者,尽可能地创造。莱布尼茨在"论事物的最终起源"中支持这种表述。他是这样开始的:"我们必须首先认识到,自从有什么存在而非虚无,在可能的事物或可能性或本质本身中就存在某种推动力,或者说,朝向存在的一种张力。事物本身的本质就努力趋向存在。"(GP VII,303;AG 150)这种存在的驱策力(张力)与斯宾诺莎的存在(being)和自然倾向(conatus)概念有着一种亲和力,就像莱布尼茨对单子的存在和它的力量之间关联的观点一样。莱布尼茨通过事物确实存在的事实来支持他关于存在和完善之间关系的观点。一无所有是可能的,因为不是矛盾的。所以,对于事物为什么存在想必有某种理由。不管这一理由如何,存在想必比不存在好。因而,完善的最大化成为了存在的最大化。**神**创造的世界"是一个最多的本质和最大的可能性被带入其存在的世界。"(GP VII,303;AG 150)

我们怎样从存在的最大化中得到最简单的方法的需要?换一句话

---

① 雷斯彻(Rescher)区分了这种类比的三种版本。第一种版本来自艺术,尤其是音乐和建筑艺术中秩序和多样性的结合。第二种版本来自治国艺术,这里是法律或秩序和自由的结合。第三种版本来自科学,这里一个简单的假设可以解释多种现象。(尼古拉·雷斯彻:《莱布尼茨的单子论:为学生的编集》,匹兹堡(Pittsburgh):匹兹堡大学出版社,1991年,第207页)

说,我们怎样从最大的多样性中得到无处不在的秩序？如果资源是有限的,那么这个问题是可以解答的。如果我们利用一个有限的资源,我们必须尽可能有效率地利用它。这样,秩序就涉及到了。在一个箱子中,如果每一事物都是组织起来的并且与其他事物相容,它将会比这种情况更合适,即我们很随意地往里面扔东西,就像人们在匆忙中装行李箱一样。莱布尼茨用一个相似的例子来说明这件事：在一个棋子游戏中,我们只有通过一定的秩序,一个棋盘才能装下最多的棋子。（GP VII,303-304；AG 150-151）在"最终的起源……"中,尽可能现实化的需要直接转化成在实际事物中充分利用资源的需要。在**神**的例子中,"时间、地点,或者,用一句话说,世界的接受性或容量可以被当做花销。"（GP VII,304；AG 151）莱布尼茨进一步解释说,在特定的时间与地点的范围内（即可能性存在的能力中可能的秩序）存在着最大的可能性。在"自然和神恩的原则……"中,莱布尼茨说道,**神**将创造"整个宇宙能够承认的"最好的存在。（PNG 10；AG 210）与"论形而上学"中"**神没有任何花费**"（DM 5；AG 210）的陈述相对,这些陈述则提出事物确实让**神**"花费"。**神**不能简单地做任何事情,它必须至少遵循神的知性的必然性,包括共存性原则。因为所有的事物都不是可共存的,所以,世界的容量是有限的。①

就像伏尔泰恰到好处地阐述的那样,这一世界是可能世界中最好的这一论点的问题是,在这个世界中我们体验到坏的事情。为了解释这些经验,莱布尼茨给完善的标准加入了很多细节。莱布尼茨用正面策略来解释我们经验的完善世界在最完善的可能世界中有多样性的需要。存在的最大化被看做是存在事物的多样性的最大化。在说到是什么给我们带来快乐的时候,他写道："快乐不是从统一性中产生的,因为统一性带来反感,而且使我们反应迟钝,不给我们带来快乐：这正是

---

① 卢瑟福提出了这样的观点：任何世界都必须有时空秩序,所以,任何世界的容量都受限于空间和时间。这样,**神**在创造世界的过程中,其任务就在于决定填充空间和时间的最好的方式,从而使世界最具有秩序。我们也可以说,连续性和共存性的秩序限定了可以创造的东西。这一限制是使所有事物有序安排从而避免冲突、实现最大的可能性、至少在空间和时间中向我们显现等基本需要的表现。（参阅卢瑟福：《理性的秩序》,第189—190页）

快乐的法则。"(DP VII,307;AG 153)在《神正论》中,莱布尼茨取笑那些要求每一件事物都完善因而都相同的人说:"把一和同样的事物相乘只能得到多余和贫乏。在一个图书馆中有一千册包装很好的维吉尔,总是唱歌剧《卡德米斯与艾尔米奥》中的歌曲,为了只拥有金杯而打烂所有的瓷器,只拥有一颗钻石的纽扣,只吃灰山鹑而不吃任何其他东西,只喝匈牙利或设拉子(Shiraz)酒——应该将这些都称做理性吗?"(T 124;H 198)一个论点是这些例子的核心。考虑到察觉不到的特性,没有两个事物是完全相同的。**神**是完善的,因而,任何它所创造的事物都必然与它不同,所以,所有的事物都是不完善的。同样的道理,万物仅仅在完善的程度上彼此不同。如果这个最好的可能世界有最多的事物存在,那么,它就必然有最多样的不完善的差别。① 因而,在完善程度上的不等同不是无秩序——没有人会指责**神**没有把所有的蚂蚁都变成雄孔雀。(T 246)莱布尼茨更通常的策略是用对经验的怀疑论支持世界的完善,强调我们视野的有限性。莱布尼茨写道:"但是,我们不能看见自然的秩序,因为我们没有正确的视点,正如一幅透视画可以从一定的视角最好地去看一样,但如果从其他角度去看,它的一些特性就不能很好地呈现出来。"②完善以我们永远看不到的整体的形式存在。对经验的怀疑论的强调,给莱布尼茨带来了多种压力,因为,它似乎是说,我们越不能判断世界的善,我们就越不能运用最终的原因。

创 世

因而,来自于**神**的唯一的秩序有两个源泉。第一个秩序的源泉来自**神**知性的必然性。它应用于所有世界并使我们能够运用必然和普遍真理。第二个源泉来自**神**善的意志和完美的原则。因为这是一个最好的可能世界,所以,我们一定程度地可以使用终极原因,我们也可以期待最后的正义。为了建立一个单子可以向其他文化学习的环境,在讲

---

① 参阅卢瑟福:《理性的秩序》,第25—26页。
② 引自雷斯彻:《莱布尼茨的单子学》,第202页。参阅 T 128;H 201。

述单子怎样接受这一双重的秩序时,我们有必要简要地勾勒一下**神**选择去创造的世界的结构。任何存在的事物,要么是一个真实的单元,要么可以被归结为一个真实的单元,即简单的实体。莱布尼茨把这种观点当做被**神**的知性附加在任何一个可能的世界之上的秩序的必要部分。因为某物确实真实存在(一个决定于**神**意志的事实),所以,想必有这种简单的事物,它一定是真实的实体,并且组成我们经验的集合的事物。作为简单的实体,单子没有部分。(M I;AG 213)它们也没有广延性,因为任何在空间中有广延的事物都是可分的。(M 3;AG 213)单子也不能相互作用,因为它们没有可用来提供给其他单子的部分,它们也没有让其他部分进入自己的门或窗。(M 7;AG 213-14)结果,对于单子来说,任何发生或将发生的都必须已经包含在它自己之中。莱布尼茨认为,每一个单子都包含有整个宇宙,包括过去、现在和未来。由于没有相互之间的作用,单子只能通过超自然的方法即直接通过**神**的行动而产生和消失。(M 6;AG 213)这种不可分割性与集合性是相对立的。集合性是因不同部分的安排而产生或消解的。作为宇宙真实的要素,简单的实体是所有经验的基础。因为我们的经验是变化的,所以,在单子中一定有变化的原则。有时,莱布尼茨把这种力量或变化当做单子最基本的特征。在"自然和神恩的原则……"中,莱布尼茨将实体定义为"有能力行动的存在"。(PNG I;AG 207)在"论自然本身"一文中,莱布尼茨写道:"这种事实的实体存在于行动或被行动的力量之中。"(GP IV,508;AG 159)变化的经验也要求性质多样性。这样,单子必须既在质上是简单的又是复杂的。这一要求似乎是困难的,但是莱布尼茨找到了一个可用的模型——意识。莱布尼茨写道:"当我们发现我们自己知觉的最微不足道的思想的客体都是多样的,我们自己就经验到了简单实体中的多样性。"(M 16;AG 215)任何具体的知觉里面都蕴涵有多样性,而从一个更广泛的意义上说,意识本身又是简单的,于是,形成了多样性的统一。在这个模型里,莱布尼茨说,所有简单的实体都包含着知觉和知觉的变化的倾向。他把它称为欲望(appetite)。(M 15;AG 215)因为具有知觉、力或行动等的特征,所有实体在一定意义上都是活的。单子的本体论非常简单——单子只具有知觉以及这些知觉变化和展开的趋势。因此,一个单子不是具有知觉的事物——它是知觉的统一体,它是意识。我强调这一点是因为它意味着,单子中的任何东西,包括理性和先天的理念要么是知觉要么是欲望。莱布尼茨是在一个非常广泛的意义上运用"知觉(perception)"这一概念的,区别于统觉和心理意识。(M 14;AG 214-15)即使是组成石头的单子,它也有知觉。只不过,这种知觉是完全混乱的,因而达不到意识的状态。在动物中,这些知觉是有意识的而且伴随着记忆,在理性存在物中,它则是自我意识并且伴有理性。(M 25,29;AG 216-17)①莱布尼茨把这后一种单子叫做心灵(minds)。

单子之间不相互作用的事实直接提出了一个问题:认为单子"没有窗户"的同一个莱布尼茨怎么也能赞成文化交流?简短的回答是,因为整个宇宙包含在每一个单子里面,其他的文化也必然在其中。要弄清楚这种包含的意义,宇宙之向单子转化可以被看做一种现象学的还原,如同笛卡儿的怀疑方法所建立起来的。所有的问题和区别仍然存在,但是,作为单子意识的现象是与其本体论身份的判断割裂开来的。所有的我们认为存在于外部世界的东西,都变成了单子的一部分。单子不需要窗户——一切东西都在里面。这种还原解释了为什么莱布尼茨像哥白尼说太阳升起一样,不断地提到他的单子了。例如,所有我们常常作为因果性讨论的东西作为单子中的现象存留着,正如来自经验的知识和来自反思的知识的区别作为单子内在的现象存留一样。最后,所有我们将看做文化交流特征的仍然作为单子内在的现象。在这一背景中,要用莱布尼茨的词语或我们的词语使这一还原貌似合理实在是太困难了,它将足够使我跟从莱布尼茨的指引像哥白尼之说到太阳升起一样的说到文化交流。尽管如此,有一点值得重视。莱布尼茨和斯宾诺莎一样认为,实体不能相互作用,如果"事物"相互作用,它们必定是一个实体而不是分离的实体。对于斯宾诺莎来说,这意味着只

---

① 对于动物和理性存在物之间的区别的一个细节的和模棱两可的精细的描述,参见马克·库斯达德(Mark Kulstad):《莱布尼茨论统觉、意识和反思》,慕尼黑(München):Philosoplia睿哲出版社,1991年。

有一种实体。对于莱布尼茨来说,它则意味着整个宇宙必然存在于每一个实体之中。在说到单子没有窗户的时候,莱布尼茨不是排除与其他单子的作用,而是指出,我们不是像以分裂的事物进出窗户的方式与其他事物相互作用的。我们与其他事物已经包含在一个世界之中,我们作为实体的身份不能排除我们与之作用的世界的任何部分。

也许其他的文化可能只是我的单子的另一种存在。我们从来不能超出我们自身而知道任何其他存在。对于圣特里萨(Saint Theresa),莱布尼茨写道:可能只有他和**神**存在。(DM 32;AG 63-64)一个单子的宇宙或几个孤立的、没有相互关联的单子的宇宙是可能的,但不是最完善的。① 莱布尼茨通过前定和谐使实体相互协调。他说:"这就是,我们必须说,**神**最初创造灵魂(和任何其他真实的统一体)的时候是用这样的方法的:为了它,所有的东西都必须来自它内在的深处,通过一个关联于它自身的完善自发性和关联于外在事物的完善契合性。"(GP IV,484;AG 143;参见:M78;AG 223)前定和谐性直接决定于两个因素。第一,任何简单的实体包含并展示将要对它发生的任何事物。第二,内在的发展与所有其他部分相协调。莱布尼茨再一次用了自觉知觉的模式。每一个单子都是同一个整体的一个表达,因而是与其他单子相协调的,就像几个人从略有不同的视角观看同一个城市时有一个相互协调的观点一样。(M 57-58;AG 220)**神**不是一个一个地安排每一个事物。这样,会违反它的完善性效率。每一个单子与其他单子相互协调,是因为每一个单子都是同一个世界的一个不同表达。(M 78;AG 223)这提供了一个创造最大多样性的简单方法。(M 58;AG 220)前定和谐意味着,其他文化的人们不仅仅是我展开的单子的模式;他们作为单子存在于一个充满单子的宇宙之中,而且每一个都表达着这整个的宇宙。

在其他文化体身份的问题之外,一个单子拥有一种文化又意味着什么呢?我们通常认为文化的差异是因一个群体中成员之间的交往多于另一群体之间成员的交往而产生的。对莱布尼茨来说,这不是问题

---

① 雷斯彻正确地指出,实体必然是单子,但是单子不一定彼此相互关联。雷斯彻:《莱布尼茨的单子学》。

之所在，因为同一宇宙存在于每一个单子之中，而单子与其"邻居"或者其他单子都没有什么相互之间的作用。要解释文化，我们必须讲述视角和具现化(embodiment)。尽管每一个单子都表达着同一个宇宙，但是每一个单子却因拥有宇宙的方式不同而不同——它们是从不同的视角拥有宇宙的。视角常常被当做每一个单子经验或"看"的限制。但是它们必须包括每一个单子对这些经验的解释。所以，一个心灵具有自己的视野也就是具有自己的文化。为了理解视角和具现化，我们必须首先注意到，因为前定和谐，单子之间尽管没有相互作用，但仍是相互联系的。莱布尼茨写道："但是，在简单的实体中，一个单子对另一个单子的影响只能是观念的，只能通过**神**的干预而产生影响，在**神**的观念中一个单子适当地要求限制其他单子。"(M 51 ; AG 219) 因为在这个单子中展现的与在其他单子中展现的是协调一致的，一个给定的单子的条件是被所有其他单子决定的。根据共存性原则，情况也许是这样的：一个单子的完善性的增加，要求另一个单子完善性的减少，反之亦然。这些关系允许莱布尼茨谈论因果性。莱布尼茨使用几种不同的术语，但是，他对因果性的阐述最后建立在相关于一个具体事件的两个单子的完善的比较中。(参阅 M 49-52 ; AG 219) 只有当一个事物更完善的时候，才可以说它能把行动加之于其他事物。这就是说，**神**使其他单子适合它；也就是说，原因是在活力的单子中最清楚的显现。当某人的完善要求我的完善减少的时候，其他单子加之于我的行动在我的单子中展现出来。这一有序化的过程变得极端复杂，因为我一直同时在行动(加之于其他对象)和被行动(加之于我)之中。简单或秩序通过无限单子的有机体提供给这一复杂的关系之网，进入身体系统并构成实体。身体的地位被莱布尼茨关于空间的叙述复杂化了，但是至少我们可以说，身体是单子的最高统治集团。在这里，低层次总是以高层次为自己的趋向的。心理意识是人类个体中最完善的单子，所以，**神**通常命令其他的行为与之相符合。我们在控制我们的身体的时候可以经验到这种关系。

身体组织的第一层次构成了单子对于宇宙和它的视角的有序关系的基础，因为，心理意识根据身体而与宇宙的其他部分相连。因而，尽管每一个被创造的单子都代表这整个宇宙,它更加代表着被它影响的身体。另外,正如这个身体通过所有物质的内在联系而代表着整个宇宙一样,灵魂也通过代表这一身体而表现了整个宇宙。(M 62;AG 221)这一关系的基本结构建立在身体是与整个宇宙相关联的并同时被宇宙其他部分的事件所衬托这一事实之上,虽然,它同这些部分的关系不是同样的强烈和明显。身体受"邻近"它的身体的影响更直接、更强烈。(M 61;AG 221)这一关系被空间统一体隐喻式地表征——离身体越远,身体对事物的感觉就越少。① 另一作为这一关系条件的因素是,尽管身体与宇宙有无限的联系,心理意识不能立即清楚地形成一个知觉。身体与整个宇宙的关联根据身体的不同结构在意识的统觉中而浓缩或模糊。遥远的知觉渐渐地变得模糊。莱布尼茨的著名的例子是海的咆哮声。每一个浪涛的运动影响和改变着身体,因此,身体感知着每一个海浪,但是,这些声音却彼此混杂着,以至于我们最后只能听到海的咆哮声。在我们的经验中明显出现的东西取决于我们身体的位置和结构,以至于一些种类的身体,即那些具有感觉器官的身体,集中感觉去使经验的某个方面更为明显。(M 25;AG 216)我们自己独特的观点特别依赖于那些来自我们模糊的感觉并进入我们意识或者那从感觉进入到统觉的东西。总而言之,我们的心灵和其他单子通过身体的组织构造了我们的心灵与宇宙其他部分的关系。正如被创造的心灵总是有身体的或者总是主宰其他单子的等级系统的,我们与宇宙万物的关系总是通过具现化的方式而实现的。(M 72;AG 222)每一个视角的具现化是莱布尼茨文化交流阐述的中心。因为,我们对宇宙万物的视角经验限制了我们的先天理念并使之具现化。现实化在单子之间创造了不同,它要求交换,但也建立文化的共同特征。单子视角的具现化意味着,即使没有相互之间的作用,每一个单子也都更清楚地反映距离它最近的单子,同时,对世界其他部分持有相似的观点。因此,一组彼此

---

① 然而,根据莱布尼茨对空间的阐述,这里的因果性可能是相反的。我们的知觉并不是以我们的身体为中心来分别其清晰度的,因为身体的位置在空间之中;而空间是一种代表身体和宇宙其他部分的关系的现象。

"接近的"单子以更为相似的方式反映着这个宇宙,在文化内部产生着相似,而在文化之间产生着差异。

两种真理——一个意识

神的知性、意志和力量一起创造了一个有序却又丰富多彩的世界,这一世界被必然性、完善性、空间和时间组织着。通过现实化,每一个单子在这一秩序中占有一个位置。然而,假如不考虑我们对秩序的接受,那么秩序的出现将没有什么意义。单子作为对一个城市的不同视角的隐喻已经提出来了。同时也提出了这样的问题:对于每一个视角而言,什么是共同的,什么又是不同的。这一隐喻很好地描述了我们对被创造事物的切入。每一个单子都是"空间性地"置于一个单子的无限领域。任何单子的行动都影响每一个其他的单子,但是"更近的"单子受到更强烈的影响,给我们一个空间性趋向的视角。但是,这一隐喻作为一个理智或心灵的隐喻似乎是误导性的。单子作为对于同一事物的不同视角的解释使我们进入经验的存在领域。但是,我们从哪里可以进入必然真理呢?这一问题,在最广泛的意义上是一个本源性的科学方法问题,然而,在莱布尼茨的本体论中,必须从它的根源处去探讨。在莱布尼茨的本体论中可以区分两种不同的事物。第一种是**神**知性的内容。在这一领域中,不仅所有存在的事物而且是所有可能存在的事物的观念可以被发现,所有可能性和必然性的原则也可以被发现。第二个本体的领域是存在性的,即被创造事物的领域。这两个本体的领域有着一个复杂的关系。**神**的知性包含着那些与最好的可能世界不相容因而不存在和永远也不会存在的事物的理念。它也包含着那些对于每一个具体的经验甚至每一个可能的经验都普遍适应的真理。与此相对,被创造的世界是有条件的,完全确实的,而且总是特殊的。莱布尼茨对知识的杰出阐述是建立在两种不同存在领域之上的本体论和建立在单子意识的简单化之上的心理学两者相互结合的产物。在这一本体领域中,关系和一般的理念应当受到注意,因为莱布尼茨对于两个本体领域的区分允许提出一个特别的阐述。莱布尼茨是跟从唯名论者的立场否认一般的理念或关系以一种存在的更强意义而存在的,但是它们在**神**的心中有着真实的本体地位。因而,莱布尼茨说:"关系的真实依赖于意识,这是真理;但是它们并不依赖人类的意识,因为有一个最高的理智总是决定着它们。"(NE II,30,§4;l RB 265)如果关系和一般理念根源于**神**的观念意识,那么,它就不可能是任意的,也不能简单地根源于词语,也不是我们有限的能力去认识并且去追踪个体的结果。(NE III,30,§12;RB 292)这种关系和一般理念的地位是关键的,因为,对莱布尼茨来说,被创造事物的领域是很小的。只有简单的实体。许多我们经验的东西构成了基础良好的现象(well-grounded phenomena)。那么,莱布尼茨对关系阐述的最明显的结果就是关系不是任意的。第二种是,人的思想依赖于一般性的观念并常常得求助于理念领域,因而求助于**神**。

神的知性和这一具体的世界是两个为单子所认识的可以信赖的秩序。通过**神**,这两个领域关联起来。**神**的知性包含有所有可能事物的观念,包括所有存在的事物观念。因此,存在的事物有着双重的存在:作为观念在**神**的知性中存在和作为现实的事物存在。而且,由于可能性的原则和善的标准包括在观念的领域中,这一具体世界的创造的选择也包括在观念的领域本身之中。现实的领域可以从观念的领域中演绎出来。这只是说,**神**知道,考虑到它的知性,什么东西可以被创造出来。因为这个理由,"所有有条件的命题,都有理由如此而不是那样或别的什么样,也就是说,它们有一个使它们成为确定的、表明这些命题的主词和谓词之间关系在两者的本性中都有其基础的、其真理性的先天证据。"(DM 13;AG 46)我们理解相对的真理"或者通过经验,即后天的,或者通过理性,即通过导致它们最佳选择的考虑"。(PD 2;H 74)这样,必然和相对真理的区别就不同于建立在**神**知性之上的真理和建立在被创造者之上的真理,因为所有的真理都是建立在**神**的知性之上的。毋宁说,必然真理和相对真理之间的区别,一方面,是这样的,对必然真理的否定是自相矛盾的,而对相对真理的否定则是可能的,另一方面,对必然真理的分析是有限的,而对相对真理的分析是无限的。(DM 13;AG 44-46;M 31-33,36;AG 217)这些区别是同样的,因为,其对立面是自相矛盾的真理能够被有限分析,最后得出一个统一体或矛盾体;而其对立面是可能的真理和那些其真理性建立在**神**对最好的可能世界的选择基础之上的真理不仅需要一个对无限存在世界的整体考虑,而且要考虑到无限可选择中的无限数字。① 结论是,真理有双重的存在,我们可以从任一个领域考虑它们。

因为创造是**神**知性的产品,我们可以相互地从现实的领域了解**神**的知性,更重要的是通过建立可能性(了解),但是观念和实存的领域之间的关系不是相互的。现实的领域从观念的领域中得到确定性——虽然不是必然性。相反,观念领域的事实只能从现实领域中建立可能性。必然真理永远不能从现实的事物中推导出来:"无论多少例子证实了一个一般的真理,它们也不足以建立它的普遍必然性;因为它不能得出,那已经发生的将会以相同的方式再次发生。"(RB 49)莱布尼茨举了太阳每天升起的例子。他指出,也许有一天太阳就根本不会存在。(RB 49-50)他还举了暹罗国王的例子。国王不相信水可以结成冰,因为在他的王国中没有人看见过冰。(NE IV,9,§I;RB 433-34)从经验中得来的结论总是暂时的——我们从来也不会知道是否我们居于暹罗国王的位置。

莱布尼茨的方法和必然真理及其实现之间的关系在他的单子本体论中更复杂了。前定和谐以及没有任何新的东西进入单子的事实,要求我们知识的客体有三重存在:与其他可能事物的观念一起存在于**神**的知性中;存在于被**神**创造的它们本身之中;存在于每一个意识之中。整个宇宙以知觉的形式包含在每一个单子之中。同样,必然真理不仅在**神**的知性中有一个真实的存在,也同样存在于每一个单子之中。在给马勒伯朗士的信中,莱布尼茨对此表述得很清楚。他说,即使我们真能在**神**那儿看到必然真理和观念,这些观念肯定对我们有所影响,而且我们对"**神**的观念的不止是一点拷贝,根据我们在**神**那儿所看到的那些事情,我们的心灵受到某种影响和改变。"(GP IV,426;AG 27)莱布尼茨的评述接近马勒伯朗士的观点。如果说我们在世界中看到了事

---

① 参阅雷斯彻:《莱布尼茨的单子学》,第33页。

物,也可以说我们在**神**的知性中看到了观念。莱布尼茨对马勒伯朗士的回应也适合所有知觉。在"论形而上学"中,莱布尼茨参照他的实体概念对此作了澄清。因为实体从一开始就包含着对它而言将发生的所有东西,如果我们对**神**知性中的一个观念的知觉在我们心中能产生一些影响,那么这些影响从一开始就包含在我们之中。在这个意义上,我们可以说,我们有我们自己的观念。(MD 29;AG 60)因而,问题是,必然真理存在于**神**的知性中而且必须存在于每一个单子中。那么必然真理在单子的什么地方呢?我们已经可以看到,这一回答将怎样引导莱布尼茨走向多元主义了。根据单子的本体论,必然真理必然存在于每一个单子的知觉中。根据知觉的统一性,在这个被创造的宇宙中,对必然真理的知觉将是完好地与我们现实化的知觉结合在一起的。尽管如此,——因为这一点非常根本,几个其他的解释也应当被考虑到。

必然真理可能从不同知觉的共同之处或者从宇宙不同的地方同时出现的东西中推导出来。斯宾诺莎是这样解释适当知识(adequate knowledge)的:"那些对于所有对象都一样的东西,那些对于整体和每一个部分中都等同的东西,我们只能把它设想为适当的。"(2P38)①用莱布尼茨的话说,我们可以说,在每一个视角呈现的事物可以通过任何一个视角而被充分地知道,但是,尽管我们对于宇宙的视角可以给我们近似普遍性,然而,不管一个真理在我们对城市的视像中被多少次地加强,我们都不能假定它是必然的,因为我们的视野总是有限的。在我们的视野中出现的东西可能像暹罗国王眼中的水的流动性一样。同样的情况适用于自我反思。这就是说,可能存在所有经验的普遍必然的条件,但是,自我反思不能认识必然真理,原因与外部的经验世界不能(给出必然真理)一样,因为外部世界的经验只能提供具体的实例。所以,我们从来就不知道我们自己心灵的特征或条件是必然的。必然真理不是心理常量,不能通过自我观察而建立起来。莱布尼茨清楚地说

---

① 斯宾诺莎自己把这一命题与其他文化的问题联系起来,在推论中,他写道:"因此,存在对所有人都一样的确定的观念或概念;因为……所有的个体在某些方面都会赞同,那些……必须被充分或清楚明显地被所有人所知觉。"(Ethics,2P38C)

明了必然真理是不能从经验的归纳中产生的。（例如，RB 49）但是，还有几个因素支持他的观点。莱布尼茨没有把我们意识的结构当做一个所有意识的必然结构。在死后，我们的意识也许被提高到一个现在不能想象的知识层面。比我们更有知性的鬼神的存在有着同样的效果，能够把我们现在经验到的心理必然变成问题。（NE IV, xvii, §16; RB 490）

那么，一个城市不同视角的比喻似乎提供了一个不充分和不彻底的对于知性单子认识论条件的阐述。这样，为了阐述必然真理，我们必须走出知觉的比喻。我们也许可以说，知觉像对城市的一个观察，但是，我们的知识还有一个非知觉方面，就是建立必然真理的先天的观念。然而，根据莱布尼茨的观点，单子的唯一品质就是其知觉，正如我们已经看到的。在《自然和神恩的原则》（*Principles of Nature and Grace*）中，他写道，一个单子只能通过内在的品质与其他单子区别开来，"这种品质不是别的什么，正是它的知觉（即，复合物的表现，或者外在物的单纯性的表现）和作为其改变原则的它的欲望（即，它从一种知觉转向另一种知觉的倾向性）。"（PNG 2; AG 207）在知觉中，欲望是无处不在的内在因素，所以，莱布尼茨称之为知觉中变化的趋势。因为意识是趋向最好的事物的，所以，欲望也只能是趋向最好知觉的趋势，所以，它的路径就决定于知觉。在给伯彻·德沃尔代（Burcher DeVolder）的信中，莱布尼茨写道："我认识到，单子自身是活跃的。在单子中，除了知觉则没有什么东西可以被想象。知觉导致了行动。"（GP III, 256; 雷斯彻, 1991, 80）最后，莱布尼茨宣称单子永不停止地知觉的理由在于，没有知觉，一个单子就没有品质，因而也就无法存在。（M 21; AG 216）如果没有知觉，单子还有其他的品质，像知觉之外的先天的观念，那么，情况将不会是这样。

这样，我们对必然真理的认识就不能在知觉之外。对单子知识的阐述的困难可以归结为这样五点：

（1）有两个本体领域：一是**神**的知性中的观念的，一是被创造的事物的。

（2）单子既有进入必然真理的途径也有进入存在真理的途径。

(3)必然真理不能从对现实事物的经验中推导出来,也不能从现实事物的真理中推导出来。

(4)现实事物的真理(除了**神**的存在)不能确定地从必然真理或从观念的领域推导出来。

(5)单子所有的品质都表现为它的知觉,单子没有超出知觉的任何其他品质。

从这五点又可以推出以下论点:

(6)单子必须能直接地接受必然真理和存在事物的真理。

(7)这种对两种领域的接受,都必然包含在同一个统一的知觉中。一个理智单子必须是双重的反映或表达,即反映现存事物的领域和反映**神**的知性。被创造的世界和神的知性都在单子中被反映或表达,并且在任何一个给定的时刻都确切地在知觉中出现。一个城市视像的隐喻只告诉我们故事的一半,即我们对宇宙万物的反映。对我们来说的这部分故事只是对非理性单子的全部故事。

这种叙述听起来有些奇怪,而且太过于以**神**为中心,但是莱布尼茨直接说了,知性单子有这种双重表达的属性。在"论形而上学(Discourse on Metaphysics)"中,他写道:"尽管所有实体都表达着整个宇宙,然而,其他的实体表达着世界而不是**神**,而心理意识则表达着**神**而不是世界。"(MD 36;AG 67)在"单子论"中,他写道:"灵魂,一般而言,是活的镜子或世界万物的影像,但心理意识也是**神**自己或自然的创造者的影像。"(M 83;AG 223)在"自然和神恩的原则"中,他写着,理性的心灵不同于其他单子,因为"它不仅是被创造的宇宙万物的镜子,同时也是**神**的一个影像。心理意识不仅有对**神**工作的知觉,它甚至也能够生产像它们的东西,尽管是在一个小的规模上。"(PNG 14;AG 211)理性单子像表达、构想或影响被创造的世界一样地表达、构想或影响着**神**的观念。"论形而上学"中的一段说得更加直接。另外两段,接受了莱布尼茨哲学后来的观点,提到的是一些非决定性的东西,因为,在两者中,莱布尼茨把术语从"镜像"(mirror)转换成了"影像"(image)。说人类是"**神**的影像",自然与基督教神学的一个共同的地方相联系,与一种广泛的、不确定性的意义相联系。是**神**的影像,很容易被认为是与神相似的。莱布尼茨有时说我们是**神**的影像,实际上是意味着我们能够认识,意味着我们能够有目的地行动,并不是指我们的心理意识是**神**心中的观念的一种原样的影像或反映。但是,这种认识和行动的能力最终来自于我们对**神**知性的反映。在"神的事例"的一段中,莱布尼茨更加详细地考察了这种相似:"**神**的影像的痕迹是先天的理智之光和意志内在的自由。"(CD 98)我们模仿**神**,是因为我们有先天的观念和一个意志。然而,我们的知识,"先天的理智之光",只是我们观念的统觉,而自由意志只是存在于内心知觉之中的欲望。所以,我们是**神**的一个影像,是因为我们有一个表达**神**知性的知性,也有一个像**神**的但有时会出差错的欲望的原则。严格地讲,在莱布尼茨的术语中,"影像"比相似更具决定性,与莱布尼茨用于描述我们与现实事物关系的"表达"具有同样的意义。莱布尼茨既用"影像"来描述关系,也把影像或镜像看做是可以交流的,如他曾这么说过:"生命的镜像或影像(miroirs vivans ou images)。"(M 83;AG 223)在莱布尼茨早期的著作中,我们的观念和**神**的观念之间的关系是更为清楚的。在"知识、真理和观念的沉思录(Meditations on Knowledge, Truth, and Ideas)"中,莱布尼茨写道,我们的观念必然是"心灵中的影响或改变相对于我们在**神**那儿看到的事物。"(GP IV,426;AG 27)在"论形而上学"中,他写道:"我们心灵的本质是对**神**的本质、意志以及其中的所有理念的一个确定的表达、模仿和影像。"(DM 28;AG 59)他还说:心理意识表达了"**神**,在它之中的所有可能性和确实存在。"(DM 29;AG 60)后来更清楚的陈述是在《人类理智新论》中。在那里,莱布尼茨写道:"心灵是一个小世界。在这里,清楚的观念代表了**神**,而模糊的观念则代表着宇宙万物。"(NE II, §I;RB 109)

把必然真理看做是**神**知性的结构的表达,也解释了莱布尼茨授予观念的一个标准的角色。在"论形而上学"中,莱布尼茨在看法(notions)、概念(concepts)和理念(或观念)(ideas)之间作了区分:"因此,那些在我们心灵中的表达,不管我们是否构想它们,可以被叫做理念(相);但是,那些我们构想或形成的,可以叫做看法、概念。"(DM 27;AG 59)更为经常地是,莱布尼茨在有一个事物的相(观念)和仅仅是想到一个事物之间做出了区别。(GP Ⅶ,263;L 207)这一区分有着重要的作用。如果所有的心理事件都是观念,那么,说一个想法(thought)是一个观念将是无意义的——所有的想法都是观念。然而,如果观念是想法的一个部分,说一个想法是一个观念则具有规范的价值。观念与想法不同,因为它们必须是可能的,如,不自相矛盾。莱布尼茨写道:"现在,很明显,当一个想法是不可能的时候,我们没有这一想法的一个观念。在这种情况下,知识仅仅是假定的(当它的可能性还没有得到证实),甚至,即使我们有这种观念,我们并不考虑它,因为这种想法和具有潜在不可能性的想法的知道方式是一样的。"(DM 25;AG 57)一些观念是简单的,可以直接地知道它是可能的,因而,我们在碰到它们的时候立即把它们当做观念。更多的情况是,我们需要进行分析,才知道事物的可能性,所以,我们必须检查我们的看法,以考察它是否是一个观念。为了这个原因,莱布尼茨说,笛卡儿假定我们有一个**神**的观念,这就是说,他意指笛卡儿相信**神**是可能的。对于笛卡儿来说,我们是否有一个**神**的观念,是一个现象学的问题,因而可以从彻底的怀疑的条件下得出来。对于莱布尼茨来说,自我的观察可以告诉我们,我们有一个**神**的看法,但是从来不会告诉我这个看法是一个观念,也就是说,这种看法表达着什么可能的事物。我们区别观念和概念的方法是逻辑的,但是它们之间的区分比这种认识的方法更为深刻。观念和概念之间的基本区别是观念表达着某种真实的东西,即使它不是被创造的。观念表达了**神**心中的可能性。因而,在《人类理智新论》中,泰奥菲勒(Theophile)说,那仅能用理智理解的观念,不是指存在着的事物,但是"所有那些用理智理解的观念在永恒可能的事物中有它们的原型。"(NE Ⅳ,iv,§5;RB 392)①后来,泰奥菲勒补充说,是在**神**那里,我们发现了"刻在我们心中的观念和真理的样式(l'original)"(NE Ⅲ,xi,§14;RB 447)观念的客体是**神**的知性,解释了:在《神正论》中,莱布尼茨为什么说没有**神**,几何将没有客体,而不是仅仅说几何将是不可能的或没有必要,(T §184;GP Ⅵ,226)并且为什么,在《神的事例》中,**神**

---

① 翻译有改动。

的心中包含有知性所有可能的客体。(CD §13;GP VI,440)总之,如果看法(notion)表达了一些可能的事物,那么,这些看法也表达了在**神**心中真实的事物,并且,这些看法是一个真的观念;如果一个看法表达了一些不可能的事物,它就是表达根本没有现实性的事物,它就不是一个观念。像我们期待的那样,一个真实的观念是具有真实客体的观念,但是这一客体是观念性的而不是已被创造的。

单子作为同一个城市的反映的最初隐喻在具有达到必然真理的途径后必须加以修改。这种修改似乎给了那支持文化交流的知性观——视角模型——一次打击。它(视角模型)似乎告诉我们,我们对现存事物的认识是有限的和视角性的即从不同的方面去看世界的,而且,考虑到有条件存在物的知识,我们有很多的地方要向其他文化学习——这样可以使我们从不同的侧面看到同一普遍性。然而,对于必然真理的知识,我们拥有所有认识**神**的途径。如果我们认识**神**的路径不是有限的和视角性的,那么,我们就很少有什么可以向其他文化学习的了,而且,我们也可以毫无困难地用这些真理去判断其他文化。我们应该避免"中心主义"的危险就很清楚了。这里有一种这样的意义,这种叙述与莱布尼茨对于其他文化的现实做法有一致之处。莱布尼茨不怀疑实体不能够相互作用,也不怀疑**神**的存在。有那种不仅可以应用于所有人而且能够被任何人发现的普遍真理。在这方面,他接近笛卡儿和斯宾诺莎的立场。尽管如此,莱布尼茨的叙述更为复杂,因为我们对理念领域的认识也是有限的。现在,回到我们关于城市的隐喻。我们不应该假定一个灵魂在一方面有关于城市的特定视角,而另一方面又存在对所有人都一样的必然真理的整体。这一隐喻这样叙述或许更好:单子既有城市的一个表达,也有其他领域的一个表达,而且两者都结合在一个统一的视角里。因而,不同的单子的视角有什么共同之处的问题不能通过这种方式得到回答,即指出它们共同的地方在于**神**的知性领域。毋宁说,这个问题是双重的:什么是我们共同的关于城市的视像,什么是我们共同的关于**神**的"视像"。

先天问题

威胁莱布尼茨的多元论并使他接近笛卡儿和斯宾诺莎的是单子得到必然真理的途径。这种必然真理是源于表达**神**的知性中的观念结构的先天的观念。在莱布尼茨的方法论和认识论中,先天观念占有核心的地位。这些观念本身是先天的这一事实揭示了它们与文化交流将有很少的联系。如果它们是先天的,我们就可以在我们本身中发现它们。这正是笛卡儿和斯宾诺莎所指出的。那么,挑战就在于,揭示出先天的观念和必然真理在莱布尼茨那里仍然居于中心位置,而同时他又对文化交流和其他视角的参照保持开放的态度。我将揭示先天观念怎样在对于宇宙万物的现实化视角中的统觉里展现出来。严格地说,因为单子不相互作用,所有的知觉和观念都是先天的。尽管,像我们已经看到的,经验和自我反思的区别仍然作为一个单子里的现象。莱布尼茨对于这一区别并不感到不安,尤其是在《人类理智新论》中。但是,它却使他的意思变得模糊。虽然所有的知觉都是先天的,但是有些在更深的意义上是先天的。在"论形而上学"中,他讲述了这两种意义。他说,从形而上学的角度讲,没有观念是来自外面的。虽然,考虑到亚里士多德,我们可以在一个一般的意义上讲,一些观念是来自感觉的,尽管我们不能说,所有的观念都是这样。(DM 27;AG 59)

就像尼古拉·杰利(Nicholas Jolley)在《心灵之光》①中确切地指出的那样,在莱布尼茨时代,"idea(观念或理念)"一词被含糊其辞地滥用,有着不同的意义。罗伯特·麦克雷(Robert Mcrae)分析了17世纪观念一词的意义,他指出,笛卡儿在使用"观念"一词时给出了三种解释:客体的观念,行动的观念,意向的观念。② 他把后面的用法归之于莱布尼茨。麦克雷的叙述提供了一个适当的起点,因为莱布尼茨理念

---

① 杰利:《心灵之光》。
② 罗伯特·麦克雷(Robert Mcrae),"十七世纪作为哲学词条的'理念'。"《理念史》杂志,1965.(26),第175—190页。

的概念区别于与麦克雷的观点相一致的阿尔塔和洛克。与阿尔诺(Arnauld)和洛克相反,在《人类理智新论》中,莱布尼茨否认一个观念只是一个行动、形式或思想的部分。他写道:"如果观念仅仅是思想的形式或方式,它们将随着思想而消失。但是,先生,你自己将会认识到,它们是思想的内在客体。这样,它们就可以持续存在。"(NE II, ix, §2; RB 140)在《人类理智新论》的前言中,他写道:"这就是我们的观念和真理的模样,——就像爱好、性情和趋向,或者自然的潜能(virtualités naturelles),而不是现实性(行为)。"(RB 52;参阅 NE I, I, §26; RB 86)在这一段中,莱布尼茨所说的观念和真理之间的联系是切题的,观念的规范价值引导莱布尼茨拒绝把思想和观念等同起来。莱布尼茨通过使观念在我们中永久化和使观念成为看法或心理行为的一个较为狭隘的子集从而使自己的观念概念同洛克的观念概念区别开来。因而,在这里,观念仍具有规范的力量。马勒伯朗士对观念的叙述在这同一点上是与洛克相对的,但是,莱布尼茨与马勒伯朗士有很大不同。他拒绝这样的观点:认为观念存在于我们的心灵之外,就像我们所看到的。

莱布尼茨不仅提供了与洛克和马勒勃朗士不同的学说,同时也将两者结合起来,保留了马勒伯朗士阐释中的规范力量,也保留了洛克阐释中的自然主义。那么,问题是,观念在意识中的位置是什么?观念既不是我们的心理行为,也不是存在于心理之外的事物。麦克雷的回答是,它们是"性情(dispositions)"。性情在我们的心中,但不是那来而复去的思想。在这一词语的选择上,麦克雷是跟从莱布尼茨自己的。莱布尼茨把先天的观念叫做"一种性情,一种秉性,一种预先形成"(NE I, i, §II; RB 80)后来,他说,它们"仅仅是自然的倾向(habitudes naturelles),是性情或秉性,主动或被动的"。(NE I, iii, §20; RB 106)问题在于,习惯、性情和欲望都似乎有超越知觉的存在。莱布尼茨最著名的先天观念的比喻——大理石中的纹理——也揭示出,先天观念是外在于知觉的。然而,后者是一个比喻。问题在于,我们多大程度地这样看它。一块大理石的比喻也被莱布尼茨用于另一个意义的说明——一个组合事物的例子,因而并非一个真实的实体。大理石中纹理的比喻,或组合体的空间式样,只能大致地应用于不是由部分组成的简单存在物,一个真的统一体,而非扩展出来的东西。

莱布尼茨使用"习惯"、"性情"和"秉性"等来描述观念,必须在这样一种特别的意义上考虑,即能够把它们放进一个统一的实体,这种实体的唯一区别性品质是它的知觉。但是,问题仍然存在,理念是存在于我们之中却不随我们的思想活动而变动的东西。然而,它们却只存在于我们的知性之中,好像它们作为我们思想的行动而存在。尽管,莱布尼茨已经解释,先天观念怎样能够总是被我们所知觉。——知觉和统觉之间的区别就在这里。感知能力和统觉之间的区别建立了视像的隐喻:整个的宇宙是作为被感知的而存在于单子之中的,只是部分地被统觉。被统觉的部分建立起了我们的视像。同样地,虽然我们没有统觉所有必然真理,但是,我们可以感知它们全部,这给了我们那像是关于**神**知性的视像。这样一种对必然真理的视角化,将捍卫文化交流的重要性。正因如此,观念将在我们的感知能力中存在,有时,以思想的转瞬即逝的行动进入统觉之中。① 我们也能够把这种区别应用于潜在性和现实性这两个词语。整个宇宙一直是被单子确实地感知着,但是,这一宇宙只是潜在地被统觉的。同样,**神**的知性也是作为被贮藏的先天观念被感知的,它们也将潜在地被统觉。学习的过程构成了潜在统觉的现实化过程,但是这一潜在的统觉是作为现实的知觉而存在的。根据莱布尼茨的单子理论,一种性情可以作为感知能力或欲望或者这二者双方而存在。② 因为欲望是作为一种感知变化的趋势而存在于感知之中的,所以,似乎没有其他使先天观念被感知的途径。

作为被感知(而不是被统觉)的存在于单子中的先天观念的观点与作为特质的先天观念的常规的解释是相对立的。常规的解释认为,

---

① 这也是布罗德(C. D. Broad)的结论。布罗德:《莱布尼茨:导论》,剑桥:剑桥大学出版社,1975年,第134—135。

② 布罗德提出了第三种观点。他写道:"当且只有当在或高于1062℃时,全将成为液体。这是一个性质命题(布罗德:《莱布尼茨:导论》第20—21页)。然而,布罗德后来说,所有的性格特质必然归结为非性格的。而且,这些性格特质似乎只来自我们视野的有限性。因为单子的整个未来是被决定的,它只具有确定的性质。例如,在时间t,这一块金将达到x度,这时,它变成液体。最后,发现这样一个假言命题将在一个单子中作为一个性质构成一个现有的存在也是很困难的。

单子由知觉、欲望和性情等组成,而我的解释则把性情归结为知觉。问题是,在无意识中"想到"的观念似乎不像"性情"。然而,我们对莱布尼茨的术语一定要小心。就我所知,他从来就没有解释性情。更为重要的是,他并不是简单地把先天的观念叫做"性情"。在使用中,他常常会列出几个词:incilations, dispositions, habitudes, virtualités, naturelles, aptitudes, préformations。至少,莱布尼茨对现有的词语是不满意的。这种不满意减弱了我们对它们每一个词的依赖性。最后,如果我们这么认为,欲望和直觉相联系着,欲望看起来总是朝向那最好的,先天的观念是我们与神的最近的关系,我们可以得出这样的结论,心理意识必然有朝向那被感知而不是被统觉的先天观念的活性趋势。先天观念的这种地位可以通过它们与留下心理痕迹的记忆相似而得到支持。在《人类理智新论》中,泰奥菲勒对记忆作了直接地解释:"在心灵中与在身体中一样,有着作为过去的印象的遗留的特质,但是,除了我们的记忆使用它们之外,我们对它们是没有什么意识的。"(NE II, x, §2; RB 140)心灵不能丢失它的过去:"它保留曾经在它里面发生的任何事情的印象,它甚至有对将发生的每一件事情的预知,但是,这些感受往往是太微弱了以至于我们无法分辨,因而也无法意识。"(NE II, xxvii, §14; RB 239)①因此,记忆是现在仍存留的过去事件的知觉,记忆的能力就是去觉知这些微弱的知觉。先天的观念正好有着同样的地位。这种地位可能看起来不像一种"性情",但是,在论述记忆的上一段,莱布尼茨把记忆叫做"性情"。这种"性情"就是过去印象的存留。

越过"性情"这一模糊的词语,我们可以说,先天观念是对神的观念的知觉或表达。同样,那混乱的看法(notions)是神的创造物的知觉和表达。同样的道理,根据前定和谐原理,我对任何我将感知的事物的知觉从一开始就包含在我之中。因而,我对可能性和观念的知觉都从一开始就包含在我之中。同样,当我感知所有存在的事物时,学习的任务是把知觉变成统觉,因此,当我感知所有观念的时候,其任务就是把

---

① 翻译有改动。RB 把"sentiments"翻译成"states of mind(心理状态)",这意味着,记忆是心理状态而不是实际的知觉。

它们带入统觉中。这正是在论述我们与先天观念的关系的时候所说的。观念在我们心中存在,"不是我们统觉了它们,而是我们从我们内心深处把它们抽绎出来并使它们成为可统觉的。"(NE IV,x,§7;RB 438)①如泰奥菲勒告诉费拉勒(Philalethe)时所说的,对先天观念叙述时的关键在于"我不能接受这样的命题——所有学习的东西都不是先天的。"(NE I,§23;RB 85)根据知觉和统觉的区别,学习那我们已经感知的东西——即把它们带进统觉之中——是可能的。

  这些先天的观念呆在心灵的幽暗的深处,远离着意识的注意。它们通过自我反思而进入统觉之中。莱布尼茨对先天理念和自我反思的阐述是不清晰的,有时甚至是矛盾的。② 虽然,这些困难不是来自莱布尼茨叙述的不一致,但是却来自对几种不同区分的同样模糊的词语的使用。这种混淆是因为莱布尼茨是在两个意义上来讨论观念的。一是通过一个后天的自我反思的过程。一些观念只是通过经验才能进入心灵。如果我们不是听到有关的描述,也许我们从来也不会想到有一个带有一个长鼻子的庞然大物,就像除了欧洲人告诉暹罗国王什么是冰,他将永远也不知道这东西一样。另一些观念是通过心灵自身的经验进入心理中的,例如,知觉的理念。这种自我反思与洛克的具有同样的意义。莱布尼茨是在有泰奥菲勒疑问的时候提到这一问题的。他说:"如果我们没有在我们自身之中发现存在(因为我们是一种存在),我们怎么会有存在的观念。"(NE I,i,§24;RB 85-86)这里,他一定是在这一追问的同一个意义上说的:如果从来没有任何有关的经验,我怎么会有"正千边形(chiliagon)"的观念呢?这种后天的自我反思有着其他的经验所没有的优越性。这里的自我是经验的普遍客体——每一个人都有有关人的经验,但是,并不是每一个人都有有关冰的经验。莱布尼茨给予了我们关于自我的经验一个特殊的身份,——一种并非必然但

---

  ① 翻译有改动。

  ② 乔利(Jolley):《心灵之光》,第185页。乔利指出,反思,作为证明莱布尼茨之认为心灵是一个实体的宣称是充分地,但它不能作为理念获取的理论。是后一种指控,与我对莱布尼茨的辩护相对。详见方岚生:"莱布尼茨的理念与自我反思",莱布尼茨学会杂志(1999·),第43—63页。

却是确定的原始真理。因而,我存在的真理是确定的,但并非必然。最后,莱布尼茨把曲解和视角与空间中的存在联系起来。我们对自我直接但非空间性的认识要么意味着它不是在空间中被感知的,因为那种感知特别清楚;要么意味着它特别地清楚,因为它不是在空间中被感知的。尽管如此,当莱布尼茨谈论先天观念和自我反思的时候,他常常意指那就像三角形的观念一样先天地来自知性的东西。仅仅是因为我们表达的是**神**的意识,这些观念才在我们之中。根据无矛盾性的原则,关于可能事物的必然真理是通过反思而分析地知道的。因而,它们是从先天知道的,没有经验的成分。事实上,我们只能从先天知道它们,因为经验的实例是从来也不能产生必然真理的。从某种意义上说,这些观念是不可能从文化交流中得以知晓的。但是,即使是这表面上看起来很明显的宣称,比它看起来的样子也更为复杂。

真理的表达

如此,我们可以看到,每一个心灵都有一个独一无二的视角,一个建立在先天观念之上的必然真理和建立在宇宙万物现实化表达基础之上的经验的完好结合。然而,这一视角却像冰山一角。在两个方向上,它逐渐深入无意识深处,那不能认识的感知能力。其一是进入我们关于宇宙万物的无意识表达,进入那莱布尼茨所说的细微知觉之中。事物之间的相互联系要求所有的知觉都对统觉有一些影响。莱布尼茨常说,所有的思想和知觉都有一些影响。(例如,NE II, I, §15;RB 116)他的例子常常把很多的知觉构成一个统觉,就像一个个海浪构成巨大的大海的咆哮。然而,更多的时候,这些知觉在混合的时候会因相互抵消而不能构成统觉,却从兴趣、情感和直觉那样影响我们。这种效果在莱布尼茨对"没有决定是来自于冷漠(indifference)"的观点的论证中很好地表现出来了。他说:"这就是为什么我们从来就不冷漠的原因。即使当我们表面上看起来像是最冷漠的时候,例如,当我们走到了一条道路的尽头我们是向左还是向右。对于这样的选择,我们的决定来自于一些无形的心理刺激,它们与客体的行为以及我们身体的内在变化混在一起,使我们可以找到一条比其他选择更为舒适的方向。"(NE II, xx,§6;RB 166)所有我们没有自觉地考虑的行动,包括风俗和习惯,都是我们作为宇宙万物之表达的无数知觉相互作用的结果。(NE II, I,§15;RB 115-16)我们的知觉也逐渐进入我们先天观念的无意识之乡。莱布尼茨是像描写宇宙万物的细微知觉一样描写这种意识不到的观念的影响的。在《人类理智新论》中,他说:

"对于你指出的这种观点:连两个最好的、能成为所有一切基础的推理原则都不可以得到普遍一致的赞成。我对此的回答是,即使它们不被知道,它们将仍然是先天的,因为它们一旦被听到就已经被接受了。但是,我将进一步指出,从根本上讲,任何一个人确实知道它们,我们一直使用矛盾律(例如),而没有明显地注意到它。如果严肃地对待一件事,一个与他自己相矛盾的说谎者的行动将会使任何一个人,甚至未开化的人,感到不安。因此,我们没有清楚地意识到的时候也会使用这些原则。"(NE I,I,§4;RB 76)

这些叙述证实了,在我们意识它们之前,先天的观念已经存在于我们的感知能力之中了,而且,它们对我们的知觉有一个无意识的影响。在另一个地方,他接着说:"一般原则进入我们的思想,是思想的内在的核心和凝合剂。即使我们根本不去想它们,它们对于思想也是必不可少的,就像肌肉、肌腱之于行走。"(NE I,I,§20;RB 84)

这一段已经揭示了意识的这两个方面——我们对宇宙万物的表达和我们对必然真理的表达——在知觉中是怎样地结合在一起的,而这种知觉形式又必须怎样被更加详细地检查。第一个问题是,对于表达存在的每一个领域的心理意识,它意味着什么。第二个问题将是,这两种表达怎样互为条件。对于第一个问题,我们可以从注意这两种关系的相似之处着手。在这两种情况中,都有有限性和普遍性的结合。这种结合正是表达(expression)概念之中的。莱布尼茨利用这些概念描述了很多关系,一个早期的描述是在"什么是观念(Quid Sit Idea)"中的。他说:

"这被说成是表达这样的事物——在这些事物中,有与它所表达的事物的关系一致的关系(habitudines)。但是,有不同的表达方式。

例如,机器的模型表达机器本身,平面上的投影图形表达着一个立体形状,语言表达着思想和真理,符号表达着数字,几何的相等表达着一个圆圈或一些其他的形状。这些表达的共同之处在于,通过它们,我们能够从对所表达关系的考虑中进入到表达的事物相对应的性质的知识。因此,很清楚,表达的与被表达的事物没有必要完全相似,因为它们的相似之处在其内在关系之中维持。"(GP VII,263-64;L 207)

莱布尼茨给出过表达的很多其他的例子。一个理念表达着它的客体。(GP VII,263;L 207)单子的知觉表达着宇宙万物,心灵的知性表达着神的知性。每一个结果表达着它的原因。(DM 28;59)感觉和次要的品质表达着它们的客体,表达着身体。(NE IV,vi,§7;RB 403)定义表达着被定义事物的本质。(NE III,iii,§15;RB 294)油画表达着它代表的城市(NE III,iii,§15;RB 294)这些不同的关系有着怎样地共同之处?两者无需外表的相似,但它们内在的关系必然是相似的。莱布尼茨大多数对表达的详细讨论来自于他对次级品质和现存事物关系的讨论。莱布尼茨写道,相似不是完善,但是一种秩序关系,就像一个圆与其投影相似一样。他说:"在投射物与被投射物之间,有一种确定准确的、性质上的关系,一个事物的每一点通过一个确定的关系与另一个事物的每一个点相一致。"(NE II,viii,§13;RB 131)在《神正论》中,莱布尼茨说,在表达和被表达的事物之间有一个性质上的关系。如果这一表达物是不完善的,那么它会掩盖客体中的某些东西,但是不管这一表达物是怎样地不完善,它不能给被表达物增加任何东西,(不然,它就不是不完善而是错误),也不能在被表达的东西中掩盖任何东西。

因此,一个表达在一个方式上是确切的:它确切地再产生一个秩序而不增加任何新东西,因而它是完全根置于被表达物的。在另一种方式中,表达是不完善的:它掩盖一些东西,也许与它所表达的东西没有直接的相似。在"论形而上学"中,莱布尼茨写道,只要它是成比例的,单子就可以说成是表达着宇宙,即使它们外观上是不相似的。(DM 14;AG 47)在"新系统"中,莱布尼茨说,心灵用一个很确切的方式表达着宇宙,虽然有清楚和不清楚之分。(G Ⅳ,484;AG 144)在"人类理智新论"中,他说,来自感觉器官的观念确切地表达着轮廓和姿势,虽然不是极其清楚地。(G Ⅳ, iv, §7;RB 403)一个表达不是一致与变化之间的和解,从而使事物表现出模糊的一致性。毋宁说,表达的一个方面是变化,但另一个方面是精确,而知识则是根置于那仍然精确的元素之中的。莱布尼茨在回答费拉勒(Philalethe)的疑问时给出了这种关系的一个很好的例子。他说:如果一个盲人先抚摸了一个立方体和一个球体,然后又获得了视力,能够说出什么是什么。莱布尼茨说,如果他知道有一个球体、有一个立方体,那么先前这个盲人可以区别出哪个是哪个,因为抚摸的球体和看见的球体的内在关系是相似的。(NE Ⅱ,9,§9;RB 136-37)那个"抚摸的"球体被那个"看见的"球体所表达,或者说,两者都是单子之间相同关系的表达。在这一广泛的解释上,莱布尼茨可以在很多方面用到表达:疼可以说成是表达了针头,圆圈的观念可以被说成表达了一个圆圈,虽然这两种关系的一个完全的描述将是十分不同的。结果表达了它的原因,因为根据充足理由律,每一个事物都有一个原因。在这个意义上,结果复制了来自原因的一个秩序。我们也可以说词语和符号的关系表达着它们的客体。最后,我们也可以说,我们的知觉表达着世界万物,我们的知性表达着**神**的观念。我们有什么共同之处这一问题到底意味着什么? 每一个单子的秩序或关系和其他单子的秩序或关系都应该有一个确切的关系。这些关系对每一个单子而言都是共同的。然而,这些关系是怎么明晰以及什么关系更为明晰,这将因单子的不同而不同。现在,我们把注意力投向这两种表达。

　　单子表达宇宙的方式是容易了解的,莱布尼茨是用现在人们所熟知的城市视像的隐喻来描述它的。我们已经注意到了这种关系的几个方面,例如,表达既是量上(时间性的)有限的又是质上(空间性的)有限的。这样,单子就是根据它的身体在时空中的位置来表达宇宙万物的。我们的问题是,作为宇宙万物之表达的单子有什么共同之处? 因为表达蕴涵着秩序的一致,所以,一个回答就是,每一个表达都有与现存世界的关系秩序共同的确切关系,虽然,我们觉知的这种秩序的方面是不同的。我们在宇宙中的空间位置提供了差异,因为离我最近的与离你最近的是不同的,但是,它同样对不同的表达有什么共同点提供了一个次一级的回答,因为有些事物距我们所有的人都近。例如,我们都经验到了心理意识是怎样一种东西,我们也经验着有一个身体、有一种文化。这两个回答,即我们表达着同一个整体秩序和我们表达的一些事物在所有的视角上都存在,粗略地与莱布尼茨区分的两种经验知识,即建立在感觉上和建立在直观上的知识相一致。

莱布尼茨把后者叫做本原的后天真理,相对于本原的先天真理的同一性。"我存在"这一本原的后天真理是最高的证据,它是直观的,不能被其他任何命题所证明。(NE Ⅳ, vii, §7; RB 411)像同一性的真理,这样的直接真理是同样清楚,可以说是再确定不过的了。(NE Ⅳ, ii, §1; RB 367)莱布尼茨所说的经验性的真理,是我们自己存在的真理,它是被笛卡儿建立起来的。但是,也有关于我们意识的直接现象的真理,例如,"我想到 A","当我想到 A 时,我想到 B"。(NE Ⅳ, ii, §1; RB 366)我们也有我们所想到的东西的直接知识:

"但是,一个现有的或直接的记忆,那种刚刚发生的事情的记忆——或者,用另一句话说,陪伴着内在活动的意识或反思——不能欺骗我们。如果它能够,我们甚至不能确定我们正想着这样这样一件事情;因为,它也是暗指过去的行为,而不是正发生的'谈论它'这一行为。但,如果直接内在经验不确定,我们就不能确定任何事实真理。"(NE Ⅱ, xxvii, §13, RB 238)

这些直接存在的事实是确定的,但不是必然的。有多少存在的事实可以被证明是不清楚的。我们已经看到,灵魂的不朽必然来自简单实体的界定,但是,我是一个简单实体的事实真理不是必然的,它建立在经验之上。我想,莱布尼茨将宣称,"我"存在的事实与"我"是一个简单实体的观点同样具有直观的确定性。① 这样,当我们不能证明简单、永恒实体的必然性存在时,它们的存在仍然是绝对确定的。

直接经验的真理通过提供一些事实的普遍真理与文化交流联系在

---

① 在《人类理智新论》中,莱布尼茨在讨论个性特征的时候提出了这一点。NE Ⅱ, xxvii, §89; RB 236-237。

一起，尤其是关于我们自己的身心。并不是所有的人都能清楚地意识到它们的存在，但这似乎接近于普遍真理。然而，我们应该注意到即使是那些经验的直观真理，也使我们超越了我们自己对宇宙万物的表达本身。所有的统觉都建立在对**神**的观念的表达之上。来自于经验的知识总是关于宇宙万物以及可能事物的表达的混合。莱布尼茨所说的经验的直观真理也是这种混合物。它在那来自感官的、作为事实真理的第三种知识中甚至更为重要。如果我们要把一个单子当做是这一宇宙的一个单一的表达，我们必须用感知或模糊意识——我们认为动物也有的那种直观——来考虑它。也许，当我们深深地沉浸在一个经验之中、意识不到什么正在发生时，我们只表达着天地万物。像我们看到的那样，在任何一种情况中，这些没有意识的知觉并非是不相关的。莱布尼茨和笛卡儿、洛克有很大的不同，因为对他来说，如果什么东西不是有意识地被思想，它就不是心灵中的部分。我们对天地万物表达本身的主要结果是，它为从感觉提升到统觉和引导我们行为的无意识倾向的决定提供了基础。这种倾向性不仅在我们的自觉判断无动于衷时行动，它们还与判断相竞争并妨碍它，很像我们现在想像无意识状态。所以，我们关于宇宙万物的表达对我们对于观念的表达的一个作用是来自根置于无意识之中的倾向性的干扰。

　　一个单子是怎样表达**神**的知性结构，或者，它是怎样表达先天观念的，是很难解释的。所有可能的事物都包含在**神**的观念之中，因而，作为**神**的表达，我们既包含先天的必然性又包含先天的相对真理。然而，相对真理不能被有限的存在清楚明晰地知道，使我们必须依赖于经验。就拿马的观念来说，它是先天的。第一个问题是，我们怎么能够在没有马的经验之前有马的理念。假如不是一些具体的、有条件的经验，是什么把这种观念带入了统觉？更为重要的是，从经验进入统觉的观念不能被清楚明晰地知道。这就意味着，它们从来就不能被判断为先天可能的。而这又意味着，我们从来就不知道是否它们作为**神**的表达包含在我们之中。用另一句话说，我们不能够知道，是否从经验中来的概念是真的观念。由于这些原因，我们关于**神**的表达主要的是本原地关涉着我们对必然真理的认识。学习的一个任务是，把我们内在的、构想的观念带入到统觉之中,通过决定它们是否是可能的来决定我们的概念是否是真的观念。我们是通过把复杂的观念进行分析来确定我们的观念是否是先天可能的。这一推演是必要的,因为,除了一个观念被彻底地分析,它都可能包含有隐藏的矛盾。在"关于知识、真理和理念的沉思"中,莱布尼茨描述了通过把理念分解成简单、清楚、明白的观念的方法来对一个观念的可能性或现实性做先天的决定。我们能够认识一个理念就是清楚(clear);当我们能够给予一些认识它的标准时,这个观念也是明晰的(distinct)。(GP Ⅳ,422-23;AG 24)如果一个简单的、没有任何部分的观念,是被清楚和明白地知道的,我们也知道它是可能的。(GP Ⅳ,423;AG 24)一个复杂的观念必须不仅是清楚明晰的,而且是充分的,即"当那进入一个明晰的概念中的东西再一次被明晰地知道,或者,当分析已经被完成。"(GP Ⅳ,423;AG 24)当进入一个明晰的观念中的所有的东西都可以归结为被认为是可能的简单的、清楚明晰的观念时,复合的观念也就认为是可能的。因此,"当我们有充分的知识的时候,我们也有先天可能的知识,因为已经完成了一个分析。如果没有内在的矛盾,这一概念当然是可能的。"(GP Ⅳ,425;AG 26)在其他的时候,莱布尼茨用简化成简单的同一体详细阐述了这一过程,因为把一个命题简化成一个同一体就是揭示,谓词包含在主词的清楚明晰的知识之中。

通过把命题分解为简单的观念或最小单元,我们能够决定一个观念的普遍必然性。这也被认为对文化交流的重要性是有决定作用的。如果一个概念是不可能的或必然的,那么,它将对任何一个人来说都是不可能或必然的——不管是天使还是神,是中国还是欧洲。用这种方法,我们能够在没有研究其他文化的情况下决定概念的普遍性。斯宾诺莎指出,这些观念是怎样在世界或在其他人中呈现的,这与它们的普遍性是无关的。然而,对莱布尼茨来说,我们对这些必然真理的认识是有限的。这就是为什么我们是表达而不是再现它们的原因。把时间和空间作为我们表达的限制性状或理由,那么,我们关于神的观念的表达和关于天地万物的表达之间的差异则是:后者是受时间和空间限制的,而前者只通过时间受限制。两者都是必然的限制——在任何一种情况下我们都不能统觉那所有被我们感知的——但是,我们对现有事物的表达是必然地受限的,而我们对理想领域的表达则可以是完善的。不是因为我们能够把握所有我们所构想的必然真理,但是,当我们清楚明晰地知道一条必然真理的时候,我们就是完全懂得它的。莱布尼茨在《人类理智新论》中写道,真理存在于观念的关系中,譬如,一个包含在另一个之中。这些关系对于**神**、天使以及人类都是一样的。因此,"当**神**给我们展示一条真理的时候,我们就拥有它的知性中的这条真理,因为,虽然它的观念比我们的更为完善并无限广泛,但是,它们仍然与我们的观念具有同样的关系。"(NE Ⅳ,ⅴ,§2;RB 396)在《神正论》中,他解释道:"**神**的所有推理都是卓越的,它们就像既在**神**的知性中保有秩序,也在我们之中保有秩序。但是,对它而言,这只是一种秩序,一种自然的优先。而对我们来说,有一种时间的先在性。"(T 192)自然的秩序(对所有的理性存在物都是一样的)和发现的秩序(它是不一样的)之间的区别,强调了我们对必然真理认识的时间限制。(NE Ⅲ,ⅰ,§5;RB 276)即使这样,三段论总是正确的,(PD 27)而理性在行使自己的任务时也不会出错。(PD 64)**神**的知性中观念的联系和它们在有限心灵中的表达之间关系的描绘符合前面表达定义的阐述。我们的观念与**神**的观念不同,至少,因为我们在时间中经验了我们的观念,但是,表达的一个方面是完善的:**神**的观念的秩序与我们之中的秩序是刚好一样的。所以,我们能够得到同样多的"观念的不容置疑的关系和一贯正确的结果"。(PNG 5)

那么,那使对必然真理的关系成为一个表达而不是一个不差分毫的复制的,不是我们用来感知必然真理的确定性,而是我们带入统觉的那些真理的有限数量。我们的理性能力就像**神**的海洋中的一滴水,(PD 61)或者无限的**神**之光中的一束。(GP Ⅳ,480;AG 140)认识真理是需要时间的,因此,我们能认识什么往往决定于我们有多少时间。所以,我们不能先天地习得确定的相对真理,因为相对真理建立在**神**对可能世界的选择的基础之上。而这,有时建立在知道并平衡无限数量的因素的基础之上。这需要无限多的时间,因而是不可能完成的。莱布尼茨在关涉到我们对现有事物的解释时,给出了这一无限过程的另一个解释。他说,我们也许有一天会懂得是什么原因导致了彩虹,但是,我们又应该知道是什么原因支撑着这些原因,然后又要知道是什么原因支撑着这原因的原因,如此下去,跟着的是物质的无限可分性。(NE Ⅱ,xxiii,§12;RB 219)这种时间性的限制适用于所有生物:那我们需要费很大劲才能完成的事情,对于天使来说,或许只是举手之劳;但甚至他们也有发现新的真理的快乐。(NE Ⅳ,xvii,§16;RB 490)除了我们认识必然真理的时间性的限制,它们的一贯可靠性的条件似乎限制了它们的范围。对于必然真理来说,它们必须被归结为同一性,必须归结为不言说任何新东西的陈述。因而,虽然我们可以确切地知道必然真理,并对之进行普遍性的运用,但它们似乎限定了使用范围。在《人类理智新论》中,费拉勒(Phlalethe)提出了这种责难。泰奥菲勒则通过把同一性扩大到包括所有必然的证明来进行回答。(NE IV,ⅱ,§I;RB 361-67;NE IV,xvii,§4;RB 478-483)因此,几何的逻辑成为了一个从同一性引申出的更广泛逻辑的亚属。(NE IV,ⅱ,§12;RB 370-371)莱布尼茨相信,很多事物可以得到这样的证明。在《人类理智新论》中,他给出了一个列单:

"关于实体的性质,关于统一体和复合体,关于同一性和多样性,个体的构成,真空和原子的不可能性,结合的源泉,连续的法则和其他的自然法则;最为重要的是事物之间的和谐,灵魂的非物质性,灵魂与肉体的结合,人甚至动物死后灵魂的持存。"(NE IV,ⅲ,§18;RB 383)

最重要的逻辑真理是自然神论的奠基——**神**的存在和灵魂的不朽。这些真理似乎与 A = A 这样简单的命题远不相同,但是,它们怎么能从同一性中演绎出这一事实可以通过参照对必然真理的前面的讨论而得到理解。一些真理的必然性,是因为它的对立面是内在矛盾的;而另一些真理的必然性,则是因为它们的界定包含了共存性的确定条件。因此,如果简单的实体存在,它们只能被奇迹消灭,因为不可毁坏性存在于简单实体这一概念或简单实体的同一性之中的。

因此,关于理念,很多事物可以通过同一性得到证明。但是,这些关于理念的真理导致了进一步的问题。我们怎么把关于理念的真理与现实的事物相对照?因为现实事物的观念仅仅是**神**知性中的观念的一个小小的集合。因此,我们可以从一个真的观念中推演出必然的结果,仅仅是为了发现这一观念不是最好的可能世界的一部分。这就是说,这一观念可以与**神**知性中的一些事物相一致,但是并不与被创造世界的任何东西相一致。观念的使用必须建立在被创造世界事物之间的联系的基础之上。莱布尼茨列出了三个认识事实真理的方式:"我们有关于我们存在的直觉的知识,有关于**神**存在的推演的知识,也有关于其他事物的感性的知识。"(NE IV,ⅲ,§21;RB 387)只有第二种知识是从我们对必然真理的认识和我们对**神**的观念的表达中推演出来的。**神**是唯一的必然存在。这意味着,只有**神**的观念必然地蕴涵了它的存在。我们无需任何对现实事物的表达,就可以确切地知道**神**的存在。我们本可以期待莱布尼茨把**神**的存在——必然真理和事实真理之间的桥梁——作为一个阿基米德点,去证明其他的必然的、事实真理,但是,莱布尼茨没有这么做。从**神**必然存在的真理中,我们可以得出关于**神**的特征以及世界的某些一般性的事物,例如,它是最完善的可能性。这些一般真理可以指导我们对世界的知性,就像对最终原因的利用一样,但是,仅仅考虑**神**的特征,我们可以建立具体的事实真理。因而,必然真理的弱点——它们与现存的事物没有关联——只是在**神**存在这一事例中的理念领域被克服。所有其他现实事物的真理都需要求助于经验。

总而言之,我们关于**神**的观念的表达是完善的,因为,通过适当的分析,我们可以达到确定且普遍的真理,但是,它也可以说是不完善的,因为,我们只能通过时间才能把这些真理带进统觉之中。由于这种时间的限制,我们不能发现所有的必然真理,但是,必须遵循无限发展的发现顺序,而且我们不能发现那需要无限时间进行分析的先天的真理。我们表达**神**的知性的时间限制,给我们带来了两个问题:我们是把必然真理的哪一种无限性带进统觉的(对于一个具体的心灵来说,是什么决定了这一具体的发现过程)?我们怎样把从必然结论中抽出的观念与我们关于这一世界的具体经验相比较?对这两个问题的回答建立在世界万物的表达上。在这里,我们受时间限制的对必然真理的认识与我们受空间限制的对现实事物的认识是联系在一起的。对必然真理的使用受着文化的影响,理性总是现实化的。

相互的限制

甚至无需考察我们对**神**的观念的表达和被创造世界之间彼此的相互限制,我们看到它们必须这样。在我们的经验中,这两种知识是相互渗透的。莱布尼茨也只是从逻辑上而不是现象学地对之进行区分的。就像我们已经看到的,我们不能通过对它们的直接经验来区分看法(notions)和观念(ideas)。我们只是通过逻辑分析来区分它们。最大的疑惑来自莱布尼茨如下的解释——这两种如此不同的知识的源泉,是怎样完好的结合在我们的经验之中的?莱布尼茨没有现象学地回答这个问题,但是他确实对这两种表达的相互限制给出了一个清晰而具体的理由。这种限制是重要的,因为我们对天地万物的表达是视角性的,而对**神**的观念的表达则是普遍性的。如果这两种表达总是混合在一起,那么,我们对万象的表达将会更少多样,而我们对**神**的表达也将会更少一致。这种相互的限制允许莱布尼茨避开怀疑主义和天赋论两种极端,并使他走向了文化交流。

我们可以在莱布尼茨尝试区分意识和其他单子的时候看到,在这两种相互限制的表达中,我们对万象的表达对我们对**神**的表达的依赖更多。莱布尼茨多次把用意识和自由表达**神**以及用能力去知道自我、非物质的事物和必然真理等联系起来。在这些术语中,依赖的秩序是很难决定的,它们没有一个简单的统辖者。如果不为意识,至少为了自我认识之故,一些抽象的能力是必要的。要知道自我是一个独特的事物,我们必然从它的具体情形中进行抽象。为此,关于自我的知识有赖于记忆。(DM 34;AG 65-66)反过来,推理的能力本身又要求自我意识,就像我们要有意识地注意一些方法。即使我们没有意识到内在的观念,它们也作为一种一致性的本性构成了我们的行为和知觉。另一种描述对观念依赖的方式是,认为,作为万象的表达,我们只表达具体的事物。任何具体事物之外的进展都依赖我们对可能事物的表达。在这个意义上,我们的自我知识要求我们把自我看做超越了具体情形,或者看到这同样的自我是处在其他可能的情形中。同样,自由和创造的能力建立在能够考虑多重可能性的能力之上。我们能够看到我们对内在观念依赖程度——就我们目前所想到的,或者是自我意识,或者是做出选择,我们都依靠我们关于万象的直接经验,需要可能事物的领域和我们对神知性的表达。因为这一表达比我们关于空间性限制的万象的表达更具普遍性,思想本身就比纯粹的经验更具普遍性。思想要求那所有可能性中真实的东西,不管在世界的什么地方。因此,通过反思,我们与其他人共享同一个世界。这一点是具有重要意义的,因为通过科学和知识,我们越来越靠近一个共同的基础,不管从事什么思想都是向这一共同基础的靠近。对可能的事物和必然真理的依赖导致了不同文化之间的共同点,但是,在我们对天地万物现实化的表达中,我们对先天理念使用的依赖至少对于文化交流来说是具重要价值的。由于我们对万象的表达是受空间限制的,文化的局限就影响我们对必然真理的认识,就像我们对先天真理的认识是受我们对万象的表达限制的一样。存在和文化限制的深度给文化交流提供了需要,因此,对我们认识必然真理的文化局限越大,我们就越需要文化交流。这里,我将列出四种方式,在这些方式中,我们对先天真理的认识是受我们对万象的表达限制的。

我们对观念的表达对于我们对万物的表达的最熟知的依赖是思想对符号的依赖。莱布尼茨符号的概念及其使用是一个超越此书范围的复杂课题。① 所要讨论的是这种受限制的论点,即我们成功推理或使用必然真理的能力建立在我们可以获得的符号系统的基础上。不同的文化有不同的符号系统,所以我们可以通过文化交流来推进我们的符号系统——和我们对先天理念的认识。这种应用被莱布尼茨的行动所证实。因为在文化交流中,他所关注的一个重要对象,尤其是与中国的文化交流,牵涉到了语言,以及他创造哲学语言的努力。莱布尼茨清楚地表明,我们推理的能力是受我们可用符号系统的有限性所限制的,但

---

① 我这里所仰仗的一个对莱布尼茨及其符号的使用的优秀的研究是马塞洛·达斯卡尔(Marcelo Dascal)的《莱布尼茨的符号学》(*La Sémiologie de Leibniz*)(巴黎:Aubier Montaigne,1978)。

是,那最能证明这一点的,是驱使莱布尼茨去发现适当符号的兴趣,尤其是在他对"通用字符"价值的反复的宣称。他把这定义为"通过一种确切的演算使用符号的艺术"。(GP Ⅶ,205;Dascal 182)我将举出一个例子,在这里,莱布尼茨寻找一种新的象征几何数字的系统。这里,问题的细节无关紧要,重要的是他怎样描绘这一象征系统的需要。他写道:"无疑,为什么单线性的分析到现在还没有修正的原因是这样的,即没有直接代表它们自身的**符号**被发现。因为没有这些符号,是很难在众多而混乱的事物中清理自身的。"(GM Ⅴ,141-68;Dascal 170)他继续说,这种象征的方法将允许光学、运动学、机械学以及其他建立在想象力基础之上的学科问题得以确实可靠的解决。而且使新的机器的创造变得更为容易。他总结道:"最后,只有当我们能够,通过一种确定的艺术,安全而又快捷地从数据中引出东西来,所有其他的东西只有通过他们智慧和想象的力量从同样的数据中抽象出来,我们才有穿透自然秘密的希望。"(GM Ⅴ,141-68;Dascal 171)这里,莱布尼茨的宣称比起那他为其他的特征的宣称要温和一些,但是,考虑到几何学和一般地穿透自然的秘密,我们被限制的进步直接导源于适当符号系统的缺乏。尤其是,在没有适当符号的推理中,我们必须立即想到很多事情,因而,我们的进步是受限制的,我们必须依赖"智慧和想象力"。符号将在所有研究领域帮助我们,也包括数学。数学是属于必然真理的领域。

符号能促进推理,这是很明显的,但是,推理对符号的依赖程度则是很难确定的。有时,莱布尼茨强调,所有的思维过程都建立在符号的基础之上。在《人类理智新论》中,他写道:"我确信,人的意识和心灵从不缺乏相应的器官和感觉,因为没有符号它们就不能思维。"(NE Ⅱ,xxi,§73;RB 212)在一篇早期的论文中,他写道:"所有的人类推理都是通过确定的符号或文字进行的。实际上,事物自身或它们的理念总是被心理意识清楚地注意到是不可能的,也是不需要的。"(GP Ⅶ,204;Dascal181)虽然,在其他的时候,莱布尼茨说大多数的——而不是全部的——思维过程需要符号。例如,在"论形而上学"中,莱布尼茨写道,直觉、非符号性知识是"极其罕见的"。(DM 24;AG 56;cf. GP

Ⅳ,423-424；AG 25)在《人类理智新论》中,他说,我们常常用符号或文字思考像神、美德和幸福之类的事物,但是,这里推理的方法是不好的,因为它不能清楚而有效率地思考它们。相反,我们必须通过"清楚地理解这些词语或符号的意义"(NE Ⅱ,xxi,§35；RB 187)才能使这些理念更加生动。这种矛盾反映了莱布尼茨本身对这些符号角色的不确定性,但是,它同样反映了对符号的需要的观念有两个不同源泉。

莱布尼茨说所有的思维都需要符号的一个理由是心灵和身体之间的前定和谐。这一和谐要求心理上的任何变化都有与之相应的身体上的变化。换言之,任何心理上的变化都在身体上有自己的表达,正如任何身体上的变化都有在心灵中的表达。在《人类理智新论》中的一段中,泰奥菲勒承认我们对经验的依赖。他说:"我们不能有抽象的思想,除非它们与感性事物有关系,即使这些感性事物仅仅是诸如字母的形状或声音等符号。这是自然巧妙的安排。"(NE Ⅰ,i,§5；RB 77)他给出的理由是,没有如此的"感性痕迹",心灵和身体之间的前定和谐将是相互违背的。在一封给拜尔(Bayle)的信中,莱布尼茨说,任何心理变化都伴随有相应的身体上的变化。然后,他接着说,"由于那把它们表征给想象力的符号,这甚至适应于最抽象的推理。"(GP Ⅳ,559；L 577)然而,这一推理带来了一个直接的问题。是否身体中的符号变化一定程度地代表了理念,或者,是否这身体的变化仅仅是大脑的一种状态的变化？或者说,树的理念的符号是树的单词"树(t-r-e-e)"的表象,还是当我们想到一棵树时我们大脑中某种特别的电火花？在这两段中,莱布尼茨为前者得出了结论,但是它本身的前定和谐无需这一结论。每一个思想都有一个身体状态的变化是一个更加合理的观点。尽管如此,莱布尼茨还是从前定和谐转移到了思想中对符号的需要。从这种论说中可以得出两点。第一,莱布尼茨强调了所有心理活动都有符号伴随。第二,莱布尼茨说,所有的思想伴随着符号,但不是所有的思想都依赖符号。他不仅没有清楚地说,我们对理念的使用依赖这些想象物,而且他对前定和谐的强调也揭示出,即使它们相一致,它们还是独立的。

莱布尼茨为思想对符号的依赖性进行辩护的另一理由直接来自人

的知识的有限性。在这里,思想过程不仅伴有符号,而且建立在它们之上。一方面,我们很少能彻底掌握理念,因为大多数理念都有太多的组成部分。另一方面,我们在一个时刻中也只能掌控一个小的推理的序列,因而,我们不能追问复杂的序列。在这两种情况下,我们的知识都是符号性的,即依赖于符号。这些符号不一定是有确定形式的逻辑,但却深入到了语词和思想本身的深处。我们可以在莱布尼茨"对知识、真理和理念的沉思"的论文中对直觉和盲目或符号性知识之间做出区别时看到这种联系。当我们把概念分析到它的组成部分的时候,我们有直觉知识,而且我们能立即把握这些部分。所有其他知识都是符号性的。当我们看到莱布尼茨用这些部分意指着什么的时候,我们对符号的依赖程度就变得清楚了。莱布尼茨使用了我们关于"chiliagon"(正千边形)的思想的例子:

"当我们想到一个'chiliagon',即具有一千个相等的边的多边形的时候,我不总是想到边或相等或一千倍(即十的立方)等性质,但在我的心中,我使用了这些词语(对心理而言,它们的意思显得仅仅是模糊的和不完善的)代替了我们关于事物的观念,因为我记得我知道这些词语的意思,我认为,这时解释是没有必要的。"(GP Ⅳ,423;AG 25)

"chiliagon"概念的组成部分不只是边、相等和一千倍,还有每一个这个概念的组成,这些组成部分的组成,如此等等,直到这些概念都归结为简单的观念。为了使正千边形的知识不是象征性的,我们需要在一个时刻里简约所有的部分并完成自己的分析。如果我们总是不得不花时间把我们的观念简约成最简单的组成部分,我们的思想恐怕很难有什么进展。因此,任何思维过程都建立在对象征符号的正确使用上。即使我们有闲暇,我们也不可能分析大多数概念并立即把握这全部的分析。大多数概念是太复杂了。因此,在很多的情况下,直觉知识不仅是不方便的,而且是不可能的。

等千边形的例子揭示出我们依赖的是怎样一种象征符号——在这里,符号是语词。问题不仅仅是我们用语词思维,而且是在这些情况下我们只用语词思维。当我们想到等千边形的一个"边"而没有考虑到它的组成部分时,我们只有语词,而没有一个伴随它的理念。莱布尼茨自己建立了这种对理念的联系后,继续说:"在这里,我们已经可以看到,我们甚至没有想到我们清楚知道的事物的理念,除了我们使用直觉思维。"(GP IV,424;AG 25)在前面,我们注意到,莱布尼茨在有某物的一个理念和只有某物的一个看法或概念之间做出了一个区分。现在,看起来像是,概念是建立在语词基础之上的符号。在经验中,有某物的一个概念和有某物的一个理念之间是没有什么不同的。这就是为什么莱布尼茨在同一段中会这样说:我们常常会认为我们有关于某物的理念,而其实是我们没有。与此相联系,在用符号思考和用理念思考之间也没有直接的经验性的区别——一个奇怪的结论。我们的概念是象征性的符号这一事实强调了我们对符号依赖的程度,而且,如果这些概念是语词,我们对符号的依赖就是我们对我们在宇宙万物中的位置以及我们对宇宙万物的表达的依赖。词语是语言的部分,语言是文化的部分,如果我们对必然真理的使用受制于词语,它也同时受制于文化。

  在他关于发现好的符号系统的论文中,莱布尼茨把这种对适当符号系统的依赖表述得很清楚。虽然,这些早期的文章不应该被看做关于知识性质的确定观点,因为莱布尼茨态度的细节常常变化,但是它们可以被看做是我们对符号依赖的例子。例如,在一篇写于1671年到1672年的论文中,莱布尼茨给出了一个作为使用界定的知识的阐述。他把界定置于符号的范围。界定是"词语的解释"。(A VI,2,479;Dascal 147)在一节笔记中,它写道:"界定是一种表征的理念。"(A VI,2,479;Dascal 154)说到必然真理,他写道:"所有这些【必然】命题都是这样的,它们服从一个唯一的前提和独特的阐明,譬如来自界定的阐明",因而停留于符号的层次。(A VI,2,479;Dascal 147)我们怎么能从我们知道的词语的界定中得到一些新的知识呢?莱布尼茨的回答是,我们学习那我们已经想过的事物,但是想得不清晰或没有反思。我们也学习怎样对符号进行归类和使用。如此,他写道:"当我们学习二乘二等于四的时候,我们是否学习了比数字名称更多的东西?它们在后来的说话和计算中是更加经济的。"然后,他把他例子的范围扩展到包括所有长度的推理链条,然后把这种思想称做"盲目"。(A VI,2,481;Dascal 149)这一例子重要的地方是,因为几乎所有我们的思想和推理过程都是符号性的,并且是以词语或看法(notions)的形式进行,很好地思想就依赖于很好地使用符号。在这里,相关的符号是词语,因此,很好地思想就建立在给出或使用界定的基础之上。就此,莱布尼茨总结说:"因此,我们可以观察到,那些已经发展了经常地使用适当词语艺术的人,常常也是理性的,即,更精确地整理他的思想。"(A VI,2,481;Dascal 149)这样的结论自然导致出对其他语言的学习,而莱布尼茨就是服从了这种引导。在这一部分,我们是通过注意到,在建立莱布尼茨的哲学和他的多元主义之间联系时的挑战是揭示他是怎样避免笛卡儿和斯宾诺莎的态度的,——那种允许充足的自我反思建立在先天观念的基础之上的态度。现在,我们可以看到,虽然所有的知识都包含在每一个单子中作为一个先天的观念体,但是我们对这些先天观念的认识是借助于经验的,——在这里,是通过词语和语言,因而是通过文化。

我们关于天地万物的表达限制我们关于先天观念的表达的第二种方法涉及了我们怎么具体地拥有某一个特定的思想。我们已经看到,我们的有限意味着我们只能把混乱地存在于我们之中的有限的必然真理带入统觉中。我们关于必然真理的知识因而服从一个发现的秩序。什么决定了这个秩序?莱布尼茨区分了理念的自然秩序和我们发现它们的秩序。这一发现的秩序依靠我们的努力和我们发现自我的环境,而这一环境决定于我们在世界中的物理位置。(NE Ⅲ,I,§5;RB 276)有先天的观念和具体把这一理念带入统觉之中之间的区别于莱布尼茨对先天观念的辩护是关键性的,因为它允许经验在其中的重要地位。因此,泰奥菲勒说,如果观念意味着理念,则所有人都有神的观念,"但是如果'观念'表明着一个关涉到具体思想的理念,那么它就是一个事实命题,属于人类的自然史。"(NE Ⅳ,ⅷ,§4;RB 430)这种对"人类自然史"的依赖也可以叫做对文化的依赖。当费拉勒(Philalethe)论辩道:最单纯的人将有对先天真理的最深刻的认识,因为他们是最不受文化影响的人。泰奥菲勒回应说,先天观念的统觉需要限制。(NE I,i,§27;RB 87-88)莱布尼茨通过从《美诺》(*Meno*)中引用了苏格拉底通过数学证明来激励一个男孩提供了一个很好的例子。(DM

26;AG 58;cf. NE I,i,§5;RB 77)在这个故事中,这个男孩与必然真理的关系没有受文化的限制,但是他对苏格拉底的关系则是受限制的。站在一个明显的几何学派的立场来表达万物,将会更易于得到三角形的必然真理。在发现自然神学提出的真理时,这一辅助的揭示给出了另一个具体环境影响必然真理发现的例子。在一个有着讨论一神教的书籍的文化中,一个人可能会更易于想到这些关于**神**的存在与性质的必然真理。根据这种影响,不同的文化将有不同的必然真理的存在体。

对于任何思想来说,这种限制在我们对经验的依赖中有一个深刻的根源。莱布尼茨通过求助于经验主义回答了费拉勒(Philalethe)上面的反驳——先天观念应当被最少受教育者最好地把握。他说:"感觉给我们提供反思的材料:如果我们不想到一些东西,即那些感觉提供的具体的事实,我们甚至不能想到思想本身。"(NE Ⅱ,xxi,§73;RB 212)①他得出结论说,被创造的意识从不缺乏身体,因为没有身体,它们将没有经验从而就不能发现必然真理。不仅我们需要一般的经验去思维一般的必然真理,我们还依赖一些——不是全部——具体的经验去思维具体的必然真理。这种依赖导致了真理自身的秩序和我们发现真理的秩序之间的分裂,因而导致了文化对我们认识必然真理的影响。

我们对宇宙万物的表达对我们对先天观念的表达的第三种影响是与发现秩序联系在一起的。然而,在这里,身体的影响是负面的。我们对现存事物领域的参与经常岔开我们对必然真理的沉思。一方面,为了维持我们的身体,我们不得不把注意力集中在现实的事务上。另一方面,我们又被混乱的、限制我们注意的感觉所影响。在《神正论》中,莱布尼茨写到了从理智到感觉是漫长的。他说:"除了知性的判断——对此我们有清楚的知识,还有混合而混乱的感知的感觉,这些导致激情,甚至觉察不出的倾向性,对此我们不是总是能够意识到【apercevons】。这种运动常常阻碍实践知性的判断。"(T 310;H 314)我们那作为万物之反映的无意识的知觉限制了我们使用必然真理的能力。当莱布尼茨写到"孩子和野蛮人"的时候,他用不同的方法提出了

---

① 其他的例子参见,RB 74,RB 87,RB 128。

这种限制。他说:"先天的公理仅仅通过一个人给予它们的注意而显现出来,但是,那些人几乎无暇顾及它们,或把他们的注意力引向完全不同的东西。他们很少想到除身体需要之外的其他东西。那纯粹而非功利的思想应当被给予更为高贵的关注。"(NE I, I, §27; RB 87)我们具体的生活环境影响我们对必然真理的认识与追随。尤其是,摆脱感官的实践自由提升了我们认识和关注必然真理的能力。这揭示了我们的身体对我们认识必然真理的影响。莱布尼茨的例子把这种影响与文化联系起来了——野蛮人和欧洲人并不是在本性上有什么不同,其不同来自于被他们在宇宙中的位置决定的文化。用另一句话说,如果我们生于一个"野蛮"文化,那么我们在必然真理方面能有进展的机会是很有限的。因为,在那里,我们的注意力必然朝向那维持我们身体的东西。任何一种鼓励独立于欲望的自由的文化都将趋向于更好地把握必然真理,而一种增加欲望的消费文化则将较少的把握之。这一点不是无关紧要的,因为一个莱布尼茨关于中国的核心主张是"中国在实践道德方面超越了欧洲",因此,从某一方面看,欧洲人与中国人相比更像"野蛮人"。莱布尼茨对中国道德的赞许将引导我们承认他们(中国人)有对必然真理的更为清楚地认识。

就像对其他的事情一样,这种关于必然真理的认识的具体影响在莱布尼茨的形而上学中有着深刻的根源。在讨论我们对经验的依赖时,莱布尼茨说,所有被创造的心灵都需要一个身体。这是为了使之能拥有经验。我们的身体就是当做此用的。虽然,更为经常的是,身体是一个不完善的符号。身体限制了我们对必然真理的认识,因为有我们混乱的感知的影响和我们对实际事物的关心。莱布尼茨经常把不完善、有限性、被动性和被创造性与身体化联系多起来,但是,确定它在一个等级体系中的位置却是很难的。空间和身体的可疑的本体论身份进一步使这些关系复杂化。有时,莱布尼茨宣称,我们对必然真理的认识必然与具体化相联系。例如,在《神正论》中,他写道:"如果没有非理智的事物,理智的生物将怎么做?如果既没有运动,也没有物质和感觉,它们又想些什么?如果只有那单独的思想,它将是**神**,它的智慧将是无限的。"(T 124; H 198; cf. M 60; AG 220-21)这里,它指出了我们对经验的依赖和我们被经验分散注意两者都必然源自于我们的不完善。另外,它还宣称,没有身体,我们对必然真理的认识将是无限的,就像**神**的一样。如果我们,像**神**一样没有身体,那么,身体化的作用将比它表面上看来的样子深刻得多。似乎是这样的,在它本身,我们对**神**的表达不是质上有限的而是量上有限的。这就是说,我们可以完善地认识必然真理,但只是有限数量的。我们所能认识的那种数量决定于我们通过在认识必然真理时的一个具体发现序列和我们身体的干涉确定我们在宇宙中的物理位置。现在,似乎是量的限制本身是在我们有一个身体而且我们是被置于宇宙之中的这一事实上表现出来的。没有身体和我们对宇宙万物的表达,我们将不再表达**神**知性的理念,我们将简单地"具有"它们。

总之,我们对**神的**理念的表达其本身是不受文化限制和影响的。不管你是哪里人,三角形的性质都是一样的。而且你生活的地方并不完全决定你能认识什么理念,因为这些理念不是直接从经验中抽引出来的。不像冰的理念,我们无需特别的经验来得到三角形的理念。因此,我们对**神**的观念的表达似乎消解了比较哲学的重要性。然而,我们已经看到,由于它依赖符号、依赖发现的秩序、以及它与具体的存在相对立,我们对理念的表达是受我们对宇宙万物的表达所限制的,而这种表达又受限于文化。现在我们可以看到人的意识和**神**(的意识)之间的复杂关系了。在它们持有的可能的理念以及这些理念之间的内在关系两方面,人的意识都是**神**(的意识)的影像。尽管如此,推理经验明显是属人的,因为我们总是在一个具体的对万物经验的具体化过程中表达着**神**的理念的。人类推理的经验是身体性的、时间性的、文化性的,不像**神**心中的理性。① 就像我们已经看到的,莱布尼茨至少像其他任何近代哲学家一样坚持先天理念和世界的经验之间的区别,但却是

---

① 人的和神的知识之间的不同消解了一些赞成那与**神**对真理的直接的把握所塑造的人类对真理的直觉地把握的观点。(参阅马丁·海德格尔(Martin Heidegger)《逻辑的形而上学基础》,迈克尔·海姆(Michael Heim)译,【布卢明顿:印第安纳大学出版社,1984年】,第57—68页)它也复杂化了在被创造的世界中作为善的理性的观点,因为,什么是"快乐理性"似乎仅仅适应于人力的理性的经验。(参阅卢瑟福(Rutherford):《理性的秩序》)

在极其不同的本体论中。因此,虽然它们从截然不同的来源"进入"一个单子,但这一部分已经揭示它们通过一个途径——有意识的经验进入到我们的统觉。先天理念在我们习得的符号的指导下,通过一个具体的发现秩序进入我们的注意,对抗着我们日常的身体需要。同样,对宇宙万物的知觉作为由必然真理和可能性的意识构成的东西而进入我们的注意中。根据我们经验的性质,这种先天理念和对世界的知觉的同时地、相互依赖地出现应该是明显的,但是,它却很少受到笛卡儿和斯宾诺莎的注意。对莱布尼茨来说,这一过程之所以变得更加中心,部分是因为意识把宇宙万物的(知觉)和先天观念包括在它之中,使它们更加难以分离。莱布尼茨在经验论和某种唯理论之间居于中间的位置。这种中间位置允许他坚持一些真理的必然性而同时又赞成交流。这种交流就是研究这个中间位置在其他观点中怎样出现的。这种对交流的赞成引导了他更严肃地去考虑哲学史并转向了中国。

感性知识

我们已经看到,莱布尼茨区分了三种不同的关于存在事物的知识:**神**存在的逻辑论证的知识,关于我们自身存在的直觉知识和关于其他事物的感性知识。(NE Ⅳ, ⅲ, §21;RB 387)初一瞥之,似乎是,第一种知识来自对**神**的知性的表达,第二种知识来自我们对宇宙万物的表达,第三种知识来自前两者的混合。事实上,就像我们已经看到的,每一种知识都建立在两种表达的混合的基础之上。即使是**神**存在的本体论的证明也是建立在我们对语言和符号的使用的基础之上的。此外,我们怎么碰巧有这种证明?一些经验引导着我们走向了它,而这种经验建立在我们关于宇宙万物表达的基础上。我们或许在一本书的什么地方读到了它。而如果我们生活在一种不同的文化或者在"野蛮人"中,我们可能看不到这样的书。自我的直觉知识,表面上看好像是建立在纯粹的经验之上的,但实际也同样建立在两种表达的混合的基础之上。莱布尼茨特别强调,自我意识依赖于我们对宇宙万物和**神**的表达的事实。所以,所有三种知识都混合了两种表达,但是,那第三种,来自感官的知识,更为清楚地依赖于两者。在来自感官的知识中,经验的实例与可能的知识混合从而给出了那存在的事物的系统知识。对最直接细节的知觉(我们仅仅表达宇宙万物的)和可能性的纯粹知识(我们仅仅表达**神**的)联系在一起,成为一种从特殊实例之中但却延伸到了其他可能的情形的普遍知识。这种混合物允许我们在存在的事物之间抽出必然的联系。

我们可以把这一过程当做我们对宇宙万物的具体经验限制我们对必然真理和先天观念的第四种方式。前三种限制影响我们对所有必然真理的认识,甚至先天观念的理论运用,就像在数学中一样,但是我们对宇宙万物的表达限制我们先天观念的最为重要的方式在于使得必然真理与现实的事物关联起来。在处理存在的事物时,我们很少有清楚明晰的知识或因果知识;我们依赖经验教给我们事物之间的关系。莱布尼茨写道:"事实命题,例如经验,诸如鸦片是有麻醉性的。可以使我们比那从来也不能超越的理性真理知道得更多。"(NE Ⅳ,ⅷ,§4;RB 430)然而,甚至当我们能够得出必然结论时,在正确应用上仍是有条件的。例如,一个简单的实体不能被自然地毁灭,因为不可毁灭性是简单实体的必然属性。换句话说,"简单实体是不可毁灭的"这一命题是同一性的,或可以归结为一个同一体。然而,这种真理与现存的事物仍相去甚远,因为有没有简单实体,是一个完全不同的问题。当运用于经验的时候,所有的必然真理都是条件性的:"对于永恒真理而言,它必须被懂得的是,从根本上讲,它们都是条件性的;在效果上,它们说:如此如此地产生,情况是如此如此。"(NE Ⅳ,xi,§13;RB 446)他给出了一个例子:"每一个三角形有三个角"这一条必然真理,它实际上只是说,如果存在一个具有三条边的图形,那么这个图形也有三个角。(NE Ⅳ,xi,§13;RB 446-447)在几何学中,这一条件是无关的——是否一个完善的三角形存在是无关的——但是在大多数情况下,这一条件是关键的。必然和普遍真理的应用要求沟通先天观念和现实事物之间的联系。只有一个事实真理能通过我们单独对**神**的表达建立起来——**神**的存在。所有其他的事实真理都是与经验联系起来的,而我们对必然真理接受的普遍性强度却因我们对现实事物认识的视角而弱化。例如，如果我知道 B 必然地包含在 A 中，那么我就知道，如果某物是 A，那么 B 对它来说必然是真的。这里，显而易见的问题是，我们怎么知道我们之前的这一事物是 A？B 是必然地属于这一事物建立在这一事物是 A 这一事实真理之上。这种真理只能通过对宇宙万物的视角或文化经验的方式得到。

不像必然真理的知识和经验的直接知识，关于现实事物的真理既不是确定的也不是普遍的："甚至没有一个严格的描述去证明，我们感官提供给我们的感觉或简单理念的客体是在我们之外。"（NE Ⅲ，ⅳ，§2；RB 296）这并不意味着，关于现实世界的真理是任意的或这里根本就没有真理，但它们仍是暂时性的。莱布尼茨强调可误论，但是，他也强调——尤其是针对洛克——感官带来真的知识。（NE Ⅰ，ⅱ，§9；RB 94）任何经验都有一些作为宇宙万物秩序表达的真理。在《人类理智新论》中，莱布尼茨在论述次级品质的时候提出了这种观点。我们不应当把疼或色彩的感觉看成是任意的，没有与它们源泉的内在联系，因为"用一种不规则或非理性的式样行动不是**神**的方式"。（NE Ⅱ，ⅷ，§13；RB 131）作为表达，次级的品质有与它们原因的确定的联系，因而，在这些品质中的秩序或关系在现实事物的秩序或关系中或在它们之间有一个依据。尽管在蓝色和非物质单子的蓝色表达之间有显著地不同，这种关系仍保持着。

在确立外在于我们的事物的存在时，莱布尼茨与笛卡儿和洛克不同。笛卡儿把**神**作为存在保证。洛克依靠某一感觉的直接性或强度作为存在的保证。（Ⅳ，ⅱ，1-7）对莱布尼茨来说，只有系统的联系或现象的秩序确立外在事物的存在。这种方法来自于表达的定义，因为作为表达的现象的真理不在于他们的品质而在于他们表达的关系。他描述了这一过程：

"我相信，关于感觉的客体，真的标准是现象的集结，即那在不同的时间和地点以及在不同人的经验之间的连结。人本身是另一个人的现象——关于这个问题，作为现象的人是非常重要的。保证我们之外的感性事物作为事实真理的现象连接是通过理性真理来证明的，正如视觉现象通过几何学得到解释一样。"（NE Ⅳ，ⅱ，§14；RB 374-375）

现象的连接必须在所有的时候都当做一个连接的整体。一个梦也许具有内在连贯性,但是使我们意识到它们是梦的是,当我们醒来时,我们意识到一个更为整体性的我们怎么进入睡眠的连贯的经过。(A VI,2,276;L 114)当写到来自感官的知识时,莱布尼茨重复了这三种因素:现象整体的关系,其他人们的证据和必然真理的使用。这些因素不仅适用于确立一个一般意义上的世界的存在,也适用于具体事物的确定。它们适用于任何一种真的存在和事物的真的品质是什么的尝试。增强我们判定什么东西存在的能力的方法也是增加我们关于现象的知识的方法,而最容易的增加我们关于现象的知识的是第二手的经验。现实事物的知识是一个公共的项目,它很大程度得益于交流。所以,建立知识追求者的联盟是莱布尼茨的生活和工作的一个中心任务之一。

当莱布尼茨说现象的连接必须被理性真理所证实的时候,他意指着什么?他已经把先天理念描述成思想的肌肉和肌腱或凝合剂。从感觉中提取意义依赖先天观念和理性真理,但是在这里,莱布尼茨意指一个更强的关系。他经常把经验关系与因果知识相比较。一个动物可以记住一个事件常常跟在另一个事件之后,就像一个猫跟着一个开瓶者的声音一样。按照莱布尼茨的观点,人类常常只在经验知识的层面上行动。然而,科学或因果知识依赖我们知道一个事件必须跟随另一个事件。(T 59)因此,一个依赖经验的人知道黄金在一定的溶液中是不会溶解的,而一个科学家则将知道,给出了黄金和溶液的属性,则(黄金)不可能溶解。因为它是需要必然的关联的,因果知识从来也不能从经验的实例中抽引出来,它依赖于理性。莱布尼茨描述这一过程的一种方法是通过描述一个作为连接观察经验正式方法的理性。莱布尼茨在《神正论》中给出了这种观点的理由。他写道:"理性,因为它存在于真理的连接之中,也被用于连接用经验提供的东西,其结果是得出一个混合的结论。"(PD I;H 73)理性是连接真理的一种方法,这些真理能够来自感官或反思。在附录中,从感觉到知识的变化被解释为理性真理和直接或原初的感觉真理的结合。(TH 409-410,404-405)在《人类理智新论》中,莱布尼茨给出了这些混合真理的一些例子,例如,"甜不是苦"的命题,它包含了与来自感觉的直接事实相矛盾的原则。(NE

I,I，§18；RB 82-83）一个更为复杂的例子是"我们应当追求快乐而避免痛苦"的命题。这一命题是先天的，但是它是通过直接（经验）而不是通过理性而被知道的。莱布尼茨写道："虽然，根据这条原则，一个人可以从它得出科学的结论，而我也非常赞成您所说的，先生，道德作为一种逻辑科学。"（NE I，ii，§I；RB 89）即使这种原则来自感官，被含混地知道，甚至他的成分，诸如快乐和难过，只能被含混地知道，理性也可以利用它形成逻辑科学。

虽然，把理性描述为理念之间的连接是一种误导。一个真命题总是可以转译成谓词包含在主词之中，因此，命题与理念包含的意义相关。知道关于事件的必然真理，因而，要求我们掌握相关的理念。这个关系再一次提出我们把关于理念的必然真理应用于现实事物的困难。莱布尼茨在《人类理智新论》中表明了这一步骤："真理的本质依赖于理念的本质（在它们清楚地形成的时候）。因此，如果一个真理依赖感官的理念，那么它自身至少必有一点依赖于感官。"（NE I,I，§Ⅱ；RB 81）我们是怎样从感觉进入理念的？首先，因为感觉根植于现实的事物，就像颜色和暖度等品质是根源于事物的属性一样。为了转移至理念，我们临时使感官现象与一般的理念或一种类（species）的理念相一致。在《人类理智新论》中，莱布尼茨解释了这种种类的使用。费拉勒（Philalethe）宣称，类很少有现实性，也与事物内在真实的构造无关。（NE Ⅲ，iv，§13；RB 308）费拉勒是从部分的让步开始的。他首先承认，没有两个事物是完全一致的并因此不属于同一个最低的种类。由于这一原因，我们没有区分物理种类的严格的标准。另外，虽然所有现象都根置于现实，有时碰巧两种具有不同内在结构的事物外表看起来会一样。然而，它们的联系仍将有一定的现实性，因为它们外表的相似性是有一定的原因的。他得出这样的结论："那么，可以说，我们如实区分或比较的任何东西，也是在自然的条件下区分的或相似的，虽然自然有我们所不知道的和比我们（知道的）更好的区分或比较。"（NE Ⅲ，vi，§13；RB 309）可能，事实上必然是，我们没有尽可能地在种类的类与种之间做出区分，但是，我们所做的区分代表着事物的性质。我们必须小心而且愿意校正我们的范畴。莱布尼茨总结说：

"如果我们认为它们于实际的身体的运用是暂时性的,而且让它们根据已经或将有更多发现的实现的经验修改,而且当对一般意义上的名称指代什么的详细的要点出现,我们求助于专家,那么我们将不会做错任何事情。因此,虽然自然可以提供更完善和更方便的理念,但它也不会把谎言给予任何我们已有的、健全而本原的理念,即使它们也许不是最健全和最本原的。"(NE Ⅲ,ⅵ,§30;RB 322-323)

因为来自我们感觉的信息表达着事物的性质,我们可以暂时性地把理念和我们的经验相对比。用这种方法,我们知道了事件之间的必然联系,我们可以预测未来。莱布尼茨使用了黄金的例子。(NE Ⅳ,ⅵ,§4;RB 400)我们可以确切地知道关于黄金的很多事情,例如,具有最好的延展性的、是最重的,因为所有这些属性必然在黄金的本质中有某种根据。具有这样一些属性的东西在某天可能被发现,然而它却将与黄金不同。如果是这样,那么,现在用于黄金的标准将会成为一个属,而不是最低的种类,但它将仍是金的本质的一个真的表达。

如果只是在一般的水平上进行描述,莱布尼茨的这种叙述方法就仍是含糊的。让我给出一个具体的例子来说明在他心中的过程。我经过一棵树,想到一个作为实体的树的理念。当我检查我的理念时,我发现这一作为实体的理念包含不可分性,而这又包括空间中的非存在性。通过这种反思,我意识到,我现有的树的理念包含着一个矛盾,因而根本不是一个理念。同时,我也许意识到,因为树有一种统一性,而统一性必然根源于一个实体,所以,树必然是一个非物质性的简单实体即单子的一个表达。现在让我们说,我研究这棵树,决定它的一些性质,例如,它依赖光合作用,因而,它要生存必须有光。那么,依赖光则是这一理念的一个必须的部分。从这一理念,我们可以得出这样的结论:如果剥夺一棵树的光,最后它将会死去。这种因果知识与仅仅建立在经验观察之上的知识是不同的。现在,想象一下,我得知一些树确实可以不需要任何光而生存着。那么,现在的过程意味着什么?它并不必然意味着,我现有的关于树的理念不是一个真的理念,因为,不像作为实体本身的树的理念,我需要光的树的理念可能不是自相矛盾的。这一发现意味着,我从它得出必然结论的树的理念事实上不是与我所经验的那些叫做树的事物相一致的。我将不得不决定一个新的可以与现象更好地相符合的理念。例如，我可能想到一个光合作用不是它唯一生命手段的树的理念。我可以从这种理念中得出一个新的关系，但是，这些关系将总是暂时的，依赖着这一理念怎样地与现象相符合。

对于物理科学，莱布尼茨给予了比洛克更为积极的奠基，但是，几个限制仍然存在。① 我们已经看到了两个。第一个限制是把我们的理念与现实事物进行对照的困难。第二个限制是，我们的一般理念和具体事物的理念之间的鸿沟。任何具体事物的理念都包含全部的宇宙，是无限的，是我们无法认识的。来自感觉的理念可以是无限可分析的，这意味着我们关于感性事物的理念总是可以变得更清楚。莱布尼茨说，这种分析在分析彩虹和棱柱体的时候已经提出来过了，为自然科学提供了一个硕果累累的开始。(NE Ⅳ, iii, §16; RB 382-383) 尽管如此，分析可能永远没有尽头："如果我们的眼睛更好地被装备，或者更有穿透性，以至于一些颜色和品质从我们的视野里消失了，其他的东西将会出现在我们的视野中。我们需要更进一步增加我们的敏锐性才能让这些品质等再一次消失。因为物质实际上是无限可分的，所以这一过程将永无止境。"(NE Ⅱ, xxiii, §12; RB 219) 当我们把理念运用于事物，我们用受限制的、抽象的、单面性的理念取代了具体事物的无限复杂的理念。可以说，我们关于世界的知识总是植根于可能性之中的，而世界本身却是由确切的事物组成的。②

这些限制意味着，我们关于宇宙的知识从来就不能够掌握宇宙的全部秩序。莱布尼茨把我们能够达到的知识的水平叫做"自然的"。我们可以决定宇宙的一般或自然法则，但是我们不能决定那决定未来的确切法则。在"论形而上学"中，莱布尼茨把自然法则叫做神的"习

---

① 莱布尼茨关于科学的力量和限制一个很好的观点，见赫伯特·布内格(Herbert Breger)"莱布尼茨的机器和灵魂的自然科学模式"(Maschine und Seele als Paradigmen der Naturphilsophie bei Leibniz)"在《莱布尼茨关于时间与逻辑》(In Zeit und Logik bei Leibniz)中。卡尔·弗里德里希·冯·魏茨泽克(Carl Friedrich von Weizsacker)和恩诺·鲁道夫(Enno Rudolph)(斯图加特：克利特—科塔(Klett-Cotta), 1989)。

② 参阅布内格："莱布尼茨的机器和灵魂"，第81—82页。

惯",以与**神**的具体决定相对立。(DM 7;AG 40)对于自我,他写道,我们能从我们的"性质"中区分我们表达整个宇宙的本质。这"性质"是有限的,以一种特别亲近的方式属于我们,并"依赖生物能够懂得的较为具体的原理。"(DM 16;AG 48-49)**神**创造的任何事物都是有秩序的。在这个意义上,我们说,没有奇迹。然而,我们可以区分**神**常常遵循的公理和那些我们不能预见、显得不规则的东西。我们把前者叫做自然的法则,而把后者叫做奇迹。

按照确定性、必然性或完全性的秩序,自然物在后面出现,但它是我们知识的主体。虽然自然知识不能完全掌握宇宙真的秩序,莱布尼茨强有力的批评尝试着解释没有遵循自然法则的事物。如果我们没有遵循自然的秩序,我们就违反了理性、失去了哲学,伤害了**神**的理念。(RB 66)这种批判部分是指向洛克的。洛克指出,物质可以使之具有思想或者在一定的距离相互吸引。他写道:"对一个单独主体的自然的、没有奇迹的改变,必然来自于一个真的属——即一个恒常的、绝对的内在属性——的限制和变化。"(RB 65)正如我们已经看到的,我们通过把现象与一定必然结果随之而来的复杂理念的联系抓住这些内在性质的一些东西。在自然的秩序中,**神**不会任意把某些性质赋予实体。他说:"他从来不会把非自然的属性即不能从它们的作为可解释的改变的性质中产生的属性赋予它们。"(RB 66)物质通常在一定的距离之间不能相互吸引,因为这种力量不是物质的属性。这种宣称,不是建立在经验的推断之上,而是来自物质理念的必然蕴涵。换言之,根据莱布尼茨的物质理念,物质是不可能相互吸引的。我们应当看到,莱布尼茨的观点可能在两个地方有错误。他可能错误地分析了它自己的理念,没有看到相互吸引与物质的理念是可以相容的。或者,他关于物质的理念可能是对的,但在把它应用于被创造的世界时出了问题。在这种情况下,他需要有一个能更好地与现象相符的新的理念。不同视角的人们之间的相互交换可以帮助避免这两种错误。

在讲述这两种表达形式的过程中,我已经用作为普遍性的内在理念的表达和作为视角性的宇宙的表达建立了一个对立面。因为知识把两种表达融合起来,我们认识必然真理的广泛性被我们对宇宙的表达所限制。这种对立与调和比它表面上看到起来的情况更为复杂。我们应当记住,两种表达都包含一些限制,而且两者也都包含某些一致性的东西。只是因为我们对宇宙的表达本身解释了一致性的联系,科学才得以可能。因此,这种作为普遍性的表达和作为视角的表达之间的对立是一种误导。我们参与两种不同的秩序。虽然我们对两种秩序的领会都是有限的,但没有一种是准确无误的。因为统觉在这两种秩序的交汇处融合,所以,不同的视角会融合在一起。这一宣称建立在揭示我们关于宇宙的表达本身是有限的,但不是视角性的。换言之,说一个动物有某种"视角"是没有意义的。单子和宇宙之间的关系,澄清了这一观点。每一个单子都受其他单子的影响,但是,来自不同单子的影响是不同的,更为邻近的单子有着更大的影响。知觉恰好与这一安排平行,就像意识和身体之间的前定和谐。在这种意义上,单子在感觉中表达宇宙的方法是与单子在宇宙中的位置完全相同的。单子是一面活镜子。但是,单子不能完全领会整个宇宙,因为,对整个宇宙而言,它不是一样的。莱布尼茨指出:"因为**神**的观点总是真的,我们的知觉也总是真的。是来自我们自身的判断欺骗了我们。"(DM 14;AG 47)在此,莱布尼茨回应了笛卡儿关于错误判断的观点。这里,莱布尼茨的意思是这样的:作为宇宙的镜子,单子简单地反映存在的事物,在这种意义上,知觉对于它的位置来说是真的。但当我们超越这种位置,做出空间和时间上更为遥远的判断,就会有错误发生。判断是必然真理和当下的知觉相互结合的产物,从来就不会是完善而无错误的。通过我们对理念的表达,意识可以不受宇宙中的任何一个地方的限制,在一定的意义上说,他感知着整个宇宙,直到认识了普遍真理。在这里,我们可以看到莱布尼茨和斯宾诺莎之间的对立。斯宾诺莎坚持认为,我们的意识和宇宙中我们的位置之间的和谐——用他自己的话说,无限思想和无限广延之间的平行——只能绝对地把意识限制在身体的"地方"。我们能够得知我们身体之外的宇宙的事物,是因为我们这一部分对于整体来说是真的。对莱布尼茨来说,可能事物的知识使我们超越我们在宇宙中当下的位置。我们关于**神**的知性的表达允许我们——迫使我们——从事物是怎样的转向事物应当是怎样的,然后再到在宇宙的其他地方它们是怎样的。我们超越我们在宇宙中位置的能力对莱布尼茨关于完善和沉思的观点来说是关键的。莱布尼茨在他的文章"论事物的最终起源"中很优美地表达了这一过程。它被艾米丽·格拉斯赫尔茨(Emily Grosholz)以诗的形式翻译出来了:

> 因此,已有很多事物
> 达到了伟大的完善
> 虽然,根据统一体的
> 无限可分性
> 总有其他部分
> 在事物的深渊中沉睡
> 等待着唤醒,进一步成就
> 自身的完善与伟大
> 就像一个人所说的完善自我
> 因此,这一过程绝不会到达一个终点。①

这一过程不是知识的简单增加,因为单子是一定视角的宇宙。这一知识的过程把每一个单子在模糊的知觉状态中所包含的宇宙与理念带入统觉。在这一知识化的过程中,我们变得像神。② 这种扩展依赖不同视角之间的交换与交流。它依赖文化交流。

同时,超越我们在宇宙中的位置也使我们向错误敞开了,使我们有那可以被恰当地称为"视角"的东西。这种观点看起来似乎不重要,但对于我们有着什么共同之处的问题来说则是本质性的。到现在为止,似乎是,因为我们表达着宇宙,我们的观点是视角性的,是受文化局限的,而这些限制使我们的知识可能有错误,也使文化交流有了价值。现在一个不同的模型出现了。那使我们的知识成为视角性的、可能出现

---

① 艾米丽·格拉斯赫尔茨:"柏拉图和莱布尼茨与唯物主义者",《理念史》杂志(1996),第271页。
② 参阅艾米丽·格拉斯赫尔茨:"柏拉图和莱布尼茨"第274—76页;弗里德里希·考尔巴赫(Friedrich Kaulbach):"莱布尼茨关于主观性、知识的基础和活镜"(Subjektivität, Fundment der Erkenntnis und Lebendiger Spiegel bei Leibniz),《哲学研究》杂志(Zeitschrift für philosophische Forschung),20/3-4,第471—495页。

错误的、需要文化交流的,是这样一种情况:意识出现在具体世界和理念世界之间。如果我们可以把自己限制在某一种情况,我们的知识也许会是完善的,但是,我们参与了两者,所以我们的经验则成为视角性的。我相信,莱布尼茨关于人类知识是从经验世界和理念世界之间抽引出来的说法是他对文化间知性(intercultural understanding)的主要贡献,也使得他在解释中国哲学的时候获得了成功。为了把知识置于经验和理性之间,莱布尼茨整合了狭隘的经验论和唯理论,就像他平衡怀疑论和独断论一样。像很多其他方法一样,在这种方法上,莱布尼茨可以被看做康德的先行者,但是莱布尼茨的态度有着关键的不同,因为他没有给出在经验和理性之间做出清楚区分的方法。即使是最纯粹的必然真理,也建立在我们从经验中习得的语言和符号的基础之上。从康德的观点看,我的分析将支持这样的观点:莱布尼茨混淆了一个关键的区分,但是正是这些"混淆"成就了莱布尼茨的多元主义和对文化交流的开放的态度。在后面的章节中,我们将看到这一基础是怎样在莱布尼茨关于中国的著作中发挥作用的。

第三章

与中国交流

莱布尼茨与中国

到目前为止,我们已经对作为文化交流和比较哲学基础的莱布尼茨哲学进行了考察。在形而上的层面,交流源于最好的可能世界所需要的多样性价值以及从单子视角的不同所产生的多样性的推导。在认识论的层面,交流的动力来自于我们自身视角的必然限制以及这样一个事实,即遥远地域的单子,有着不同的和互补的视角。这一点成为多种形式的交流,例如教会派别的和解和学术团体的成立,特别是推动了遥远单子之间的交流。对于莱布尼茨而言,这种交流的动力几乎是完全针对中国的。在本章中,我们将看到莱布尼茨是如何构想这种交流的以及他期望从这种交流中能获得什么。还在很年轻的时候,莱布尼茨就表现出对中国及其他文化的兴趣。虽然莱布尼茨从未离开过欧洲,但他却成为最了解中国的欧洲人之一,尤其是在他知识的广度上。尽管他对于儒家思想的诠释存有严重的偏颇,但仍远远高于他的同时代人,甚至一些传教士。通过对莱布尼茨原始资料的研究,孟德卫认为,莱布尼茨很可能读过或是熟悉每一部关于中国的重要著作。① 在他信函中的某些地方,莱布尼茨几乎提到了所有这些书籍。② 1692 年,在给西门·拉鲁贝尔(Simon de la Loubère)的一封信中,莱布尼茨承认了他关于有效资料源的知识。在 1687 年至 1688 年间,拉鲁贝尔曾作为法国大使居住在暹罗。1691 年,他出版了一本颇具影响力的著作《暹罗史》(*Du royaume de Siam*)。这部书曾被莱布尼茨、洛克、贝尔等人引用。莱布尼茨赞扬了拉鲁贝尔的书,同时对拉鲁贝尔从未去过中

---

① 大卫·孟德卫,"莱布尼茨中国印象的来源"(Die Quellen für das Chinabild Leibnizens)载《莱布尼茨研究》(*Studia Leibnitziana*),14(1982),第 233—243 页。

② 17 世纪 70 年代早期,他提及第一部由耶稣会士殷铎泽(Intercetta)翻译的孔子(A I,1,187-89;A III,1,43)。1675 年,并且,在此后他频繁涉及卫匡国(Martini)关于中国的著作(A IV,1,569-70)。1687 年,他提到了由耶稣会士柏应理编写的儒家经典的译本(A I,4,622)。1696 年布罗索在乐·孔泰的《对中国现状的新记忆》一书出版后不久就寄给他一册样书。(A I,13,269)莱布尼茨在中国哲学上的主要工作是,对龙华民、利安当以及尼古拉·马勒伯朗士三个主要的反耶稣会的作品进行回应。

国深表遗憾,因为大多数(其他)有关中国的著述都只表述了表面的现象,而未作认真研究。(A I,7,553)显然,莱布尼茨认为他对有关中国的著述有足够的了解,能够下评判,同时他希望有更好的原始资料。他对几年前开始的耶稣传教会的介入就是试图直接改善来自中国的信息流。

1666年,在莱布尼茨20岁的时候,他就在文章"论组合的艺术"(De Arte Combinatoria)中第一次提及了中国。至17世纪70年代中期,莱布尼茨开始在自己的著作中自如地讨论中国。他关于中国的最早信件是与东方学专家哥特利布·斯皮泽尔(Gottlieb Spitzel)的通信。信件的大部分内容是关于基督教的讨论和无神论的威胁。但斯皮泽尔提到了耶稣会教士亚他那修信·基歇尔(Athanasius Kircher),并且向他推荐了耶稣会教士普罗斯佩罗·殷铎泽(Prospero Intercetta)翻译的孔子。在这本书中,莱布尼茨在看到一个"精辟的道德和政治哲学,以及关于自然事物的知识"。(A I, I,187)1672年,莱布尼茨回信说,他已经阅读过殷铎泽,以及其他在法国出版的、来自在中国的耶稣会教士的书籍。在这封信中,他第一次提出他后来所讨论的区分:在理论艺术上,欧洲人占优势,但在直观科学上,中国人则更胜一筹。(AI, I, 192)大约在同一时期,莱布尼茨与亨利·奥尔登伯格(Henry Oldenburg)进行了关于中国语言的交流。(e.g. A II,I,239-42)但是,莱布尼茨与中国关系的最重要的早期资料是他入侵埃及的计划。① 这份计划是为路易十四(Louis XIV)准备的,并在美茵兹选侯男爵约翰·克里斯蒂·冯·博因堡(Baron Johnn Christian von Boineberg)的赞助下写成。莱布尼茨宣称自己早在四年前即1667年,(A IV,I,268)就已经有了这个想法。该计划是为了应对法国对荷兰的入侵威胁以及德国可能有被

---

① 埃及远征的最好的资料是保罗·里特:《莱布尼茨埃及计划》(达姆施塔特:奥托·赖歇尔出版社,1930);以及让巴吕齐(Jean Baruzi)的《莱布尼茨和全球的宗教组织,根据未发表的文献》(Leibniz et L'organisation religieuse de la terre d'apres des documents inedits),(巴黎:F.阿尔坎(F. Alcan),1907。1803年在伦敦匿名出版的一部分的翻译和概要,标题为"莱布尼茨回忆录的概要说明"(A Summary Account of Leibniz's Memoir)。它是为传播反对拿破仑入侵埃及的工作的一部分,其译者认为是受到莱布尼茨计划鼓舞的。

卷入战争的危险而作的。莱布尼茨希望通过说服路易十四入侵埃及来避免这一结果。这份对埃及远征的文件很难解释:莱布尼茨尚还年轻,可能受着博因堡的影响,更关心的是避免战争在欧洲发生而不是鼓励其他地方的战争。因此,公文的主要部分,"论正义"(Justa Dissertatio),始于描述和平的优点,但接下便限定在欧洲内部和平的优点之上。(A IV,I,273-74)这些文件是当做政治宣传的手段而写的,有意鼓励政治家们攻击埃及,所以修辞上更趋于主观情感的鼓动而非客观事实的尊重。出于所有这些原因,埃及远征几乎是完全被忽略了。尽管如此,我们不应该忽视莱布尼茨对欧洲中心论观点的依赖程度。这种倾向强化了被爱德华·赛义德(Edward Said)称为"东方主义"论述特点的许多假设。这些著作阐明了莱布尼茨与中国之间直接或间接的联系方式。

虽然这项计划起于对欧洲的关注,但是它也间接地表明,还在很年轻的时候,莱布尼茨就关注着欧洲以外的世界。该计划惊人地详细。在此,莱布尼茨介绍了埃及的人口、城市、政治结构,以及各种可能会得到帮助的基督教团体。例如,莱布尼茨认为,从亚洲进入埃及只有三个关口。他描述了怎样在每个关口进行防卫,并且解释了为什么过去的防御会失败的原因。(A IV,I,307)虽然目标是入侵而不是学习埃及,但是这个计划只能是由某个对其他文化好奇并且在世界的大舞台上看欧洲的人来构想、研究和撰写。这里,虽然是通过一种讽刺的方式,但已映射出了他著名的、在其生命即将结束前提出的主张:"我不像那些只为一个国家而慷慨激昂的爱国者,我的工作是为全人类谋福祉,因为我将天堂作为我的国家,将所有有教养的人作为我的同胞。"① 然而,在这一点上,"全人类的福祉"与欧洲将自己的宗教和文化强加在"野蛮人"身上不谋而合。在他关于埃及的详细知识之外,这项埃及远征的计划还显示了莱布尼茨对于发展中的殖民政治和殖民经济的理解。莱

---

① 《莱布尼茨选集》,菲利普·维纳译(纽约:查理斯·斯克里布纳出版(Charles Scribner's Sons)1951),第596—597页;G. W. 莱布尼茨:《莱布尼茨没有出版的信件与散页》(Lettres et opurcules inédits de Leibniz),福彻·德科雷尔(Foucher de Coreil)编辑(巴黎:拉德朗热(Ladrange),1854),第七卷,第506—515页。

布尼茨解释了亚洲内部贸易的详情,比如印度和中国累积黄金的趋势以及这项货币政策是如何与菲律宾和中国之间的贸易发生关联的。(A IV,I,264;cf.252)他再三证明说,这种入侵将通过破坏荷兰与东印度群岛(East Indies)之间的贸易联系——荷兰的威力与稳定性的基础——最有效地打击荷兰。(A IV,I,264,252)埃及被描述成作为法国殖民扩张的最好选择,因为最容易占领的地方已经被其他欧洲列强占领了。(通过控制埃及),法国可以最终控制自1508年以来被葡萄牙人断断续续地控制着的红海、波斯湾、霍尔木兹(Ormuz)海峡,以及荷兰人和英国人已经与之开始了贸易往来、而法国人也一直努力争取一席之地的马达加斯加岛,所以,埃及将为进一步扩张提供一个通道。(A IV,I,278)莱布尼茨在他只有二十五六岁的时候就有了这些知识。虽然埃及远征有时会被当做是一个年轻知识分子不切实际的空想而略过,但是它却必须在真实的殖民扩张背景下被研读。在此之前,葡萄牙人已经和埃及人开战并且在印度洋击败了他们。而就在莱布尼茨写作此计划的时候,法国人正通过1668年在苏拉特(Surat)、1672年在庞蒂皆瑞(Pondicherry)的一个交易站来建立自己在印度的一席之位。由于埃及远征计划,莱布尼茨似乎很适合成为一个殖民地的官员,但他没有选择这条路。而在他后来所有的推动与中国交流的计划中,莱布尼茨也从未鼓吹殖民主张。这种兴趣的缺乏好像暗示着莱布尼茨是一个不懂国际贸易下经济压力的小书生。但埃及远征计划则表明了相反的一面:莱布尼茨可能与没有直接参与贸易的任何人都一样有见地。当他提出"光的交流"时,他绝不是对"商品贸易"对国际关系的推动一无所知。

  同样,对基督教、欧洲文化以及战争的看法,也是莱布尼茨间接相关的了解中国的途径。莱布尼茨表现出不是不情愿通过暴力手段将欧洲宗教和文化强加给其他国家。① 他用"圣战"说明远征是正当的,并

---

① 在这方面最烦扰的作品是《建立一个不可战胜军队的方法》(Modus Instituendi Militian Novam Inviotarn),与埃及远征写于同一时代。该计划呼吁创造一种军队的能力,通过训练混合了非洲、阿拉伯、美洲和像马达加斯加一样的新几内亚孤岛的被俘的"野蛮人"来征服世界。(A IV,1,408-10)

与早先的十字军东征进行比较。他这样写道：

> 如果内心道德最严格的审查员要来裁决，他将不仅会赞同，甚至会下令发动战争。杰出的培根在一段文字中正确地揭示了圣战：一场战争（具有最大效能）为了在野蛮人中间推进文化与宗教的战争是正确的。在理性规定的适度范围内，我们可以期待战争不会弊大于利，因为它不是为了灭绝或奴役一个民族，而是为了人类的智慧、幸福和及其行为的修正……并且，战争不应该对人类而是对野兽（也就是，野蛮人）发动，不是为了屠杀而是为了驯服。当战争发动不仅仅是为了扩张，也为了传递虔诚的时候，是多么地正确啊。在这里，一个即将失去残余的信念、在野蛮人枷锁下呻吟着的悲惨民族将要得救。人类的大部分福祉取决于这些考量：通过它，**神**和精神的事业无疑地开始运作。（A IV, I, 379）

为了支持这一为战争的辩护，莱布尼茨宣称在战争中亚洲人格外地软弱无能。他强调说，一小群的鞑靼人就占领了整个中国。（A IV, I, 279, 326）这种温和同欧洲"有教养的、好战争的以及热爱自由的人民"形成了鲜明的对照。莱布尼茨的这种看法在他那个时代具有典型性。但是它们却与他后来的观点形成了较大反差。后来，莱布尼茨并不主张武力，而是更专注于欧洲文化的传播。这种方法的改变不可以确切地解释。在这些著作中，莱布尼茨已经有了一个比对埃及更好的对中国的看法，而他的同时代人也大都持有比对中国人更苛刻的对穆斯林人的看法。由于莱布尼茨后来的计划是直接针对中国的，他可能已经认为入侵不适合或不必要。因此，在给柏林科学院的一份计划中，他写道："在去文明而非野蛮地方的传教士中，真正的科学才是**神**赐予的最好工具。"①很明显，应如何处理野蛮人的土地并没有写明。除了埃及远征的计划外，莱布尼茨很少论及伊斯兰世界，因此很难得知他的看法是否有所变化。莱布尼茨可能已经确信，暴力将根本无法发挥作用，从而需要寻求更多的和平手段。不过，或许因为他哲学思想的发展

---

① 汉斯-斯蒂芬·布拉特（Hans-Stephan Brather）：《莱布尼茨与他的科学院》（*Leibniz und Seine Akademie*）（柏林：学院出版社（Akademie Verlag），1993），第 163 页。

与延伸,作为同一宇宙的不同但互补表达的心灵的观点,帮助他延伸出他的超越欧洲范围的"调和折中主义(conciliatory eclecticism)"。

"埃及远征计划"有若干直接涉及中国的内容。一些地方提到了关于满族入侵、中国的货币政策,以及中国对外贸易港口的关闭等的事实报告。莱布尼茨将中国描述为自给自足的国度。他称法国为"西方的中国",如同他称埃及为"东方的荷兰"一样。(A IV,I,268)他虽然强调了中国人在战争中的软弱无能,但让人注意的是他对中国的褒奖。他对于中国的肯定观点已经含蓄地表现在与法国的比较当中。他还积极地将中国与古埃及进行比较:"埃及一直被其他国家高度重视。我不敢说是中国人来自于埃及人,还是埃及人来自于中国人;但可以确定的是,他们在机构制度、象形文字以及其写作和哲学思维上的相似性,暗示了他们是同血缘的民族。他们都是艺术与科学之母。"(A IV,I,270-71)在另一份文件中,他说,要么埃及是中国的殖民地,要么中国是埃及的殖民地。(A IV,I,384)在这两种情况下,他的比较都将中国与欧洲科学的起源联系起来。他的这种联系可能来源于诸如基歇尔和斯皮泽尔,因为他们都盛赞埃及并将她与中国相联系。莱布尼茨对中国的评价甚高。在他看来,如果我们把欧洲对真理信仰的拥有放在一边,中国就是世界上最有教养的土地。类似的赞扬还出现在他给《中国近事》的序言中。

如同埃及远征计划中展示的那样,莱布尼茨最初接近中国是他对于国际政治经济兴趣的一部分。后来,这一实用的关注仍在继续,但是却被文化利益所主导:"光的交流"取代了"商品贸易。"这一对知识交流的关注也早就出现了。与此相并而行的学术兴趣集中在中国语言及其通用字符的作用上。① 在这方面,最重要的事件是他与安德烈·米勒(Andreas Müller)——一位住在柏林的东方学者——的相遇与通信。米勒因为声称发现了一种"中文之钥(clavis sinica)"而闻名,———把打开中国语言的"钥匙"。这把钥匙像是一个解码器,它能使中文变得易于理解和翻译。它还表明中国语言有一个合理性的结构。这种结构

---

① 例如,《去奥尔登堡》,A II,1,第239—242页。

可以用于创造一种通用字符的可能性激发了莱布尼茨等人的兴趣。而使米勒声名狼藉的是,他为这把"钥匙"做宣传,但只会在有人付费的情况下才与其分享。没有人会这样做。他不顾贫穷学者的恳求,恐怕在他去世前不久烧毁了他所发现的东西。没人知道米勒是否真的有这样一把"钥匙",尽管莱布尼茨认为他确实发现了一些东西。① 从这一点上看,米勒与莱布尼茨之间往来的书信内容包括莱布尼茨对这一信息的恳求以及米勒的回绝。归根结底,莱布尼茨几乎没有从米勒那里学到任何东西,但是米勒的"钥匙"支撑了莱布尼茨对于中国语言的希望和兴趣。这些莱布尼茨给米勒的信揭示了他在那个时候的知识和兴趣——这差不多是在他遇见任何去过中国的人的十年之前。1679 年 6 月 24 日的那封信尤值一提。(A I,2,491-92)在这封信中,莱布尼茨列出了 14 个问题,而米勒都拒绝对之作出回答。(A I,2,499)所有这些问题,都是直接针对"钥匙"的使用或者中国语言的结构的。这些都是在涉及哲学语言或是通用字符时人们可能会提出的问题:那些字符是指语词还是事物?它们可以简化为一个基本的字母表吗?无形的东西是通过有形或可见的东西表达的吗?这种语言是人造的还是通过使用逐渐形成的?它能够明白地表达事物的本质并使它们理性化吗?这些指代自然事物的符号是直接指向事物的还是指使事物彼此区分开来的哪些特征?(A I,2,491-92)莱布尼茨与米勒之间有好几封信的往来,但是米勒的回复只有一封似乎有点意义。这是对莱布尼茨请求他把一本书从中文翻译过来的信的回复。莱布尼茨要求他翻译每一个汉字,并用拉丁文注释它的发音与含义。令人惊讶的是,米勒居然答应做这项请求,但是要求先看看这本书。他看了以后,就婉谢了并要求他做另外一本书的翻译,声称自己已经处理好了这本书。(A I,2,517)我相信莱布尼茨寄出的这本书是儒学经典《孟子》②。这种交流无疑增加了莱布尼茨对米勒的信任,并且表明,早在 1679 年,莱布尼茨就至少拥有了

---

① 例如,在《中国近事》中,他写道,在米勒"既易怒又好学的性格"中,他清楚地发现了一些东西(NS 18)。"在给保罗·佩里森-冯塔尼(Paul Pellisson-Fontanier)的信中,他称米勒为"在欧洲最熟悉中国语言的人"。(A I,8,180)

② 在给米勒的信的夹层中发现中文版《孟子》的扉页。

一本中文书。

1687 年与耶稣会士闵明我（Claudio Filippo Grimaldi）在罗马的接触，增加了莱布尼茨对中国了解的速度和广度。从那时起，莱布尼茨便积极地参与了耶稣会的活动，并和好几个生活在中国的耶稣会教士有通信往来。从哲学上看，其中最重要的是与直接参与传教活动的教士的通信。特别是与在北京的传教士闵明我和白晋之间的通信。另外还有耶稣会的负责人安东尼·沃珠。在莱布尼茨与诸如亚当·科汉斯基（Adam Kochanski），巴托洛梅乌斯·博斯（Bartholomaeus des Bosses），费迪南德·欧尔班（Ferdinand Orban），以及勒内-约瑟夫·托尼迈（René-Josephe Tournemine）等其他传教士的书信中，传教活动是一个常见的话题。在大部分的这些信函中，莱布尼茨讨论了"礼仪之争"（Rites Controversy）以及他对教会决定的惊讶和失望。与传教使团的接触使莱布尼茨能对他的资料来源有一定的控制，并可以向使团提出自己的意见。这种相互作用的最重要的结果就是 1697 年出版的《中国近事》。它是莱布尼茨编辑介绍的耶稣会相关于中国的文件集。前言是一篇很棒的文章，阐明了对文化交流的需求、向中国学习的需要以及东西方的优势互补。关于《中国近事》出版的目的将在稍后详细介绍。

自他与闵明我接触之日起，莱布尼茨就不断的在他信函中写到中国。大部分这种通信关注的是传教任务的进展以及礼仪之争。莱布尼茨关于中国哲学的最广泛的讨论支持了耶稣会接纳的立场。最有趣的事情是莱布尼茨兴趣的广度以及他作为信息渠道的角色。莱布尼茨给人们介绍了所有发生在中国的主要争论：一夫多妻制，一座古老的基督教纪念碑（Nestorian monument）的发现，《圣经》纪年与中国历史记录的冲突，一个在中国的犹太团体的流言等等。在 1697 年，莱布尼茨致函苏菲·夏洛特（Sophie Charlotte）：

> 因此，我将用这些词语在我的门前立一个标志：中国事务询问局（bureau of address for China）。因为大家都知道，一个人想要了解一些新闻只有询问我。如果你想了解伟大的哲学家孔子，或是关于离大洪水时代相当近并从而成为诺亚的第一批后裔的远古时

期的中国帝王,或是他们的成仙术(如同那个国家的炼金术),或是一些更确定的事情,你就来问我。① (A I,14,869)

作为一个"中国事务询问局",莱布尼茨从他的耶稣会资料中搜集信息并回答问题。一个有趣的例子是一封 1710 年 2 月 22 日寄出的、来自于约翰·托兰德(John Toland)的长信。(LBr 933,Bl 17-18)托兰德抱怨说,耶稣会士总是说中文很难,但他最近从奥古斯丁僧侣那里听说它相当容易。② 他怀疑耶稣会士夸大语言的难度是作为一种防卫手段,这样他们就可以"以不能理解"来应付他们的对手。他询问莱布尼茨的意见。这封信有趣的是,是托兰德首先写信给莱布尼茨。他相信,莱布尼茨可以回答他所关注的问题。莱布尼茨正确地做出了回答——耶稣会士说得正确,(中文)书面语很难,但口语不难。(LBr 933,Bl 33) 另一个有趣的例子是一封写给奥尔良公爵夫人(the duchess of Orléans)的信,是为了她儿子的问题。她向莱布尼茨询问,一个天生聋哑的人的智力。他回答说,这将取决于许多因素,包括教育。然后,他举中文作为一个例子。(他说,)在有利的情况下:

> 他们可以无需话语的帮助而只通过使用一些相同意义的字符(不管是汉语的方式还是绘画)发明一些新的技巧甚至科技。如果他们未来出生的都是聋哑人,中国人也不会像我们丢失掉那么多。因为他们的语言很单一,但汉字却很丰富并且可以独立于语言。所以,为了在交谈中更好地解释说明,他们往往诉诸于文字。(Klopp,I,7,3,第 171 页)

这两个例子在一定程度上说明了莱布尼茨关于中国讨论的广度。他常常是充当了科学信息的传递者。他把医生卢卡斯·施罗克(Lucas Schrock)提出的医学问题传递到中国和巴达维亚(现在的雅加达)。③

---

① 1969 年 1 月莱布尼茨寄给了肯内(Kemney)的托马斯·伯内特(Thomas Burnett)相同的话语(A I,1,370)。
② 奥古斯丁僧侣是尼古拉·阿戈斯蒂诺·西马(Nicolas Agostino Cima),他曾到过中国并对当地的耶稣会士提出过批评。莱布尼茨与他见过面并且他是莱布尼茨唯一的非耶稣会士的资料来源。
③ LBr 838,BI 2-3。

他将地理学信息从耶稣会教士那传递给了发表过著名的世界地图的尼古拉·维特森(Nicholas Witsen)。他与语言学家希布·卢多尔夫(Hiob Ludoif)讨论了汉语和鞑靼语的语词。① 莱布尼茨认为,《易经》(周易)的图表,是一种古老的二进制算术,并与一些数学家和知识分子,包括塞萨尔·卡泽(Cesar Caze),威廉·坦泽尔(Wilhelm Tentzel),路易斯·布尔歇(Louis Bourget)等进行了讨论。② 在中国的耶稣会传教士杜德美(Jartoux)对太阳黑子观察报告被转寄给了柏林社会科学院的官方的天文学家戈特弗里德·基尔希(Gottfried Kirech)。③ 莱布尼茨甚至摘录了一封来自中国的信件,将它转寄给了彼得大帝。④

在这些关于中国的讨论中,一个重要事件应该被提及,这就是莱布尼茨二进制算术和《易经》八卦之间的联系。当莱布尼茨发展了他那基于零和一之上的二进制算术系统的时候,他意识到,它提供了一个演示**神**如何可以从虚无、元一中创造万物的图解。为此,他还在1697年给布伦瑞克公爵鲁道夫(Duke Rudolph of Brunswick)寄出了一枚刻有他二进制系统数字的大勋章。上面写道:

> 虽然很难和哲学相符合,也很难向异教徒传授,但毕竟,基督教信仰中的一个最高点,是借助**神**全能的力量从虚无中创造万有。现在可以说,世界上没有什么比数字的起源能更好地提出并证明(这一力量),因为这里是通过一、零或者无这样一个简单、朴素的

---

① 大多数莱布尼茨与卢多尔夫的信件出版在约翰·沃特曼(John Waterman)的《莱布尼茨和卢多尔夫论语言学形势》(*Leibniz and Ludolf on Things Linguistic*)(伯克利:加利福尼亚大学出版社,1978年)。

② 这些作品收集在汉斯·萨彻(Hans Zacher)的《莱布尼茨关于二进制算术的主要著作》(*Die Hauptschriften zur Dyadik von G. W. Leibniz*)(Frankfurt am Main:维托里奥·克洛斯特曼(Vittorio Klostermann)出版社,1973年)。

③ 莱布尼茨的信丢失了,但基尔希感谢他发自1705年8月25日的信中给予的信息(LBr472;Bl4)。霍伊维尔(Heuvel)将这些资料归于杜德美。(格尔德·霍伊维尔(Gerd van Heuvel):《莱布尼茨在柏林》,柏林:1987,第45页)

④ 沃尔德马·格里尔(Woldemar Guerrier):《莱布尼茨与俄国和彼得大帝的关系》(*Leibniz in seinen Beziehungen zu Russland und Peter dem Grossen*)(希尔德斯海姆(Hildesheim):滕贝格(Gerstenberg),1975年),第205—208页。

表达来进行描述的。①

考虑到这一数字系统可以作为一种解释工具帮助传教士,他在1697年和1701年寄给了闵明我和白晋一份说明(W33-34,W134-43,分别地)。那时,白晋正在研究《易经》,他相信,由于与伏羲和《圣经》始祖之间的联系,《易经》藏有一些神秘的知识。莱布尼茨关于他二进制算术的描述,对于白晋来说正是时候,所以,白晋深受这两个二进制系统的这种相似性——他视之为同一——的冲击。这种相似性非常突出,因为一个传统卦序——由邵雍提出的"先天图"卦序,只需一点点修改,便与莱布尼茨二进制算术中有相同的顺序。② 白晋相信八卦代表了一种二进制算术。1701年他向莱布尼茨宣布了这点之后,莱布尼茨也相信了。1703年,莱布尼茨向巴黎科学院呈送了文章"二进制算术的解读(Explication de l'arithmétique Binair)"。该文包括对二进制算术以及它与八卦间关系的解释。接下来就是连续讨论这种关系的信件。由于莱布尼茨相信有"中文之钥"的存在,因而二进制算术与八卦之间关系的主要意义就在于其对莱布尼茨研究中国的方式上的影响。这一发现强化了莱布尼茨如此的信念:古代中国人的智慧胜过现代中国人,而欧洲人则能够帮助重新发现这些真理。这一关联也促使莱布尼茨进一步相信,中文潜在着理性的结构。

莱布尼茨涉足中国事务的最后一个阶段是通过他对科学学术团体的促进而进行的。莱布尼茨第一个关于德国学术团体的计划写于1669年。1671年,他在一份给一个研究院的计划中谈及了中医的价值。在他去世之前,他想要参与尝试建立德国社会科学院、一个在德累斯顿(Dresden)的撒克逊的研究院(a Saxon Academy)、一个在卡塞尔(Kassel)的研究院和一个在维也纳的研究院。同时他还希望在俄罗斯

---

① 秦家懿和维尔:《道德启蒙:莱布尼茨与沃尔夫论中国》(*Moral Enlightenment: Leibniz and Wolff on China*),华裔学志系列专著(Monumenta Serica Monograph Series)第XXVI卷;内特塔尔(Nettetal):斯泰尔出版社(Steyler Verlag),1992年,第72页;原载于A I,13,116-l25。

② 关于八卦与莱布尼茨二进制算术之间相似性与不同的较好的资料,见于Zhonglian Shi的"莱布尼茨的二进制系统与邵雍的'先天图'"见于李和波塞(Li and Poser)编辑的《莱布尼茨与中国》(*Nueste über China*)。

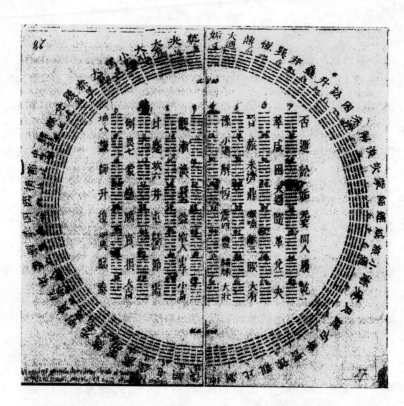

白晋寄给莱布尼茨的八卦图表,1701年(数字由莱布尼茨加注)
图片来自莱布尼茨档案馆,Miedersüchische Landesbibliothek

倡导研究院并且促进艺术与科学。他甚至向白晋和另一位耶稣会传教士洪若翰(Jean de Fontaney)提议,在中国建立一个欧洲风格的研究院,里面包括鞑靼人,中国人和欧洲人。(W 204,W 206)每一这样的计划中,都包括了至少一项以与中国交流为目的的提议。

光的交流

莱布尼茨对于中国多方面努力的中心在于,他希望增进中国与欧洲间知识的交流。(在莱布尼茨看来)每一个心灵都从不同的角度表达着宇宙,而其对宇宙观点的不同取决于我们自身的空间位置。在中国,莱布尼茨发现了一种距欧洲尽可能远的、欧洲人对之几乎完全陌生的发达的文化。他在一封于1697年12月12日寄给白晋的信中他表明了自己的期望。他给了白晋一系列他想要的信息。他写道：

> 我思考了自然科学（physique），目前在这一名义下我所指的是所有有形事物的实验观察中，仍有不能用几何原理或是机械力学进行解释的东西。因此，这些根本就不能用理智和先验的方法得到，而只有通过经验和传统。并且，毫无疑问，在这一点上，中国人超过我们很多，因为他们积累的经验更多，他们的传统很少被破坏且比我们的更加优秀。（W 62-63）

在这同一封信之前，莱布尼茨写道，他期待中国人有许多欧洲人所缺乏的发明，即使后者使用了更好的原理，因为这些发明不仅依赖某些原理，而且还依赖偶然的机遇。数以千计的结果和发明正是从这里得到的。（W 62）由于我们经验的透视的本性，以及我们在世界上具体位置的多样性，我们可以期待任何不同的文化都是知识的丰富源泉。但是，莱布尼茨认为中国尤其出色，在那一对文化交流最有用的领域——积累经验真理。中国人有特别悠久的历史，完好而没打断的记载。在一封给闵明我的信中，莱布尼茨注意到，中国人已经成功地维护了古老的传统，而这在欧洲已随着种族的迁徙而遗失。（W 3）这一中国人的优点，导致了中国与欧洲文化特别地互补，而这种互补性又加强了文化交流的重要性。关于这种互补性的最著名的表述写在了《中国近事》的序言中。（莱布尼茨认为）在日常生活实践中，中西文化大致相等，都有可以彼此学习的很多东西：在理论上，包括逻辑学、几何学、形而上学、以及天文学，欧洲人更胜一筹；而在经验真理的观察上，中国人则更占优势。他们同样赢在"实践哲学，即适应现实生活以及生命对待的伦理和政治准则"。（NS 2-3）中国人在实践哲学中的卓越，带来了两种文化的另一个互补的方面：中国人的自然神学可以补充欧洲人的启示神学。（NS 10）根据他的比较，莱布尼茨宣称，除了欧洲人拥有基督教这一点外，一个研究民族优长的专家将不得不断定中国人更加优秀。（NS 17）

听到这种论断，我们一定会怀疑莱布尼茨的严肃性。这会不会仅仅是为了批判欧洲和激励交流的辩论技巧？中国人确实有实践准则，但欧洲人也有几何学和第一哲学。莱布尼茨真的认为这是一种公平的区分么？我们无须费多大力气就可以找到莱布尼茨对几何学的赞美之词。就在序言本身中，他就有这样的言语："因为美德源于智慧，而智慧的精神就是真理，所以，那些透彻研究了几何学论证的人，已经察觉到了永恒真理的本性并且能够从不确定中区分出确定来。"（NS 9）这看起来像是，装备了几何学的欧洲人拥有所有的优势。但是，莱布尼茨鼓励与中国交流的认真和努力证明了他称赞的真诚。在莱布尼茨的方法中，我们看到了必然真理与实存的真理之间的相互依赖。不知道"这东西是A"，而只知道"A确实是B"这一必然性真理是毫无帮助的。我们只能从经验中得知"这东西是A"。莱布尼茨认为，这种经验在中国文化中尤其丰富。有必然性真理的优势而缺乏经验来应用这些真理是徒劳的。莱布尼茨认为，这种徒劳反映在他那个时代欧洲道德的贫乏上。当然，中国人也一样可以学到很多东西。在缺乏明晰性和逻辑结构时积累的经验，是混乱的和发育不完全的。莱布尼茨认为，中国的哲学和科学反映了这一缺点。从莱布尼茨上述关于创造的评论中，可以推出这种优势互补是如何运作的。在这段文字中他说，创造取决于偶然的机遇，但实际上它们取决于观察和理性，因为从这些偶然性的发现中，我们可以"向外延伸出上千种美丽的结果，并得到上千种创造。"（W 62）现在，设想一下这种回报吧：如果这些被中国人完好地记录下来的偶然发现提交给欧洲人来分析与论证！莱布尼茨认为，备受赞扬的康熙皇帝就是一个将中国人和欧洲人的优点结合起来的具体例子。在康熙自己的言辞中，我们已经看到他向传教士们学习的愿望。莱布尼茨说，有了这种结合，"他的远见和对事务的把握只能使他置于其他中国人和鞑靼人之上。这就好像在一个埃及的金字塔上应该放置一个欧洲的塔尖"。（NS 7）

莱布尼茨写道，这种知识的交换应该是互惠的。但是在实际中，他更强调向中国学习。原因之一在于，莱布尼茨相信，欧洲的知识更容易学习，因为它是基于理性的并且更具公共性；而中国的知识更多地基于经验,由专业的人士掌握,并通过言传身教的办法传递。(W 179)①但是,对莱布尼茨来说,强调的主要原因是,抵消他的资料来源的偏见。因为传教士们到中国是传授基督教信仰的,而不是为了学习中国文化。学习是传授这个主要目的的副产品。由于传教士们是用他们的科学知识来获取中国的接纳态度的,所以,他们教授的就不仅仅是欧洲的宗教,还有欧洲的科学。针对这种不平衡,莱布尼茨批评了闵明我,并不断向他的通信者们强调要把知识从中国带回欧洲。② 这种不平衡使得莱布尼茨对传教士的努力一直很担心:中国人将会得到欧洲人所知道的东西,而欧洲人将会忽略掉应该从中国学习的东西。这种结果将会是两种文化不再互补:中国人会在各个领域超过欧洲人。到那时,他们可能会切断在知识领域的交流,将欧洲抛在身后。(NS 10)至于中国人的观点,我们可以再次回到康熙。他认为,中国人已经占据了优势,但仍然在学习欧洲的知识上汲取和改进:

> 在明朝末年,当西方人第一次带来了日晷时,中国人将它视为难得的珍宝,直到他们懂得它的用途。当顺治皇帝在1653年得到一个小的发声钟表,他就一直带在身边;但是现在我们已经学会平衡发条来校准钟声,并最终制造出完整的时钟,所以我的孩子们如果想要,可以拥有十个发声钟表做玩具。同样的,我们在短时间内学会了制造玻璃器皿,这一点上也是优先于西方的。我们的漆器也比他们的好,如果不是他们湿润的海洋气候比中国的干燥沙尘气候温和,他们的漆器不会有更好的光泽。③

如果这种学习是相互的,这将使莱布尼茨非常高兴。

莱布尼茨在文化交流或者"光的交流"的价值上极有信心。所有

---

① 席文(Nathan Sivin)支持莱布尼茨的观点:"在中国,所有的科学都混在一起,没有理性知识的单一结构……与西方相比,其不同科学彼此之间发展出了更强的独立性。每种科学的从事者扩充并修正了科学发展由之开始的现实世界的概念和假设"(席文:《古代中国科学:研究与思考》(布鲁克菲尔德(Brookfield),VT:集注,1995)VI, P. 169。

② 莱布尼茨对闵明我的批评,见于1691年10月5日给西蒙的信件(A I,7,398);以及1691年8月24日给玛尔什代锡·提维诺特(Melchisedech Thevenot)的信件。(A I,7,357)

③ 史景迁:《中国皇帝》,第67—68页。

的知识都是**神**的表达——或者直接通过我们的观念,或者间接通过我们对宇宙的表达(而这同样是表达着它的创造者)。通过知识,观点自然而然地合流,所以学习从不威胁任何宗教或是和谐。在两个真理不能相互矛盾这一原则的指导下,莱布尼茨满怀信心地接纳来自中国的知识。最好的例子是围绕中国年表的争议。我们已经看到了一些解释这个年表的方法,但中国年表往往被当做是一种威胁而被故意忽略或不予考虑。莱布尼茨并不惧怕这些中国的记录。他在写给白晋的信中说:"对于所有这一切,我们有必要抱着所有可能的、好的真诚而不用任何影响去欺骗我们的权威人物;因为人们将总会发现那唯一的真理与另外的真理相符合,而且,圣经上的话就不会有任何错误。"(W 61)①莱布尼茨并不害怕欧洲思想对任何真理的容纳。②

　　莱布尼茨对文化交流的价值和它的可行性同样充满信心。在他看来,知识像是一种同质性的物质——我们可以把我们的给中国人,他们可以把他们的给我们,这样我们彼此就拥有双倍的数量。他对康熙融合欧洲人和中国人知识的设想显示了他关于交流的观点——只不过是在埃及的金字塔上放上欧洲的塔尖。莱布尼茨认识到,在目前的知识交流中存在的一些实际问题。他在给沃珠的信中向传教士们提出他所提议的通用字符对传教工作的价值:

> 这种普遍**类型**的新哲学**演算**,独立于任何一种语言,对产生自然宗教最重要、最抽象的真理将有奇妙的帮助。在此,展示出来的东西像是一个异体移植物,即便是对最不相同的民族也是有利的,譬如其语言的不同就好像我们的语言和中国人的语言之不同一样。(W 57)

尽管莱布尼茨意识到了在获取新知识时语言上的挑战,但是,他对于欧洲和中国之间交流不平衡的担心还是显露了他对于交流之易行的

---

① 参阅 1697 年 12 月 21 日给赫尔曼的信。(A I,14,881-83)
② 莱布尼茨自己觉得,中国人的记录应该被接受。见他 1692 年 9 月 12 日给塞缪尔(Samuel Chappuzeau)的信(A I,8,429);以及 1693 年 6 月 19 日给丹尼尔·拉罗克(Daniel Larroque)的信(A I,9,487)和 9 月(下半部分),1693 年。(A I,9,574)

信心。莱布尼茨相信,在短时期内中国将会拥有整个欧洲的知识,然后切断交流。正如莱布尼茨所担心的,中国和欧洲之间的知识交换并没有持续很长时间,但是,与他的设想相反的是,不管是欧洲还是中国,它们都没有从交流中学习到很多东西。两者都学到了一些东西,或许中国学到的更多,但是莱布尼茨所期望的并没有成为现实。"通过一种灌输的方式,我们甚至可以立刻给予他们我们的知识,同时对我们来说,我们也可以立刻从他们那里学到一种对世界的新的阐释说明——如果没有它们,我们不管过多少个世纪也无从得知。"(W 64)对于交流之易行的过分自信可能是莱布尼茨在中国问题上的最大的错误之一。

尽管莱布尼茨的关注点在交流问题上,但他还是说,知识的交流是除基督教传播以外最重要的事情(例如 W 86 或者 W 266)。不过,把这些观点说给那些他赖以得到信息的传教士们,则会使得他们难以评价。由于他自己对于传教事业所做的努力,我相信,对他来说,在中国传播基督教是很重要的,但是他的直接目的还是交流。虽然莱布尼茨对于交流的价值和易行信心十足,但他对基督教在中国的前景则是抱怀疑态度的。他对于中国和欧洲之间交流不平衡的担心暗示了对基督教最终可能无法扎根的担心。在莱布尼茨参加传教团的那段时间里,他有时充满了信心,但更多的时候是表现出怀疑。在早期时候,他写道,除非教皇允许中国的一夫多妻制,否则基督教没有任何机会。① 即使是在编撰《中国近事》时的这一乐观时期,莱布尼茨在给一位柏林的官员——之后成为了柏林社会科学院的成员——乔安·雅各布·朱利叶斯·中纳(Johann Jacob Julius Chuno)的信中就说出了这样的话:"法国、教皇、以及耶稣会现在源源不断地派遣传教士。我担心这种热情有些过头了,如果他们引起猜疑,那么最终会带来像发生在日本那样的挫败。"(A I,13,611-13)②随着大势转向反对接纳,这种担心在他后来的生活中呈现出更加疯狂的语调。1707 年,在写给郭弼恩(Charles le

---

① 见 1690 年 7 月 14 日给兰格拉夫·恩斯特(Landgraf Ernst von Hessen-Rheinfalls)的信(A I,5,617);以及 1961 年 10 月 5 日给西蒙的信。(A I,7,398)

② 在日本的耶稣会传教团在一开始取得了非凡的成功,但是在 17 世纪开始便遭到了猛烈的打压。

Gobien)的信中,他说:"我一直担心,有一天,当他们(中国人)认为自己不再需要我们的时候,我们的传教士和其他外国人会被赶出来。"(W 64)一年之前,他写道:"很明显,终有一天欧洲人会被赶出来。那时他们将会后悔失去的机会。"(W 235,参阅 W 196)这些担心的结果是,虽然莱布尼茨支持基督教的传播,但他却不断告诫传教士们更多地从事更为安全的传播知识的工作,以免为时过晚。

　　莱布尼茨强调知识交流的一个更根本的原因是知识和宗教之间的关系。他认为,在中国建立基督教的方式,是通过科学和哲学。知识,包括万物的科学知识,通过解释宇宙的秩序和奇迹而直达神。在一个更实际的层面,尘世的知识为传教士们提供了通向中国及其朝廷的入口。在《中国近事》中,莱布尼茨解释了允许基督教在中国的法令:"一旦我们几何学的力量被国王领略到,就会成为他极大的爱好,从而使他容易相信,那些学会了如此思考的人,应该也会在其他事情上正确地传授。"(NS 13)在他试图号召新教徒加入传教团的时候,莱布尼茨曾多次将耶稣会士的成功归结于他们对科学和数学的使用,并且主张,新教教徒在科学方面应该要比耶稣会士更加优秀。① 由于实践和哲学的原因,莱布尼茨把知识的交流作为一种间接但或许是更加确定的通向中国人皈依的路径。被传入的基督教的形式服从于这一知识与宗教之间的关系。莱布尼茨倾向于在更难的、超自然的天启教的真理之前建立一个自然神学的核心。他说,传教士们应该遵循古代教会的方法:不是一次给出所有的奥秘,但同时也不破坏任何基督教的教义。(NS 12)主要有三种因素致使莱布尼茨宣扬一种精简版本的基督教。首先是这样一种信念:传教士应该通过哲学介绍基督教。这也是莱布尼茨与许多耶稣会传教士共有的信念。出于这一原因,莱布尼茨把哲学理念写给传教士们供其使用。莱布尼茨强调自然神学的第二个原因是他的这样一种信念:古代中国人有过自己的自然神学,而这可以构成基督教传入的基石。这一信念在耶稣会传教士中间也是常见的,而白晋尤其突出。莱布尼茨在《中国的自然神学论》中写道:"对我来说,我发现这一

---

① 例如,给莫雷尔(Morell),1697 年,A I,14,203。

切都非常出色,非常符合自然神学……只要它重新唤醒了铭刻在我们心中的自然法则,它就是纯粹的基督教——除了那些改进我们天性的启示和神恩。"(Discourse 31)这最后一段显示了莱布尼茨自己对于自然神学的偏爱——一些人可能把除去启示和神恩看做一个很大的例外。第三个因素来自莱布尼茨对基督教内部冲突的看法。他相信,所有基督教派别都共享一个核心信仰,而这一简化的核心应该成为各教派重新团结及传教工作的基础。在《中国近事》的序言中,他希望基督教徒间的冲突不应该在中国人面前显露出来:"因为我们都普遍认同那些基督教信念的原则。这些信念可以拯救任何接纳它们的民族,只要没有异端、虚伪和谬误。"(NS 12)这个统一的核心既可以使在中国的传教变得更加容易,也可以将欧洲内部的基督教徒团结起来。不过,莱布尼茨的愿望并没有实现。与莱布尼茨的观念并不相距太远的康熙在谈及传教士之间非基督教的冲突时说:

> 每个国家都有一些他所敬畏的神灵。我们朝代的人是这样的,蒙古人或伊斯兰人、苗族人或彝族人、以及其他外国人也是这样。就因为每个人都畏惧某些东西——一些人怕蛇而不怕蟾蜍,一些怕蟾蜍而不怕蛇;还因为所有的国家有不同的发音和不同的字符系统。但是这个天主教,彼得会(the Society of Peter)与耶稣会的争吵,白晋与马里亚尼(Mariani)的争吵,而在耶稣会士中间,葡萄牙人在他们的教堂里只想要他们自己国家的,法国人在自己的教堂里却只想要法国人。这违反了宗教的原则。这种分歧不是由天堂的**神**造成的而是由恶魔。我听西方人说,这个恶魔导致了人类的邪恶,因为他不会做其他的。[①]

总之,自然神学的核心构成了天启教的基础,与中国古代的思想相一致,并为所有的基督徒提供了和谐的根据。莱布尼茨对自然神学的关注,很容易被视为破坏基督教的尝试,但他对自然神学的关注是与建立基督教的目标相符的。换句话说,如果莱布尼茨的主要目的是传播

---

① 史景迁:《中国皇帝》,第80—81页。

基督教，我们就懂得他所采取的行动。

外交前沿

除了通过通信往来贯彻知识的交流外，莱布尼茨还通过外交的努力来增加和促进交流。这反映了他的政治兴趣和技能。从早年开始，莱布尼茨就是一个中国信息的热情消费者，但是在1689年，当他遇到了耶稣会士闵明我之后，他的角色发生了变化。闵明我曾在北京居住，不久便作为皇家数学协会的负责人回国。通过闵明我，莱布尼茨建立了与另外几个参与传教团的耶稣会士的通信联系。这些耶稣会士正从渴望但被动的知识接受者转变为传教活动的活跃的参与者。一方面，通过这些通信，莱布尼茨可以把他接收到的信息按照兴趣和问题进行整理。另一方面，他也可以提供他自己关于传教士如何进行工作的意见。这个与耶稣传教士的有效联系，甚至它的中心主题，可以追溯到莱布尼茨与《圣人行实》(Acta Sanctorum)的一个编辑——耶稣会士丹尼尔(Daniel Papebroch)的第一次通信。1687年1月，丹尼尔写信给莱布尼茨，告诉他柏应理(Couplet)对儒家经典的翻译。(A I, 4, 612-613)莱布尼茨建议他们出版行间有中文对照的版本。他还表扬了中文之"钥"的价值。(A I, 4, 622)丹尼尔在回信中描述了传教士过度劳累的工作条件，并宣称他们有比为欧洲人收集知识更重要的事情要做。(A I, 4, 630-631)莱布尼茨再次回复了来信。他认为，传教士已做的工作并没有毁掉他们的传教成就，而且声称，对知识的搜寻甚至有助于传教使命。(A I, 4, 655-656)莱布尼茨与在中国居住过的人的第一次通信便发生在他与闵明我之间。有两封信显示了当时莱布尼茨对传教团及中国的先见之明，一封是给闵明我的，另一封信是给一位派去中国的耶稣会士利国安(Giovanni Laureati)。更重要的是，这两封信给传教团做了定性的评价，对其作为交流的代表而不是作为传教的使者作了高度的评价。他在给利国安的信中写道："(我希望)你将记得那交给你的重要事务——促进相距如此遥远的两个半球的交流。我说，一种学说和彼此照亮的交流。"(A I, 5, 484, cf. WII)传教士已经被选作重要的角色,不是作为欧洲真理的推广者,而是知识的沟通者。在这两封信中,莱布尼茨深信教授中国人知识是值得。在给闵明我的信中,他描述了中国和欧洲之间的知识互补。(W 3)在给利国安的信中,莱布尼茨写到了对于目前交流不平衡的恐惧:"如果中国拥有了这所有的知识之光,这对于欧洲是不公平的。"(A I,5,484;参阅 W 12)

　　莱布尼茨把与耶稣会士的联系作为信息的资源,也用于对传教使命的促进。他在1698年给沃珠的信中说:"对我而言,这个使命对于信念和人类的善十分重要,所以,它使我十分感兴趣,我常常考虑我未来能服务的地方。"(W 87)他试图通过三种主要方式来帮助和影响传教团。它们是从我们已经看到的东西中引申出来的。首先,莱布尼茨试图说服传教士从中国人那学到尽量多的知识。他认为,这是他们对欧洲的责任,赞扬说他们是怎样被选出来通过交流来帮助欧洲和中国的而部分地做到了这点。同时,他也对传教士提出了质疑,认为给中国人传授知识而不同时也向他们学习会使传教士们处于不稳定的地位。不过,大体上讲,莱布尼茨乐观地认为,甚至中国知识向欧洲的传输将使传教士的努力受益很多。只有理解了中国文化,传教士们才能更好地转述它们。

　　莱布尼茨试图帮助和引导传教团的第二种方法是发出特定的信息。我们都知道,莱布尼茨认为转变中国人的最好方法是通过知识和哲学。在与耶稣会士的通信中,他试图提供某些这类的知识和哲学。更重要的是,他试图使传教士们相信这是恰当的方法。他写给沃珠的信中说明了他的意图。他说,他希望为此使团作出贡献,但是他能做的只能是通过他一般的工作,即通过促进科学和艺术的发展:

　　　　从总体上讲,在这两件事中,首先是通过新的方法和选择有效应的效果去发展一种发明术(它是所有方法中的方法),其次,是包括孝行和真理被同等考虑的立体哲学的建立。(W 55-56)

　　他经常在通信中传达科技新闻。他在1701年2月15日给白晋的信件中描述了他对无穷小的新的分析,一种与油混合后点燃时新发现的"火的精神(spiritum igneum)",以及利用气压计可以预测天气等。

（W134-135）有时，他还发布一些他自己的发现。比如他把他的二进制算法在1697年首先告诉了闵明我，之后在1701年告诉了白晋。（参阅 W33-43，W134-143）在对算法进行了解释之后，他说，他希望它在关于（神）从虚无中创世（ex nihilo）的描述和确认方面对中国的哲学家甚至皇帝自己有很大的作用。他说，如果皇帝了解到创造者是白晋的朋友，并且是为了皇帝陛下而特别地从欧洲寄送过来的，他们将从皇帝的良好愿望中受益。（W138-39）

莱布尼茨试图对传教使团有所贡献的第三种方法是建议加强信息由中国向欧洲的流量。他经常劝传教士们出版更多的东西，他自己也经常在《中国近事》中刊发一些他们的作品。有时他也提供一些简单的建议，如推荐一些中国人的"生活词典"到欧洲来。（W 57）有时，他提供一些成熟的方案，如他对一本关于中国知识的字典或百科全书的方案。他曾经听说一本巨大的满汉词典正在编撰之中，因为新建的清王朝皇庭仍然把满语作为母语。莱布尼茨建议将这本词典翻译成一种欧洲语言，并增加图表、插图说明以及专业知识。他认为，由于满族人可能仍然感觉被排除在这些领域之外，所以后者将吸引他们。他写信给白晋说："这本词典将成为所有事情的钥匙。"（W218）莱布尼茨——曾是一名外交官——甚至提出了怎样使皇帝信服并筹建翻译基金的建议。白晋可能向他提出了这本字典的有利性并解释说最好的方法是与欧洲专家合作。他们将乐意帮忙。当然，整本字典必须翻译成一种欧洲语言（W217-218）。

1697年《中国近事》的出版标志着莱布尼茨与中国关系的另一种转换。与闵明我的会面给了莱布尼茨在耶稣会传教活动中一个积极的角色，而《中国近事》的出版则标志着莱布尼茨已步入了欧洲政坛。书的标题——来自中国的最新消息——指明了此书是关于中国的信息资料。莱布尼茨在书中涵括了多种报告，其中大多数为耶稣传教士所写。在书的序言中，他谈到了中国近来最重要的事件：闵明我没能从陆路抵达中国；关于基督教宽容令的发布；传教士如何帮忙促成了《中俄的尼布楚（涅尔琴斯克条约）条约》的签订；在西安找到已经被中国的聂斯脱利教派的（Nestorian）基督教放弃的纪念碑消息的确认。然而，隐藏在书背后的真实愿望超越了传播中国的信息。莱布尼茨序言中是这样总结的:"当然,中华帝国的疆域是如此宽广,东方这个最聪明民族的美誉是如此耀眼,它的权威对于其他国家是如此具有影响力,以至于自使徒时期以来,对于完成基督教的信仰而言,很少有更伟大的工作了。"(NS 22)如果这是序言要传达的信息,则其目的就是"唤起欧洲教堂和法庭,他们可以派劳动者去等候收获"。(NS I6)为了鼓舞去中国传教的热情,莱布尼茨甚至给予中国人高度的评价,评论了他们的礼貌、文雅和有秩序。他概括地评价了皇帝,指出他们因为害怕后代的负面评价而极力避免不道德的行为。(NS 6)之后他特别地指向了康熙:

> 我记得可敬的闵明我教父——这个社会的一个杰出的人物——在罗马告诉我,他是怎样敬佩这位王子的德行和智慧的。事实上,(如果可以的话,我顺便说一下,关于他对正义的喜爱、对平民的慈善、生活的中庸态度以及其他的优点的评论)闵明我声称这位君主对知识的巨大渴望几乎成为了一种信仰。(NS 8)

莱布尼茨把皇帝的杰出部分归功于他对中国和欧洲知识的学习,部分归功于他的知识和对几何学的欣赏。《中国近事》的第二版刊出了白晋的一篇描述并赞扬康熙的文章。莱布尼茨将之从法文译成了拉丁文。

除了鼓励交流的这个一般目标,在序言中,我们还发现了一个复杂的政治文件。该文件表现了莱布尼茨的外交技能。尽管简短,莱布尼茨提出了三项特别的政治目标,所有这三者在后来仍持续引起他的注意和兴趣。首先是他在"礼仪之争"中接纳的态度。他直接地指出阿尔诺(Arnauld)对耶稣会士的评论过于苛刻,祭孔的礼仪看起来没有宗教性质(NS II)。之后他又批评了尝试"强制远离欧洲的基督徒的所有西方的规诫"(NS 12)。他对耶稣会士和中国人的经常性的赞扬创造了一个强有力的接纳的例子。莱布尼茨在礼仪之争中的态度将在下一章讨论。序言的第二个政治目标是新教徒传教士促成的努力,虽然莱布尼茨在序言中并没有直接表达这一点。① 出于他对耶稣会士的依赖,他的缄默是可以理解的。在写给一位身份不明的英国通信人时他这样说:"我不想批评提供信息的耶稣会士。"(Grua,第 205 页)不强调新教徒,他宁可呼吁所有的人参与传教的使命。他谨言慎行地作为欧洲人而非德国人、作为基督教徒而非新教徒,把他的书看做唤醒欧洲宫廷的尝试,(NS 16)并把与中国的交流看做是所有基督教面临的最重大的工作。(NS 22)作为一个编写耶稣会著作的新教徒,他在说"我们基督教徒"时毫不犹豫。(NS 12)正是他的不属于任何教派,打开了所有团体参与的大门。莱布尼茨能为所有基督教徒所认可的、精简了的基督教的观点,被介绍到中国,表明他希望吸引并容纳新教徒的愿望。他作为基督徒讲话的尝试,不仅仅表明了他想要争取更多新教徒加入传教团的努力,也表明了另一个潜藏在表面下的动机:传教士的努力能够将不同的基督教派系统一到一个共同的行动之下。在关于《柏林科学院》的文章中,莱布尼茨把他的目标缩小为至少将新教派系联合在一起。②

《中国近事》中对新教传教团的呼吁十分微妙,以至于莱布尼茨自己都认为,他应该在这本书刚出版后匆忙写出的信中把它指出来。在 4—5 月之间的不足一个月的时间里,莱布尼茨给几个国家中的七位杰出的新教徒写了信。③ 每封信都包含一个相同的信息——序言真正的目的是鼓励新教徒参加传教团,但是为了不冒犯耶稣会士,这一信息被掩盖了。我们可以用给中纳的信作例子。莱布尼茨是这样开始的:"我在序言中暗示了我出版了这些篇章的目的,但我不想太公开地触

---

① 默克尔(Merkel)把莱布尼茨作品的这一部分放在了弗兰兹·鲁道夫·默克尔著的《莱布尼茨与消逝的中国传教团》(Leipzig:JC Hinrichs'sche Buchhandlung,1920)。拉赫(Lach)讨论了涉及德国政治情况的莱布尼茨的传教工作(拉赫:《中国近事》,第39—55 页)。
② 默克尔:《莱布尼茨与消逝的中国传教团》,第65—66、145—48 页。
③ 1697 年 4 月 26 日,给中纳(Johann Chuno)(A I,14,154)和给雅各·威廉姆·霍夫(Jakob Wilhelm Imhof)(A I,14,147-48);4 月 27 日给艾蒂安·绍文(Etienne Chauvin)(A I,14,154)和给雅各·合(Jacob Hop)(A I,14,158);3 月 11 日给莫雷尔(Andreas Morell)(A I,14,203);3 月 18 日给吉尔伯特·伯尼特(Gilbert Burnet)(A I,14,217)和给肯尼(Kemney)的托马斯·伯内特(Thomas Burneet)。(A I,14,223)

碰这条线,免得树起我自己的观点或是冒犯了耶稣会士。"(A I,14, 145)然后,他赞扬了新教学说的纯洁,并强调,在中国的传教团的历史意义是与转变罗马的工作一样的重要。接下来,莱布尼茨叙述了新教徒胜过天主教徒的好处:

> 我仍然认为,这个大帝国的君主(康熙),在他的对只传播欧洲科学的传教士有利的法令方面,确实应该得到尊敬。由于新教徒在科学上超过、至少是与罗马天主教徒等同的,他们至少可以做得与他们一样多。莫斯科人宁可让新教徒通过他们的领土,而不容许耶稣会士。由于新教徒是东印度群岛上航海技术的主要掌握者,他们在他们这边拥有所有的优势。(AI,14,146)

另一封信重复了这些要点。在稍后的写作中,莱布尼茨进一步声称新教徒应该在科学上拥有优势,因为他们很少被教条束缚。① 在一些信件中,他增加了物质利益的动机,比如对贸易和国家的好处。② 虽然默克尔说,莱布尼茨的呼吁在新教徒的圈子里很受欢迎,但是他却从未看到他所希望的成功。③ 最热情的回应者是奥古斯都·赫尔姆努斯·弗朗克(Augustus Hermannus Francke),他后来成为派往印度的丹麦传教团的顾问。康拉德·梅尔(Konrad Mel)从《中国近事》获得灵感,写了以推进传教使命作为文化交流手段的一本书,并于1701年出版了,但是这部著作本身的影响甚微。④ 莱布尼茨称,他的努力也提供了促使成立"在国外传播福音的英国团体(English Society for the Propagation of the Gospel in Foreign Parts)"的

---

① 默克尔:《莱布尼茨与消逝的中国传教团》,第142—43页。
② 比如,给伯尼特,1697,A I,14,第217页。
③ 默克尔:《莱布尼茨与消逝的中国传教团》,第53页。拉赫说,序言在其出版后的近十年里引发了重大的反响。他特别提到了弗兰克(Franke)和梅尔(Mel),但补充说,这些反响并没有导致以文化交流为重点的使命(拉赫:《中国近事》59—63页)。一些对莱布尼茨呼吁的回应,见于与奥古斯都·赫尔姆努斯·弗朗克的通信中,默克尔印刷,第214—24页;与文森特·普雷休斯(Vincent Placcius)的通信,迪唐斯出版,IV. P 1,第77—81页。
④ 拉赫:《中国近事》,第60—61页。

刺激因素。①

我们不应该假定莱布尼茨与耶稣会士的通信是不真实的而他与新教徒的通信是真实的。尽管他对耶稣会士有过批评,但是他还是对在中国的耶稣会士持赞赏态度的。刊发大量耶稣会士作者的文章本身就意味着认可。在序言中他还直接指出,大多数传教团的成就都是由耶稣会组织做出的,"他们在这一事业中的德行应该得到甚至是来自将他们视为敌人的那些人的赞誉"。(NS 10)莱布尼茨评论中的阿谀同样也是诚意的,并且莱布尼茨在后来的"礼仪之争"中成为耶稣传教团的杰出捍卫者。尽管有对新教传教团暗含的呼吁,但莱布尼茨在写给公主苏菲(Kurfurstin Sophie)的信中还是说,序言是支持耶稣会士的。(Klopp I,7,2,p.144)在给后来成为柏林科学院的成员的《新近专家杂志》(Nouveau Journal des Savants)的编辑艾蒂安·绍文的信中,他的想法看起来更加真实:"我善意地说到了耶稣会士计划的、值得我们认可和模仿的每件事情,很少触及那些应该受到指责的。"(A I,14,154)莱布尼茨的目的就是他在序言部分所说的:把人们带入中国带来的机遇中。他鼓励所有人这样做,不论是新教徒还是耶稣会士。如果某些鼓励是要使他们彼此反对,他就不会像上面说的去做。

第三个政治目的是打通从俄国通向中国的陆路。② 由于莱布尼茨和闵明我的关系,他敏锐地意识到到达中国的困难。两人在罗马会面后,闵明我启程途径俄国再回中国。在闵明我旅途中,莱布尼茨成了他

---

① 阿道夫·哈纳克:《普鲁士王室在柏林的科学院的历史》(Geschichte der Koniglich Preussian Akademie der Wissenschaften zu Berlin)(希尔德斯海姆:格奥尔格·奥尔姆斯(Georg Olms)出版社 1970[1900 年版的重印])。莱布尼茨与约翰·沃利斯 John Wallis 讨论了这个,特别是 GM IV,第 75—80 页。与爱德华·吉 Eduard Gee,特别是 LBr 第 301 页,BI 第 11 页。拉赫指出,莱布尼茨在建设这一社团的时候起的作用不大,他主要专注于文化交流。莱布尼茨把《中国近事》和一些对促进新教传教团的信件寄给了索里斯伯里(Salisbury)的主教及社团的创始人吉尔伯特·伯内特(Gilbert Burnet)。莱布尼茨给伯内特的信的例子,见 A I,14,第 217 页与 A I,16,第 435 页。

② 关于俄国与莱布尼茨的中国传教计划之间关系的讨论,见于默克尔的《莱布尼茨与消逝的中国传教团》,第 151—56 页。拉赫也在需要一条穿过俄国的陆地线路的问题上提出了杰出的观点(拉赫:《中国近事》,第 5—20 页)。对莱布尼茨关于俄国计划的更多的讨论,见于巴吕齐的《宗教组织》。

的信息中心,寄去询问的信件,传播他所获得的所有新闻。① 首先,闵明我没能顺利穿过俄国,后来,他又没能穿过波斯,最后被迫通过葡萄牙人控制的海路到达中国。莱布尼茨与在中国的耶稣会士的通信也突显了交流的困难,因为有时信件的来往需要一年的时间,而且投递也常常是不确定的。② 通往中国的常规路线是,从里斯本途经葡萄牙在印度的殖民地果阿和澳门,然后进入中国。除了行程本身的危险之外,到中国的线路由葡萄牙人所控制,或是被从美洲跨越太平洋远道而来的西班牙人所占据,而且经常被荷兰的船只所威胁。莱布尼茨对新教传教团的期望依赖于建立一个不同的线路通道。在给绍文的信中,莱布尼茨提到了对这条线路的两个希望。一个是借助荷兰和英国的海上力量。另一个是通过改进德国和俄国的关系。(AI,14,154)他在同年写给中纳的信中提到,由于荷兰和英国缺乏适当的、通向中国的海洋路线,因而陆路就变得非常关键了。(A I,14,806-807)

像莱布尼茨对新教传教士的呼吁一样,对途经俄国陆路的呼吁只是在序言中暗藏着的。在写闵明我失败旅途的这两段文字暗含着要使这条线路更容易一些的意图,但是关于俄国的最重要的一步是在第一段中。"命运的非凡计划"把包括俄国在内的欧洲和中国联系在一起。他写道:"拥有连接欧洲和中国广阔领土、占据北部冰冻海洋沿岸的荒芜地带的莫斯科人,他们现在的统治者努力地带领他们来效仿我们的方式。据我所了解的,他们的教长(the Patriarch)也赞同他的意见。我认为,这不会是偶然的。"(NS 1)在个神圣的计划也包括了俄国这一点,显露出这本书的意图——为了增进对交流的支持——不仅针对欧洲也针对俄国。唐纳德·拉赫补充着指出,《中国近事》选在 1697—

---

① 比如,1690 年 8 月 7 日来自丹尼尔(Daniel Papebroch)的(A I,5,644),1691 年 6 月 30(?)来自安东尼·马利亚贝基(Antonio Magliabechi)的(A I,6,536-39),1692 年 3 月 18 日给保罗·佩里森-冯塔尼(Paul Pellisson-Fontanier)的(A I,7,291-92),1962 年 3 月 16 日给坦泽尔(Wilhelm Ernst Tentzel)。(A I,7,628-29)NS 17 与 19 也讨论这一行程。

② 据拉赫所说,在 1695 年耶稣会士从中国寄出一些信件和报告经由俄国到欧洲。在过境时,材料的复印件"落入别人之手"并最终到达莱布尼茨那儿。莱布尼茨在《中国近事》中使用了这些材料(拉赫:《中国近事》15—16 页)。莱布尼茨在 1695 年 10 月 4 日给沃珠的信中提到这些材料(分别在 W 第 30、32 页)。

1698 年彼得大帝巡历欧洲的时候的出版。① 如同他对新教传教团的努力一样,《中国近事》中暗含的俄国陆路在莱布尼茨的信件中也得到了详述。② 给刚刚从莫斯科返回的一位丹麦的官员卢多尔夫(Heinrich Wilhelm Ludolf)的信可以作为一个例子。在这封信中,莱布尼茨再次描述了中国的环境是如此适合从事神的工作。他写道:"世界上两位最伟大的君主都显示了极大的热情致力于把我们的优点吸收到自己的国家中。他们就是沙皇和中国的皇帝。更为重要的是,沙皇的土地连接了欧洲和中国。"(A I,14,555)在这里,莱布尼茨再次哀叹着说,最好的机会完全留给了耶稣会士。接着,他具体地描述了如何把他的计划付诸实施,询问沙皇给了荷兰人什么好处,后者如何会将商品贸易和道德、虔诚贸易相结合。(A I,14,555)信中的其余部分提出了如何引起沙皇兴趣的具体建议。比如,由于沙皇热爱海洋,他可能会被说服去做一系列磁偏角的实验。在他后半生中,莱布尼茨写了很多促进俄国艺术和科学的计划,把一些寄给了彼得大帝和另一些给了他的大臣们。几乎所有这些计划都强调了俄国可能扮演一个欧洲和中国之间的中间角色。③ 1716 年,在他生命即将结束的时候,莱布尼茨寄了如此的一份计划给彼得大帝。在计划中,他说,"我认为天堂是我的国家,有教养的人是我的同胞",并展开了他对俄国发展的计划,并提出了他自己能做的事。④ 俄国在欧洲与中国之间的具体位置以及对一条陆路的需要,仍旧是这份计划重要的部分。这些信件显示了莱布尼茨两种政治

---

① 拉赫:《中国近事》,第 16 页。
② 事例,见 1697 年 4 月 27 日给肖万 Chauvin(A I,14,154),8 月 4 日(?)给弗朗索瓦·莱福特(Francois Lefort)(A I,14,N 225),9 月 30 日给奥古斯都·赫尔姆努斯·弗朗克(A I,14,545-546),10 月 1 日给安德烈亚斯·莫雷尔(A I,14,550),10 月 2 日给卢多尔夫(Heinrich Wilhelm Ludolf)(A I,14,555-557),11 月 28 日给中纳。(A I,14,806-807)
③ 事例,见于 1708 年 12 月写的"Denkschrift für Peter"(献给彼得大帝)(格里尔出版(Guerrier),《莱布尼茨和彼得大帝的关系》,第 95—99 页),莱布尼茨 1711 年给赫尔佐格·安东·乌尔里希(Herzog Anton Ulrich)(格里尔,第 170—171 页)或"关于莫斯科论点的标本"(specimen einiger puncte,darinn Moscau...)(FC VII,第 395—403 页)。
④ 部分在维纳(Wiener)翻译的《莱布尼茨选集》,第 597—598 页;《莱布尼茨未发表的信件和小册子》(Letters et opuscules inédits...)福彻德·科雷尔(A. Foucher de Coreil)编辑,VII,第 506—515 页。

计划的交叉点:与中国的交流;促进俄国的艺术与科学。

虽然莱布尼茨主要关注的是文化交流,他实际的焦点常常在传教团上。我们看到他参与的两个阶段:第一个是与耶稣会士;第二个是援助俄国的新教传教团。第三个阶段是从后者发展出来的。正如我们注意到的,莱布尼茨倡导了卡塞尔(Kassel)、德累斯顿、维也纳、俄国以及柏林的学术团体,他在对每一个团体的倡导中都提到了中国和传教活动。在此,他继续用到他的格言:通过科学宣传信仰(propagatio fidei per scientias)。1700年,莱布尼茨创立了柏林社会科学院,并将与中国的交流作为它的核心事务。① 几乎每份有关创立社团的文件都包括一些关于中国的讨论。在一份计划的列表中,莱布尼茨写道:"社团最重要的目的应该是通过科学宣传信仰。"②在另一份计划中,他补充说:"通过科学宣传信仰是建立这个皇家社团的主要目的。"③对莱布尼茨计划的最完整的表述有很长的标题:"关于如何通过科学宣传信仰的思想最好由新皇家科学研究院依据它的指导而给出。"④莱布尼茨是从提及他与在中国的传教士的通信而开始的,即他在《中国近事》中对新教传教团的倡导、在最近创立一个以传播信仰为宗旨的英国社团中《中国近事》角色等。接着,他开始关于培训传教士的论述。它是这样陈述的:在**神**的直接帮助中,科学是促进基督教的最好方法。出于这个目的,传教士应该在社团中接受数学、天文学、医学以及必要的语言——最好由母语使用者来教——等方面的训练。他列出了一些我们已经看到了的新教徒的优势,并补充说教皇的权威引起国家领导者的怀疑。这种怀疑就是为什么耶稣会士会被赶出日本以及为什么他们会在中国陷入困境的原因。莱布尼茨以这种方式继续讨论了应该如何训练传教士,沙皇怎样才能愿意提供帮助,这项计划如何获得资助,以及

---

① 对莱布尼茨和柏林科学院杰出的研究,见于布拉特(Brather)的《莱布尼茨与塞纳科学院》(*Leibniz und Seine Akademie*)。涉及柏林科学院的作品,收藏于哈纳克的《王室普鲁士在柏林的科学院的历史》。
② 同上书,第112页。
③ 同上书,第142页。
④ 同上书,第141—145页。

它如何可能增加新教徒内部的团结等等。他提出,进一步的目标应该是派送传教士去土耳其、波斯,还有印度,但是目前经由俄国去中国的传教任务更有前途。

这些写作的语调与《中国近事》以及莱布尼茨其他通信不同。在这里,它看起来似乎远离了他的"光的交流",而更关注于向中国传播福音教会(evangelical church)。他把这当做了自己的目标:"考虑决定基督教的真理和福音主义者的圣洁如何能够越来越多地经由训练好的基督传教团传给仍旧在黑暗中摸索的遥远民族的那些手段与方法。"①这种评论表现出了更多的埃及远征计划中的欧洲中心论的观点,它们使对莱布尼茨多元论的争论变得复杂。但是我不相信这种对基督教的促进反映了莱布尼茨的主要意图或是他对中国观点的改变。围绕建立学术团体的写作显示出了莱布尼茨作为一名外交官的所有技能。他给权贵们写信,利用最有说服力的观点。他倡扬爱国主义(强调它将是以德国为中心的社团②)、财政收入(通过贸易)、军事力量(战争是力量的原则,即数学和力学③)、还有宗教信仰。即便如此,他还是偷偷塞进了一些鼓励知识交流的元素。莱布尼茨倡建的培训传教士的学校——像柏林科学院的大部分计划一样——从未落实过。这个社团为交流采取了一些措施,比如,与曾跟随一个前往西伯利亚的商队穿越过俄国的布诺奇豪森(Brochhausen)的通信。布诺奇豪森寄回了一些在西伯利亚采矿的信息及其样品。④ 1705 年 9 月,莱布尼茨接到了来自社团研究院秘书雅布隆斯基(Daniel Ernst Jablonski)关于这个简短的但鼓舞人心的报告。⑤ 杜德美(Pierre Jartoux),另一位中国的耶稣传教

---

① 对莱布尼茨和柏林科学院杰出的研究,见于布拉特(Brather)的《莱布尼茨与塞纳科学院》(*Leibniz und Seine Akademie*)。涉及柏林科学院的作品,收藏于哈纳克的《王室普鲁士在柏林的科学院的历史》,第 97—98 页。

② 同上书,第 112 页。

③ 在给皇后阿梅莉(Amelie)的信中,莱布尼茨评说并督促在维也纳促进科学团体(克洛普(Klopp),XI 44)。

④ 见于"勃兰登堡科学院秘书的报告"(Bericht des Secretars der Brandenburgischen Societaet der Wissenschaften),哈纳克(Adolf Harnack)编辑(柏林,1897 年),第 34、39 页。

⑤ 雅布隆斯基寄给莱布尼茨的信件,见于"秘书的报告",第 34 页。

士,提出与社团建立一些联系,但他的建议没有被采纳。(W198-99)1710年出版的柏林社团科学院的第一份记录汇编"柏林杂谈"(Miscellanea Berolinensia)中,莱布尼茨编入了一篇关于民族起源的文章,其中包括来自闵明我和白晋的信息,但是关注更多的是欧洲和西亚的语言。① 莱布尼茨无数计划中的两项对于提供社团研究院经费的计划,可能出自于他对中国的狂热。其中一个得到了莱布尼茨很多指导的计划就是垄断丝绸制造。另一个是国家垄断日历销售——这是里奇所描述的中国一种很普通的情况。②

渴望的知识

指导莱布尼茨寻求向中国学习的是他的认识论和他对欧洲与中国知识优势互补的估价。莱布尼茨在经验数据的简单记录和必然性真理的运用之间建立了一座桥梁,中国在一边,欧洲在另一边。我们可以通过看一份1689年他写给闵明我的问题来了解他的目的。(W 3-4)虽然莱布尼茨记录了一些回应,但闵明我在交谈中回答了这些问题。(W 7-10)问题涉及的议题很广,但多数涉及的是有用的工具和流程,比如陶瓷制作、玻璃工艺、造纸,还有一种燃料。其他的是关于自然资源的问题,诸如有用的、可以运到欧洲的植物。莱布尼茨的重点是实用性———些问题涉及采矿,因为1686年间他一直建议在哈尔茨山(the Harz Mountains)采矿作业。③ 这种对实用性的关注与莱布尼茨1679年发给米勒(Müller)的问题形成对比,是他早前关注贸易的影子。莱布尼茨展示了对可以在中国获取的信息的深刻认识,他提出的许多问题填补了空白或者证实了其他出版著作中的信息。④ 值得注意的是,莱

---

① 迪唐斯(Dutens),IV,ii,第186—198页。
② 丝绸已经在欧洲生产了几百年,因此在提到丝绸制造垄断的时候不一定要联系到中国。拉赫把日历的提案与中国联系在一起(拉赫:《中国近事》,第51—52页)。
③ 艾顿(E. J. Aiton):《莱布尼茨传记》(波斯顿:亚当希尔弗有限公司(Adam Hilfer Ltd.),1985年),第107—114页。
④ 维德迈尔(Widmaier)提供了这些问题的许多资料。(W 6-7)

布尼茨不仅没有从中国寻求必然性真理——比如,他从不问他们的几何学是否发展了一些欧洲人所不知道的东西——他也很少问及那些我们可能称之为科学的、系统的知识。他最渴望知道的是,在中国古代是否有逻辑论证的几何学或形而上学,并询问其钥匙。(W 5-6)他的焦点是原始数据,就像他的两个主要的关注点——天文观测和历史记录。

经验的初级真理,比如"我看到 X",这些似乎接近莱布尼茨在中国所寻求的。"就在这一年,我在这些位置看见太阳和月亮"等等。这些简单的、通过现象观察到的真理,代表了人类思想的一端,最接近我们对宇宙万物的表达。在莱布尼茨的区分中,欧洲人占据了另一端,是与必然性真理或是先天理念的表达联系在一起的。但是,正如我们所看到的,虽然所有意识的根源都扎根在这两端,但统觉总是把这两端融合在一起。所有有意识的经验都包含了必然性真理,同时所有必然真理都包含了具体的经验。因此,莱布尼茨对欧洲和中国知识的区分,不能像它最初出现的那样清楚地分割。我们可以再次回过头去看看莱布尼茨是怎样描述这种区分的。在给白晋的信中,他写道:"我谈及物理并且我理解目前在这一名义下所有的有形物质的实验结论,其中仍有一些不能用几何原理或机械力学予以解释。因此,这些完全不能通过理智或先天获得,而只能通过经验和传统。"(W62-63)这一段文字似乎是要将经验知识或观察记录与一个先天的演绎知识区分开来,但在这两者之间仍有系统的、但不确定的知识,这就是科学。这一中间地带从思想之间的必要联系中获得结构,但当这些思想映射在存在的事物上时仍旧是暂时性的。中国知识的位置在何处?莱布尼茨在 1679 年给吉恩·巴蒂斯特·科尔伯特(Jean Baptiste Colbert)——路易十四时期的一位强权部长——的信中阐述了这个问题。(A III,2,918-19)他是这样开始的:中国人在来自于经验的知识中占主导地位,但是,自从欧洲人在必然性真理的知识中占住了优势,他们就可以很好地描述地球和宇宙运动,并且设计出出更多神奇的机器。这种区分一直贯彻到中国人在生活实践和观察中的优势,与欧洲人在军事力量和几何学的优势的区分上。他指出:"在这两边,都需要一定严格的训练。"这最后一句暗示着,中国人的知识超越了观察记录。在"生活实践"中这一点是清楚明白的,因为我们不能单单靠经验记录来生活。莱布尼茨先前的话包含了两个方面。首先,它意味着中国人不仅仅拥有大量的数据,同时还拥有对地球和天体运动的描述;只是这些描述不如欧洲人的而已。其次,欧洲在更多地需要依赖必然性真理的领域上超过了中国,比如天文学。这种超越不应该被看成是在所有的科学中,即使是中国人拥有更丰富的数据而欧洲人拥有更好的知性。这种中国和欧洲之间知识的区分,最好被理解成一种科学以内的区分。这两者都有某种科学的成分,并且在发展的过程中都使用了观察和理智。必定是这样的,因为所有的思想都发生在感觉和先天观念的交叉点上。在这些科学里,中国人在观察这边占优势,欧洲人在理智那边占优势。这可能意味着,在原则主导的科学中,譬如天文学,欧洲人统治,而在数据主导的科学中,诸如药理学,则由中国人统治,但是这两者无需要分得太清楚。在任何情况下,在向对方学习科学的时候,两者都需要学习一些数据和理性,即使每一边所获得的大部分都不相同。然而,必须承认,莱布尼茨强调从中国收集数据,而不是科学原则。莱布尼茨对中国人技术的兴趣可能是个例外。虽然他认为欧洲的技术更先进,但他仍然关注引进中国的技术。当然,欧洲人已经被中国人的技术所改变——印刷术、火药和指南针。① 但即使对于这些技术,莱布尼茨也没有寻求中国人制造这些机器时的机械原理,在这一点上,他仍然寻求数据,也就是有用的机器。

下面提出关于莱布尼茨对中国科学的评价。莱布尼茨的观点似乎是,中国的科学不如欧洲的,但它也是高度发达的,并且可能发现了一些为欧洲所不知道的东西。莱布尼茨可能从耶稣会的原始资料中得出这一估价,他们称赞了中国的哲学,但没有称赞中国的科学和数学。耶稣会士依靠着数学和科学在朝廷上获得权力:在公开挑战宫廷的中国和穆斯林天文学家之后,汤若望和南怀仁担任了钦天监的负责人。在某种意义上,莱布尼茨和耶稣会士正确地断言欧洲科学的优越性。用现代欧洲的方法和目标界定科学,中国科学是逊色的。但是用同样的

---

① 席文(Sivin)讨论了这三种技术在中国的起源,提到了培根的一段叙述:"因为,这三者改变了世界各地事物的整体面貌和状况。"席文:《古代中国的科学》,VI 第 165—166 页。

方法界定,中国的科学直到文艺复兴前一直是优越的,特别是在数学和天文学方面。① 直到 16 世纪,中国的天文学观测数据仍比欧洲的准确,并且他们的观察数据的记录更完好。何丙郁举出了 20 世纪的天文学家们正以莱布尼茨所期望的方式使用这些数据一些例子。② 如果我们认为科学,虽然,不是一种客观、不受文化影响的自然之反映,而是一种围绕文化事业和特殊目标建构的社会现象,我们就可以看到试图为各种文化的"科学"划分高低等级是荒谬的。③ 在莱布尼茨的时代,科学的目的表现为对自然的观察和处理,它很快融入了欧洲的工业化和殖民政策中。在此框架内,欧洲的科学变得比其他任何一种文化的科学更加优秀,但是用这个欧洲框架判定中国的"科学"毫无意义。换句话说,欧洲科学的成功,伴随着它的核武器和环境的破坏,在中国的科学框架下看来是一个失败。中国科学关注与自然过程的和谐,并且对战争和商品贸易不屑一顾。具有讽刺意味的是,莱布尼茨自己并没有把现代科学的目标与对被创造的自然世界的更大的敬畏——一个通向**神**的敬畏——的目标区别开来。欧洲科学在世界范围的优势地位,没有给我们留下在传统中国框架下的现代科学将是什么样子的任何例子。一个可能的例外就是中医,特别是最近试图融和现代医学的发现而成为一种整体性的健康方式。

莱布尼茨对中国的科学一般不感兴趣,但中医是一个例外。莱布尼茨的赞扬一定与他对欧洲医药研究的蔑视联系在一起。正如他 1671 年所说的那样:"即便中医的规则显露出某种愚蠢和荒谬,但它们比我们的强多了。"(A IV,I,552)一年后,莱布尼茨给东方学者戈特利

---

① 何丙郁(Ho Peng Yoke)的《理、气与数:中国的科学与文明简介》(*Li, Qi and Shu: An Introduction to Science and Civilization in China*)(西雅图:华盛顿大学出版,1985 年)从事这项研究并对中国的科学和数学进行了很全面的介绍。对中国科学的研究最彻底的是李约瑟(1954—)。席文的《古代中国的科学》,以及席文(Nathan Sivin)的《古代中国的医学、哲学与宗教:研究与反思》(布鲁克菲尔德(Brookfield),VT:集注版,1995 年),涵盖了关于中国科学的各种主题的论文。

② 何丙郁:《理、气与数》,第 150—152 页。

③ 虽然这一点是显而易见的,但直到罗思文(Henry Rosemont)指导我阅读将席文时我才想到。我这里的论述是基于席文的《古代中国的科学》,VII,第 45—66 页。

布·斯皮泽尔(Gottlieb Spitzel)写信时说,来自中国的最有前途的东西就是他们的医学。随着莱布尼茨对中国知识的发展,他对中医的关注也在发展。有时他说,除了传播基督教,传教士最重要的任务就是学习中国的医学。(W 86)在一定程度上,莱布尼茨需要观测——什么药有什么作用——但他指出他也渴求一种来自中国的医药科学。他向白晋寻求"有关特别的医学经验和药品的具体证据"(W 139)的介绍。这一段话揭示了莱布尼茨寻求的不只是特殊的观测,他还要求证据以及必然性真理的使用。在另一封给白晋的信中,莱布尼茨强调了这一医学概念。他写道:

> 我完全相信仍有一些非常重要的东西值得向他们学习,最需要的是医学,因为它们在自然科学中是最重要的。……而且,所有的物理科学甚至医学都以**神**的荣誉和人类终极的善为最终的目的。正是这一目的,提供了为**神**的荣耀而工作的手段。(W 63)

医学是一种自然科学,是通向**神**的整体科学规划的一部分。但莱布尼茨对中医的观点有时不一致。在1697年8月寄给公主苏菲的信中(A I,14,12),他说:中国人不知道血液循环,闵明我说他们的医学不像是什么伟大的东西。但是,面对矛盾的观点时,我们应该看莱布尼茨的行动。他的行动显示出,在与闵明我在罗马会面后他一直努力寻求中医的知识。就我所知,莱布尼茨自己没有试图学习中医,但是他确实鼓励医生卢卡斯·施罗克(Lucas Schrock)学习中医。他从施罗克那里转发了一组12个问题给白晋和克莱尔(Andreas Cleyer)——一个生活在巴达维亚(Batavia)——原荷兰东印度的首都,现在的雅加达——的医生。[①]

语言与通用字符

莱布尼茨从中国收集数据兴趣的另一个重要的例外是他对中国语

[①] 维德迈尔给出了这些问题的简要说明(W 71)。问题本身见 LBr,第838页,Bl,第2—3页。莱布尼茨在与另一位医生的通信中简短地提到了克莱尔(Cleyer)、康拉德·巴索尔德·贝朗(Conrad Barthold Behrens)(例如,A I 15,第154页;LBr 第46页,Bl 94 v°)。

言的兴趣。我们已经看到,我们关于宇宙的具体表达通过建立在符号之上的思想决定着我们先天观念的表达。这种条件限制提升了推理所需足够符号的重要性。因为符号是我们先天观念的结构及我们表述宇宙的位置的一种结果。对符号的关注导致了文化交流。简言之,虽然先天观念本身不是文化决定的,但我们对这些观念的认识却依赖文化决定的语言。减轻对我们先天观念限制的方式之一就是改进我们的语言和符号系统。而这个任务的最大资源或许正是其他语言。在莱布尼茨自己促进文化交流的尝试中,他策划了一个比较语言学的领域。在《人类理智新论》中,他写道:"当不再有古老书籍可供查阅,它们的位置将被人类最古老的纪念碑——语言所取代。最后,地球上的每一种语言都将被记录并写进字典和语法表;而比较就在它们之间做出。"(NE III, ix, §IO;RB 第 336 页)莱布尼茨自己通过他广泛的接触奠定了这种比较的基础。他的主要兴趣是从中亚到欧洲的语言进程。他在给白晋的一封信中解释了他的愿望。信中,他要求中文和邻近语言中"祈祷文(the Lord's prayer)"的复本。(W60-61)在莱布尼茨的通信中,相同的请求还出现在别的地方。他写道,随着时间的推移,他将需要来自朝鲜、日本、暹罗、缅甸和印度等其他地区的复本,但绝大多数是来自中国北部、印度和波斯的鞑靼民族的语言。1698 年,白晋寄给了莱布尼茨一份满文—拉丁文隔行对照的译本。(W75-77)在接下来的两年中,尼古拉斯·维特森(Nicholas Witsen)也寄给了莱布尼茨一些隔行对照的译本。这些都保存在莱布尼茨档案馆中与维特森的通信当中。① 相对于他的时代,莱布尼茨展示了自己关于中亚语言的重要知识。他探求着有关语言从东到西进展的具体问题以及西藏和鞑靼人之间的关系。由于从闵明我和白晋那里汲取的信息,② 通过这种通信,他

---

① 这些标有:samojet(两种不同的译本), Czexemise Turk, Permien, Progolitz 和 Moegalo (LBr 第 007 页)。

② 莱布尼茨提到凯尔特(Celtic)的 Mar,古代德国的 Mare 或是 Möre,满洲的 morah 或是 morin 和中国的 ma(马)。莱布尼茨最先是在 1692 年 4 月 18 日给希奥布·卢多尔夫(Hiob Lodolf)的信中提到这种联系的(A I,8,127)。在 1693 年 5 月 7 日给爱德华·伯纳德(Edward Bernard)的信中,他写到他是从闵明我那里学到的鞑靼人的词语"马"的(A I,9,330)。白晋寄给他满语(morin)和中文(as ma)马的词语。(W 77)

终于设法发现了这几种不同语言之间的一些联系,最明显的例子是单词"马"。在莱布尼茨关于中国的写作中,语言是其主要关注之一。而在他与闵明我见面之前,语言几乎是他唯一的关注。

如同大多数莱布尼茨的严肃关注,比较语言学满足多种功能,比如开拓其他语言的文本财富,(W63)帮助语言使用者的转换——这一点是他对传教团的通讯员所强调的。(W60-61)就我们的目的而言,比较语言学最重要的理由是在《人类理智新论》中被提及的。在那里,莱布尼茨写道:它"将对事物的认识非常有用,因为它们的性质往往反映在他们的名字中(从不同国家植物的名称可以看出),同时对我们心灵和对它作用的不可思议的多样性的认识也非常有用"。(NE III,ix,§IO;RB 第336—337 页)作为我们先天观念和宇宙万物表述的交叉点,符号和语言同时表达了宇宙万物和我们心灵的结构。因此,语言的学习既可以使我们认识到存在的事物,明晰并扩大我们对宇宙万物的表达,也可以使我们认识到心灵,明晰并扩大我们对先天观念的表达。不同的语言可能有一些共同之处,但是它们的多样性应该对我们先天观念有不同的洞见。比较语言学的一个最终的理由是鉴于它在起源和民族迁徙中得到解释。莱布尼茨对这一点的坚持看上去或许有些奇怪,但是我们必须记住的是,与他的同时代人相比,莱布尼茨看到了作为开始于巴别塔的退化的语言中的变化。① 莱布尼茨质疑重新找回一种原始的"亚当"语言的可能性,但是他希望尽可能弄清语言的起源。一种语言越古老,就越有可能接近起源,而中文就被认为是特别古老并完好保留的。他发表在柏林科学院的记录汇编上的计划"以语言的痕迹来看民族的起源"(De Originibus Gentium Ductis Potissimum ex Indicio Linguarum)提供了一个极好的例子。文章引用了白晋和闵明我,详细探讨了欧洲语言之间的关联以及他们在东欧和西亚的起源,使得一些联系更多地朝向了东方。莱布尼茨说明了跨越欧亚两洲的相似的单词"马",并说明了在"东方—鞑靼语"的 kan 和欧洲单词 können、King 和

---

① NE III,ii,§1;RB 第281—282 页;也给拉罗克(Larroque),A I,10,第249—250 页。

König之间的关联。① 他将这些相似之处当做是一种古老的共同语言的痕迹或者欧洲和亚洲曾经统一于一个伟大帝国的证据。

由于语言和知识之间的关联,通过文化交流认知任何一种语言或许可以增加我们通向必然性真理的渠道,但对莱布尼茨来说,中文不只是另外一种语言。随着语言之间的比较,对语言的学习可以通过帮助我们建立新的语言和符号系统从而增加我们通向必然性真理的渠道。给出了语言和文化之间的关联,我们自然地将走向文化交流。并且,在莱布尼茨建立他"通用字符"的尝试中,他也是求助于中文。莱布尼茨为他的字符从其他语言中寻求帮助的原因,集中在对人类思想的字母表(字符可以计算的一系列简单的思想)的需要上。莱布尼茨自己在归结这些元素时的失败使他转向了别的地方。与他同时代人努力创造人工语言的尝试不同,莱布尼茨相信符号不应该任意地与观念联系在一起。字符应该和他们描述的事物之间有一种自然的联系,这就使它们不可能被随意创造出来。由于每个字符必须包含和其他所有字符的关系,它们就很难一个一个地被创造。② 这些困难使莱布尼茨寻找他可以修改的现有字符。因为特征的指向能够使我们更好地使用必然性真理,所以我们看到,莱布尼茨致力于文化交流是为了改进欧洲通向先天观念的入口。

一系列的巧合和联系激起了莱布尼茨这样的信念:中文也许对于他的字符非常有用。这些联系在维德迈尔(Rita Widmaier)所编写的《中国文字在莱布尼茨的符号理论中的角色》(*Die Chinesischen Schrift in Leibniz's Zeichentheorie*)中已经得到很好的表述。对于莱布尼茨而言,通用字符应该具备一些用途,但是最至关重要的是它可以使我们更好地思考,即它为我们提供更好的、通向那些我们拥有但却没有感知到的先天观念的渠道。正如马塞洛·达斯卡尔(Marcelo Dascal)所论述的,通用字符不仅仅是一种帮助推理的"心理学技术(psychotech-

---

① 迪唐斯 IV,第二部分,第187—188页。
② AG 9,GP VII 第189页。

nique)",而是推理本身的构成因素。① 在一封给白晋的信中,莱布尼茨描述了这种字符:"它为推理提供了一个阿里阿德涅的线团(a filum Ariadnes),也就是说,构成一些演算的一种明显的方式,以便无论在判断行为还是创造行为上引导它自己。"(W 184)在原则上,莱布尼茨想要把语义功能和句法功能结合成一个符号系统。② 该字符应该有一整套表征不同观念的基本元素,还有一个允许这些元素演算的正式体系。(AG 10;C84)虽然前者给莱布尼茨带来了最大的困难,但莱布尼茨期望这两方面都可以从中国获得帮助。因此,1689 年他写信给沃珠说,他的字符只是能表征,像汉字那样,而且它还允许演算。然后他补充说:"我认为,如果一个人足够博学,他或许有一天会适应这些(汉)字,不只是像普通字符那样去表述,而是演算并且帮助想像和沉思。"(W88)

　　莱布尼茨认为这种字符需要三种性质:它们与所表述的事物之间有一种非任意的联系;它们直接表述思想而不是经过口头语言;它们被讲不同语言的民族所解读。③ 在第一点上,莱布尼茨相信汉字是表意的。他写信给白晋说,他不认为在埃及象形文字和中国汉字之间有任何联系,因为前者是象形的和物质性的,而后者"或许是更哲学化的,并且似乎基于更多的智慧考量,比如给予数字、秩序和关系;因此它有脱离的特性,这种特性与某种实体不存在任何相似处"。(W188)这就是说,埃及的象形文字和中国的汉字都以视觉的符号表述观念,但是汉字符号基于抽象的哲学考虑而不是图像。这导致了第二点:汉字直接表述观念,而不是表述可以表述观念的声音。至于第三点,莱布尼茨认识到中国汉字被日本人和朝鲜人识读,所以它们已经是一个通用的书写系统。④ 如同我们已经看到的,莱布尼茨甚至提出中文可以帮助聋人。导致莱布尼茨向中国寻找他的字符的最后一个要点是,它所投射

---

① 达斯卡尔:《莱布尼茨的符号学》,第 174 页。
② 维德迈尔:《中国文字在莱布尼茨的符号理论中的角色》,第 17 页。
③ 达斯卡尔:《莱布尼茨的符号学》,第 148 页。
④ GP Ⅶ,第 11 页;引自维德迈尔:《中国文字在莱布尼茨的符号理论中的角色》,第 35 页。

出与更完好的巴别塔语言的联系。中国语言的古老和保存完整使莱布尼茨有很好的理由去相信,与其他更晚近的、变动大的语言相比,这种原初的语言在中文里留下了更多的痕迹。①

中国汉字的这些品质自然而然地引起莱布尼茨为他的字符寻找一份字母表。实际上,中国汉字似乎真可能简化成一个有着几百个简单概念的字母表,它们形象的性质将使它们很容易被记住,并且可以在与任何一种特殊的口语分离的情况下被理解。② 困难在于一个人怎样才能使用这些汉字进行演算。然而,莱布尼茨对"中文之钥(a clavis sinica)"的信念给了他找到一个组合系统的希望。如同我们所看到的,是安德烈·米勒(Andreas Müller),宣传有这样一把钥匙的人,领着他走向了这种信念。其他的通信者,包括白晋在内,都肯定这种可能性(例如 W73)。1699 年,莱布尼茨收到了来自基督教徒门泽尔(Mentzel)——安德烈·米勒在柏林的继承者——的一份假定的钥匙。(LBr 第 641 页,BI 10v) 后来,在 1707 年,拉克罗兹(Maturin Veyssière La Croze)写信给莱布尼茨。他说:"……我为自己发现了中国语言的真正钥匙而自豪;也就是说,是对门泽尔先生所写的东西的一个必要的补充。有了这个助手,一个人就无需要花太多的力气学会去阅读、发音,就能理解所有的中文书籍。"(LBr517, BI7;参阅 LBr517, Bl 5 r°, Bl 6 v°)拉克罗兹是居住在柏林的一位图书管理员,是柏林社会科学院的成员,一位语言天才。他学习了一些中文,并成为后来莱布尼茨中国语言方面信息的来源之一。这些观念增强了莱布尼茨对于这样一把钥匙的信念,但是他继续抱有这种信念的主要原因是中国汉字的复杂性。他怀疑这种语言是不是真的像看起来那么困难,并认为它最起码应该有词源和写作的规则。(W 143)莱布尼茨在推测这样一个系统应该是怎么样的时候谈到了米勒:"因此,我猜想他瞧见了一些中文中普通的数字汉字和表示事物的基本汉字之间的关系,或许也观察到一些为制造出派生词而在基本汉字上做的小小增加甚至组合。"(W187)如果中国

---

① 维德迈尔:《中国文字在莱布尼茨的符号理论中的角色》,第 35 页。
② 同上书,第 188 页。

人能够提供一份汉字的基本字母表,并且如果它有一个派生和组合的系统,莱布尼茨在寻找他字符的梦想之路上应该会顺利得多。

在这一点上,对中国语言的结构稍做解释是有帮助的。在某种意义上,莱布尼茨关于存在这样一个系统的信念是正确的。虽然这决不是"钥匙"一样的东西,但汉字也不是绝对互异和非系统的。汉字通常由一大系列的经常使用的元素组成,其中的一些伴有特定含义(语义元素),而另外一些则有特定的发音(语音元素)。但是,这些经常使用的元素,并不是莱布尼茨所预想的那样一个简单的系统。首先,它们的数量太多了。其单独的语义元素有 186—540 个,而语音元素则有 838—1348 个。① 其次,一个元素的发音或意义常常只与汉字本身的发音和意义有模糊的联系。比如说,表示星辰(星)、早或早晨(早)、时间或季节(时)、了解(明)和存在(是)的汉字都包含基本的语义元素"日",意思是"太阳",但是这个元素和这些汉字的意义之间的联系充其量也只是模糊的。德范克(DeFrancis)估计,在 46% 有语义元素的汉字中,语义元素的含义与汉字本身的意义并无关系。组合汉字系统是基于对共同元素即"词根"的选择上。《康熙字典》依照传统字数使用了 214 个词根。汉字不是根据这个组织系统进行组合的;在汉字发展了很久以后,这个系统才被强加上,这使它看起来粗糙而不严密。莱布尼茨档案馆的一份摹本显示,那把被门泽尔发现的"钥匙"实际上是对这一词根体系的发现。② 拉克罗兹谈到的可能也是类似的东西。

当时的人都认同中国人自己不知道这样一把钥匙的观点,但这一事实并没有淡化莱布尼茨的期望。他详细地描述了,随着时间的过去,这把钥匙是如何被丢失和混淆的。伏羲通过给每一个基本汉字分配数量创造了汉字,但是,由于大众的使用和变化莫测的联系,汉字逐渐变化了,并且这种变化经由不正确的变革而固定下来。(W184-84)莱布尼茨可以期待他和白晋可能找到这把丢失的钥匙,因为他们已经做出

---

① 约翰·德范克:《中国语言,事实与想象》(火奴鲁鲁:夏威夷大学出版,1984)第 93—94 页。

② 在莱布尼茨档案中发现一个关于门泽尔"钥匙"的例子,LBr,第 641 页,Bl 第 7—9 页。

一些类似于《易经》八卦的东西,发现它们作为二进制演算的"真正的意义"。八卦和莱布尼茨二进制算术之间的关联补充了莱布尼茨为什么希望从中文获取对他的字符系统的帮助的另外一个理由。这不仅强化了这样的观点,即欧洲人能够发现中国经典中被现代中国人丢失的东西,还意味着《易经》包含着一个规范的、能够被作为一种字符的数学体系。那么,一方面,中国语言包含一个人类思想的字母表;另一方面,《易经》包含了一组相互连接在一个严谨的数学系统内的64个符号。如果这些符号与中国语言中的汉字相联系,人们就可能找到通用字符。这种预期的联系暗含在前面莱布尼茨关于中国语言退化的阐述之中。他设定伏羲是那个分配汉字字根数量的人,而他给出的数量是64。同样,伏羲也是传说中八卦的创造者,并且卦的数量是64。这样一种联系自然地成为莱布尼茨的根据。斯皮泽尔相信,中国汉字最初的指示物就是《易经》中的八卦,并且,如果汉字有一个系统,那么它就是起源于《易经》的。① 白晋提出,《易经》不单单是一个严谨的数学系统。他写信给莱布尼茨说:"它们以一种非常简单、非常自然的方式表征了所有科学的原则,或者更准确的说,这是一个成功实现的完美形而上学系统,其中中国人保存着远早于孔子时代的知识。"(W 74)这句话暗示着,八卦不仅仅是一个规范的系统,还包含物质性的内容。实际上,八卦确实有语义内容,其中每一卦象都代表着一种确定的情形或是能量的平衡,同时八卦也是句法系统的一部分,因为确定的卦象是根据其它卦象系统地得出来的。如果莱布尼茨能多知道一些,他可能会更加兴奋,因为《易经》是意味着一切的系统,并且它是运用于中国的科学之中的解释框架之一。② 但是,这一系统并不能够演算。八卦是一个表征自然情形和那些直接导致这些情形的自然规律的系统,而不是一个严谨的演算系统。因此,人们可以通过表面看起来很随意的方式来决定相应的卦象,比如扔掷和计数木棍,或者投硬币。这种卦象是依据由传统和观察传承下来的规律进行推导,而不是根据数学公式。

---

① 维德迈尔:《中国文字在莱布尼茨的符号理论中的角色》,第93页。
② 何丙郁:《理、气与数》,第42—45页。

尽管有一些引人入胜的联系,但是莱布尼茨从没有实质地利用到中国语言来寻求他的字符。他感叹说自己需要帮助,需要来自欧洲的助手和来自中国的更多的信息。而这两者都没能实现。在莱布尼茨对中国关注的过程中,他对中文于他计划的帮助既表示过期待也表示过怀疑。在他1707年给白晋写的最后一封信中,他说:"我不太在乎伏羲所造字的纯粹哲学的用法以及其他类似的东西,因为我对真的字符有完全不同的观点。它将同样地有助于表达思想和进行指导,并将就像一种活的逻辑。"(W267)但是,大约在同一时期,他在写给拉克罗兹的信中说:"你告诉我你对研究中国汉字的专注使我充满欣慰,我也希望你已取得一些进展。而且在我看来,这项研究比我想象的更为重要,因为如果我们可以发现汉字的关键,我们将会发现一些有助于思想分析的东西。"①尽管莱布尼茨对中国语言的希望有起伏变化,但中国语言的知识是他希望透过文化交流可以学习的核心内容。这一知识意味着有助于理智和必然真理。

自然宗教和伦理学

莱布尼茨收集知识的另一个很大的例外是对中国人道德和政治的赞扬。他认为欧洲应该向中国学习这些方面。在《中国近事》中,他清楚地表述了这一观点。他是这样开始的:我们相信我们自己是如此有教养,但现在我们发现,在领悟生活的实践概念上,我们被中国人超越了。他解释说:"在实践哲学领域,即在现实生活中所采用的伦理和政治的概念以及人的对待方面,他们当然超越了我们(虽然承认这点让人甚至觉得羞愧)。"(NS 3)在中国人心中,法律美好地指向的是伟大的平静和秩序。人们对待他们的长者和上级怀有这样的尊敬以至于顶撞父母被视为如同欧洲的杀亲罪一样。在平辈之间,也有明显的尊重和相互的责任。农民和仆人彼此之间也如此谦和友爱以至于他们超越

---

① 寇瑟尔特(Kortholt)I,第177—78页;维德迈尔:《中国文字在莱布尼茨的符号理论中的角色》,第132页。

了最文雅的欧洲人。中国人很少表现出仇恨,怒气或是激动。最后,莱布尼茨告诫说,中国人并没达到一种完善的德性状态,因为这需要**神**的恩典和基督教的教义。但是他总结说,在欧洲和中国之间的竞赛中,如果欧洲没有基督教这一**神**的礼物,那么中国会赢。莱布尼茨得出了有利于交流的结论:

> 但是这是非常好的一件事,即他们教给那些我们特别感兴趣的东西:实践哲学的伟大作用和一种更完美的生活方式,更不用谈及他们的艺术了。的确,我们已陷入从没有过的堕落,我们需要中国的传教士来教我们自然宗教的作用和实践。(NS 10)

莱布尼茨对中国伦理学的赞誉并不奇怪。在有关中国的著作中,中国的政治学和伦理学一直是常见的主题,特别是在耶稣教会的作品中。① 我们已经看到了一个儒家伦理的简短梗概,但是使欧洲人印象最为深刻的是,中国人如此严肃地对待道德伦理。利玛窦把中国描述为是由"博学人的命令"来管理的,并且他把"儒(ru)"——儒家学者—官员阶层——简单地翻译成"哲学家"。② 在利玛窦的描述中,中国似乎是一个由为道德哲学奉献了毕生精力的哲学家—官僚管理的王国。他特别强调了"儒"是如何对皇帝和军队施以伦理约束的。在一段引人注目的文字中,利玛窦写道:

> 不管是国王还是他的子民,都从没想过发动侵略别国的战争。他们非常满意自己现在所拥有的,没有征服的野心。在这方面,他们与那些经常不满意自己的政府并觊觎别人喜欢东西的欧洲民族十分不同。而西方的民族是被至上的统治观念完全占据,他们甚至不会保留他们先祖留传给他们的东西,而中国人却保留了几千年前流传下来的东西。③

---

① 比诺写道:"每一个提到他对事实解释假设的人,但是只对于事实本身,都承认:因为具有优良道德和政治,中华民族成为了一个幸运而繁荣的民族。"(毕诺:《中国和法兰西哲学精神的形成》,第352—352页)
② 利玛窦:《十六世纪的中国》,第35页。
③ 同上书,第35页。

当莱布尼茨看到这样的描述,他为欧洲的错误而悲叹。在那封给白晋的、有幼稚的乐观主义之嫌的信中,他表示他可能不能发现通用字符,因为**神**可能会把这一奇妙的发现留给一个更值得的时代。(W186)康熙允许基督教在中国自由行事的宽容敕令与在欧洲明显的不宽容形成了鲜明的对比,而中国帝王的智慧也很容易地就与法国国王的形成对照,后者在1685年废除了南特地区(Nantes)容许新教的法令。简言之,由于莱布尼茨的信息来源和经验,他有理由承认中国人道德的优势。

但是,对中国人有更好的实践哲学或伦理学的承认引发了非常严重的问题。这表明,即使欧洲人有清晰的、能够完好表达的对**神**的信仰,他们的道德还是比中国的低一等。类似的,尽管欧洲人拥有更高级的必然真理和科学,他们的道德还是低下的。这些都与莱布尼茨平常所强调的**神**的重要性和德性的理性相冲突。除了他自身体系的这些冲突之外,莱布尼茨对中国德性的赞美给基督教带来一个更宽泛的危险。莱布尼茨有力地(但不明确地)提出了这个问题:"他们众多人在德性修养上比起我们那些宗教阶层的创始人在他们自己狭隘的团体中成就的德性更加完善。"(NS 4)如果中国人,完全不知道基督,但他们的普通民众中保有比把自己全部生命献给基督的欧洲人具有更好的道德,那么基督教的作用是什么?莱布尼茨没有回答这个问题——甚至没有提出。虽然如此,但其他人尽力推进这一点,以便在牺牲启示神学的情况下提升自然神学的地位。莱布尼茨的哲学和关于中国方面的写作,可以看做是自然神学的一小步胜利,但是我认为这不是莱布尼茨本身的意图。我已经表明,莱布尼茨对中国自然神学的介绍与他传播基督教的愿望是相容的。莱布尼茨关于自然神学的理论将在下面的部分中得到进一步的考查,但现在,我们必须更认真地考查莱布尼茨赞扬中国人的实践哲学的意图,以便理解他认为欧洲人应该学习的东西。

莱布尼茨自己没有解释为什么中国人拥有优越的道德,并且他的一些评论指向了不同的方向。最初出现的很有可能来自莱布尼茨基于他们各自在必然真理和观察上的优势而对欧洲人和中国人所做出的区分。1679年给科尔伯特(Colbert)的信件支持了这种观点。信中莱布尼茨将中国人的长处归纳为实验、观察、和生活实践。(A III,2,918-

19)我们可以假设,欧洲人有较好的伦理学理论,中国人有更好的实践,而这种实践正是欧洲人必须学习的。莱布尼茨在一封给白晋的信中提出了这种解释。信中,他首先称赞了中国人具有管理民政事务的良好秩序所需要的优秀原则。接下来他解释道:"因为真正的实践哲学(真正的,不是模仿的哲学,像他们说的我们罗马的法律家一样)与其说是德性和权利的一般概念,还不如说是教育、人们之间交流与交际的良好秩序。"(W61-62)这里,莱布尼茨指出,真正的实践哲学是由具体的原则组成的,而这些正是中国人所拥有的。同样,在一封给拉鲁贝尔(Simon de la Loubère)的信中,他称赞"东方人"为塑造者,为使人们远离罪恶,制定了如此多的规则。(AI,7,N312)当莱布尼茨寻找中国道德方面的信息时,他常常要求这种实践原则。相反,欧洲人善长德性和权利的一般原则的制定,即在理论方面。

虽然莱布尼茨认为欧洲应该向中国学习实践规则,中国人在伦理学上的优势并没有轻易地划入莱布尼茨所设计的中国和欧洲知识之间的区分。这样一种优势上的区分并没有转化为理论和实践的区分。其中的区分是在抽引观念的必然结论的技能和进行并记录经验观察的技巧之间。但是,实践是观察和必然真理的结合体,这就是为什么即使在天文学上,欧洲人也可以从中国学习,而即使在自然科学方面,中国人也可以向欧洲学习的原因。如果这种区分被带入道德领域,我们可以预见,中国人应该有很多关于人们在特定的情况下怎样行动、或者应该怎样行动的记录观察,而欧洲人将会有继承的德性和原则以及它们如何与必然即神相联系的不同理论。实践介于两者之间,欧洲和中国一样需要它。实际上,在理智与观察的交叉点上,莱布尼茨常常偏向理智,因而,即使在科学和技术方面欧洲和中国各有所长,但欧洲也更为优胜。因此,莱布尼茨对中国人实践哲学的称赞,与他早先对知识做出的区分并不相适应。

此外,莱布尼茨没有将伦理和道德作为一种类似自然科学一样的概率科学看待。他的伦理学观点与同时代的一些人正好相反。比如,在《灵魂的激情》中,笛卡儿把伦理学表述成一种生物机器的管理。笛卡儿在文中总结说:"但是智慧的主要用途在于教会我们成为自己情绪的主人,并且通过这样的技巧来控制它们,即这些情绪引发的恶变得可以承受,甚至把它变成一种快乐的源泉。"(CSM v1,p.404)这种智慧的使用类似于心理科学,而与观察和理论联系在一起的伦理学则像其他什么科学。就像可以为医学研究做出贡献一样,中国人也可以促进这项研究。洛克对伦理学也做过类似的表述(Essay,III,xx)。相反,莱布尼茨很少把伦理学看做一种控制身体或掌管心理学原则的科学,而是把它看做理智和道德之间的直接联系。简单地说,莱布尼茨认为人是由表面的善所推动的,**神**的意志和人类的意志之间的区别在于,**神**的意志倾向于善者,而人类的意志倾向于似善者。这种区别揭示出,恶行只能是由误解产生;理智和知识可以使我们辨别什么是真正的善,并因此变得更有德性。在《神正论》的附录"神的事例"中,莱布尼茨称,我们可以不受情绪的控制,因为我们通过理智、有时仅仅是对我们自由的思考,就能够战胜它。(CD105)理智与道德之间是相互作用的,理智能引导道德,而缺乏道德则会使理智变得昏暗。在讨论最终原因时,我们已经看到,一个有道德的人努力做到**神**所希望的那样,很像我们遵循不在场的老板的意愿。理智可以帮助我们的另一个实践方式是辨别什么能够增加世界的完善。在这些不同层面上的一个重要因素是某种实践智慧和洞察力。这既需要先天观念也需要睿智的观察。

除了对实践智慧的依赖,莱布尼茨将理智与道德在更根本的层次上联系在一起。莱布尼茨与中国进行文化交流的一个核心观念就是对宇宙万物的认识导致了对**神**的认识。但是,莱布尼茨更进了一步,宣称对**神**的认识也导致了美德的行为。在《中国近事》中,他直接表明了这种联系:作为对真理的研究,几何学非常重要,"因为德性来自智慧,而智慧的精神就是真理"。(NS 9)几何学使我们更具有美德。谨慎是架起知识和道德之间的一座桥梁。热爱**神**可以引导我们走向美德,而大多数人是被对奖励和惩罚的预期所驱使。因为在此生中,邪恶有时像是奖赏。如果没有来世,偶而的邪恶有时倒像是谨慎的。那么,保证道德和谨慎无条件连接起来的唯一方式就是证明灵魂是不朽的,完美的正义将会统治来生。(NE IV,viii,§9)启示彰显了这一点,但理智能够强有力地、牢固地树立这一点。知识和德性之间更根本的桥梁是爱。爱**神**,我们必须知道他的尽善尽美。对于**神**的完美和宇宙万物的认识导致了对**神**的爱；对**神**的爱导致了对和谐和善行的喜爱；对和谐的喜爱导致了促进和谐的行为。莱布尼茨在《神正论》中描述这种联系："一个人不了解**神**的尽善尽美就不知道如何爱**神**，而这一认识包含着真正虔诚的原则。"（T52；GP Ⅵ 28）他继续说道："由**神**的恩典照亮的真正理智的胜利同时是信仰和爱的胜利。"（PD 45；H 99）他用对这一进展的解释作为最后附录的总结："我们越多认识到力量和智慧以及至高心灵的善良，我们就越有激情去爱**神**，并积极地去效仿**神**的善良和公正。"（CD144；参阅 CD278，T438，GP Ⅵ 第 432 页）由于这种联系，莱布尼茨把试图解决一个哲学问题的《神正论》看做为一项道德任务：

> 我们的目的是要从人们中间消除这样一种错误观念，即把**神**描述成一位使用专制权力的、绝对的大王，不适合去爱，也不值得被爱。若把这些观念赋予**神**，它们就变得更加恶了，因为虔诚的本质不仅仅是敬畏他，更是爱他的一切。除非认识到能够唤起他值得的爱并使那爱他的人得到幸福的完善，否则，它便无法实现。（T6；H127）

善和知识之间的联系成为莱布尼茨体系的核心，因为**神**创造宇宙万物的充足理由来自于他的善。它规定我们所知道的宇宙万物的秩序——我们科学的目标，一种道德秩序。无论何种情况，道德通过理性和**神**的方式而发展。经验的记录看上去充其量只是次要的。

如果，在他关于中国的著作中，莱布尼茨看上去所称赞的是一种有限地使用了理性而缺乏对**神**认识的发达道德，我们一定要考查一下，是否他有别的意图。实际上，莱布尼茨不仅仅称赞了中国人的道德实践，还包括他们的自然神学。在以上来自《中国近事》的段落中，莱布尼茨支持向中国人学习道德，但是把这种交流看成是中国的"自然宗教"和欧洲的"启示神学"之间的。（NS 10）很可能，通过"自然宗教"，莱布尼茨在说明一种不同于"自然神学"的东西，但是它与启示神学恰好相对的事实使我们得到了否定的回答。事实上，莱布尼茨是交替使用这两个短语的。而且就我所知，他从未在自然神学和自然宗教中间做出过区分。①

---

① 对于"自然宗教"的使用，参阅 Discourse 11，T 第 294 页；或 RB 第 59 页。

在《中国的自然神学论》中,莱布尼茨把这种联系说得更清晰:"在某种意义上,中国有着令人称赞的公共道德,它与哲学教义,或者更确切的说,与一种自然神学相联系……"(Discourse 3)。如果我们仔细看这最后一句,那么,莱布尼茨渴望从中国获得的就是一种带来更好美德的自然神学。如果是这样,那么在这种情况下,莱布尼茨确实是在中国寻求必然真理。这种解释保留了对**神**的认识与善行的必然性真理的联系,但是莱布尼茨的意思真的是说中国人比欧洲人拥有更好的自然神学么?我们已经看到,莱布尼茨相信中国人对必然真理的把握是贫乏的,而必然真理对自然神学却至关重要。在《中国近事》中,莱布尼茨说,欧洲人用几何学让中国人记忆深刻,但是他们还有另一件礼物——第一哲学,通过这个,他们可以获得非物质事物的知识。(NS 9)这句话暗示着,中国人没有这种知识,或者至少欧洲人更好地拥有这种知识。莱布尼茨的时代,无数自然神学的著作、**神**存在的证明,如此等等都被创作出来。莱布尼茨自己的哲学也是复杂的欧洲自然神学的一部分。在"序论"中,莱布尼茨把一种发达的自然神学归于中国人,但是把这种自然神学的发展与清晰表述给予了欧洲。莱布尼茨并不真的相信中国人能教给欧洲既广博、又清晰的自然神学。

因此,现在的问题是,欧洲和中国都有自然神学——欧洲的更发达并且明晰,而中国的在产生良好品行上更加有效。处理这个问题的一个方式是,从自然神学本身转向它与德性之间的关系。欧洲道德败落的原因可能不是由于他们的自然神学,而在于道德和自然神学之间的关系。虽然莱布尼茨偶而会说到这样的事实,人们做他们"知道的"坏事情,但是他从没有切断过知识和道德之间的纽带。他这种说法散见于他不同的作品,是基于一种对认识不同方式的区分之上的。在《神正论》中,他解释说,我们没有做我们知道应该去做的事情的原因是,"微弱的思想对于广泛的理解缺乏足够的影响力。"(T311;H314)我们没有做我们知道自己应该做的事情,是因为我们对它的认识是含糊的。在与怀疑论争辩的对话中,他说,大多数人是以一种解闷或炫耀的方式对待宗教和理智问题的,"当学生们从哲学的角度争论美德、恶行和感情时,这些并没有以任何方式真正触及他们"。(A VI,4,2251)在另一篇"真正的神秘神学"文章中,他写道:"大多数人并不认真。他们从未体验过真理,从而陷入奥秘的迷惑中。"他又说,如果一个人不是依据他的信仰行事,那么他就不是真有信仰。(L 369)把这些语句放在一起就是说,莱布尼茨并不认为,我们会做那些我们知道不应该做的事情,但是我们可能认为,我们知道一些我们并不真正知道的东西,或者,我们对事物只有一个表面的认识,而不是真正的知识。如果欧洲和中国都拥有自然神学,而中国拥有更完好的道德,一个原因应该是,中国人对待自己的自然神学更认真。虽然他们的自然神学可能不够发达与明晰,但它却对他们的行为产生了更多的影响。中国的传教士到欧洲来,不是介绍新的真理,而是帮助欧洲人更认真地对待这些共同的真理。

第二章中,我们注意到,现实因素决定必然性真理的一种方式是通过道德,因为我们对先天观念的掌握是与我们的欲望和眼前的私利相对立的。现在我们看到关于这种影响的另一个版本。这里,一种道德,可以被称为关心或敬爱,它不是引进新的必然真理,而是更清楚地理解它们。为什么中国人即使缺乏欧洲人把握必然真理的技能也能更好的理解这些自然神学的真理?我们可以给出很多答案:他们的教育,他们的实践规范,他们对长者和传统的尊敬,甚至仅仅是运气或机会或神恩。总之,这种对必然性真理的掌握,不是来自他们对包含在神心中的必然真理的表达的不同,而是来自于他们表达宇宙万物的具体的情况。这种实践背景不应该脱离这样的事实,即中国人在伦理学上的优势也是一种在知识上的优势。莱布尼茨对这两种认识的区分,可以追溯到我们已经看到的观念和单纯概念以及直觉和符号知识之间的区分。莱布尼茨似乎是说,当我们对先天观念的掌握是由符号错误地引发时,那么这些观念不会激发行动。这样一来,中国人表述神这个先天观念就比欧洲人更清晰,而这就解释了他们伦理方面的优越性。因此,我们再次看到了,我们文化决定对宇宙万物的表达的复杂方式,决定着对神之观念的更普遍的表达。

一些信件强化了这种解释,并澄清了欧洲道德问题的原因。我们可以从为什么莱布尼茨如此哀叹欧洲道德贫困的原因开始说起:宗教派系之间的冲突与战争。在一封给白晋的信中,他写道:"欧洲本身的状况,使我们足以妒忌中国人。"接着,他继续描述几乎覆盖了整个欧洲的各种战争:最新结束的奥地利、波兰和俄国对土耳其的战争(1683—1699);新近开始的瑞典与俄国、波兰、丹麦和萨克森(Saxony)的大北方战争,包含了整个波罗的海地区(1700—1712)。新近爆发的西班牙与法国对不列颠、奥地利、荷兰共和国等国的一系列战争(War of Spanish Succession)。(1700—1714)(W180)德国人被卷入了所有这些冲突。他经常把与中国交流的不成功归结为欧洲战争的影响(例如W 第 206 页;参阅给欧尔班(Orban)的信件,LBr 第 157 页,BI 第 51 页)。莱布尼茨重新联合教会的意图十分复杂,这里暂不讨论。但是莱布尼茨认为,这些冲突源于缺少对基本共同特征的关注,而这些共同特征能够为所有基督徒所认同,并能够确保拯救。① 宗教冲突使得一些非本质的东西反对那些本质的东西。在两封给选帝侯夫人苏菲(the Electress Sophie)的信中——前后隔了十多年——强化了欧洲冲突与莱布尼茨赞扬中国伦理学之间的联系。第一封信,写于 1697 年 9 月 10 日,直接反对笼罩欧洲的教派精神。选帝侯夫人曾给天主教徒玛丽·布里农(Catholic Marie de Brinon)写过一封信,莱布尼茨希望这封信能使布里农更公正,不要急于谴责,然后他批评了路德、加尔文和教皇之间的冲突。信中说:"现在我只想说一些宗教与虔诚的基本真理,被谴责者的教派精神以一种可怕的方式所损坏,甚至曲解**神**的概念。他们把毋宁是**神**的敌人的品质不相称地赋予**神**本身。"(A I,14,72)这些教派把**神**看做一个猥琐小人,像他们自己一样琐碎无聊。这一段文字提出了宗教和虔诚的基本真理和莱布尼茨同时代的信教者中的毁坏性之间的冲突:"因此,为了宗教之故,他们毁坏更为基本的敬**神**爱**神**的宗教。"(A I,14,72)

在这一点上,莱布尼茨求助于中国:

> 我已经说过并且我仍旧这样认为:我们派送传教士去印度群

---

① 关于莱布尼茨为再统一做出努力的好的资料是,保罗·艾森可夫(Paul Eisenkopf):《莱布尼茨和基督教的统一》(*Leibniz und die Einigung der Christenheit*)(慕尼黑:1975)。默克尔简短地讲述了莱布尼茨传教方面的作品对统一的作用(默尔:《莱布尼茨与消逝的中国传教团》,第 65—66、145—48 页)。

岛,目的是传播天启宗教。这是好的,但似乎我们也需要中国人给我们派送传教士,来教我们学习我们几乎丢失的自然宗教。在效果方面,如果**神**喜欢那些把救世系在他们派系怪物身上的、宗派主义学者的混战的话,中国政府可能会比**神**做的更好。(A I,14,第72页)

这是对中国道德令人震惊的赞扬。这封信引发了欧洲自然神学与当前状态下天启宗教之间的冲突。莱布尼茨做出他的选择:他宁可选择中国的自然神学,而不要腐化了的欧洲的天启宗教。这一宣称,强调了反对那些教条学说的细则宗教核心的重要性,同时这也显示了理性对于宗教与道德的充分性。其中的含意是,中国人能够比欧洲人更好的管理自己,他们的成功基于他们对理性的运用。这里存在一个疑问,就是莱布尼茨宣称欧洲的自然宗教已几乎丧失。他当然不是说欧洲人没有能力证明**神**的存在或是灵魂的不朽;他认为他本人就给了这些比以往任何时候更牢靠的基础。所以,在说自然宗教几乎丧失时,莱布尼茨应该是在表达其他的意思,是在说欧洲人失去了对自然神学的关注,转而关注着宗派之争分歧上。这些冲突和分歧使我们的先天观念置于知觉之外。因此莱布尼茨不是期望中国人教给欧洲人如何变得更理智或是教给他们新的关于**神**存在的根据,毋宁是说,中国人可以通过强调它的重要核心来帮助净化欧洲的宗教布道。在一个月之后写给勒内—亨利·德蒙塞(René-Henri de Crux de Monceaux)的信中,他强化了这种解释。勒内-亨利曾针对莱布尼茨在《中国近事》中呼吁从中国派来传教士给他写过一封热情洋溢的信。(A I,14,第563页)莱布尼茨很快作了回复:他是反对欧洲的各种宗派而不是一般意义上的宗教。就是因为这些宗派,才必须从中国引进自然神学。然后,他继续描述了在欧洲由宗教的分歧引起的战争和问题。(A I,14,第608—609页)

十年后的1709年4月,莱布尼茨在另一封给选帝侯夫人苏菲的信中,给出了稍有不同的解释。在这封信中,莱布尼茨说:"我相信,宗教应该没有和理智相反的内容,我们应该经常感受启示,并以此来远离所有的荒谬。"(K I,ix,3,第300页)莱布尼茨是通过转向中国而开始的:

这边派送了一些传教士去中国布道基督教,这确实很好,但是(如同我几年前公开所讲的一样)我们欧洲需要一些理智的传教士,来布道自然宗教。因为启示宗教本身建立在此之上。离开自然宗教,启示会无所适从。理性的宗教是永恒的,**神**将此铭刻于我们心中,我们的堕落使其模糊不清,基督耶稣的目的已呈现其光泽,使人类回归到**神**和灵魂的真正知识当中,使人们践履实现真善的美德。(K I,ix,3 第 301 页)

这一段举出了几处值得注意的观点。第一个是,自然神学统治启示神学。这里自然神学成为启示神学的基础。耶稣,在提及他的时候,只是意味着,我们不能通过理智而协调好自身——他只是加强了我们内心中已有的东西。莱布尼茨接着说,启示是必要的,这是由我们的弱点所决定,而不是因为它增加了新的东西。在信的末尾,莱布尼茨说,理智与启示都教我们信仰**神**,去做那些能够弘扬善的任何事情。带着这种道德律令,我们就有了"至少在实践上自然神学与启示神学的再联合。其中的奥妙,毋宁说在知识(而非实践)。"(K I,ix,3,第 302 页)

这一段也阐明了,在赞扬中国道德时,莱布尼茨不是单单赞扬实践原则和观察记录——他在称赞一种理性系统。他将"自然宗教"和"理性宗教"作为同义词。在赞扬中国人时,该信件也给出了一些欧洲丧失自然宗教的解释。在引用过的这段文字中,莱布尼茨认为,是他们的堕落掩盖了这一点。稍后他提出为什么人们背叛或是无法掌握自然宗教的三个动机:无知;对他们理智局限性的怨恨和恶意。(K I IX,3 第 302—303 页)这些动机与使用逻辑和必然真理的直接能力有着复杂的关系。一方面,这些道德的弱点使我们不能适当地统觉心灵中包含着的先天观念。统觉被当下的感知所支配。另一方面,这些感觉本身是由对真理领悟不充分产生的。不管是哪种原因,中国人看上去都不存在这些弱点,以至于他们的堕落并没有模糊自然宗教,并且他们对先天观念的掌握避免了这些堕落的出现。莱布尼茨没有明确地这样说,但是事实上,欧洲人拥有的启示真理自然地会引起启示与理智之间的冲突。这正是莱布尼茨这里所争论的。中国人,没有像三位一体之类启示的"纠结",因而就不会转而反对理性和自然宗教。这种解释与前一封信相联系,因为莱布尼茨认为理性建立了基督徒和中国人共享的普遍基础。

总之,在这两封信中,莱布尼茨对比了自然宗教的核心与欧洲腐化堕落的启示宗教的状态。在这两者中,莱布尼茨都认为,欧洲的教堂,由于关于启示以及宗派之间的冲突,已经背离了宗教的基本真理。他们模糊地认识到他们需要自然宗教的提醒者,而来自中国的传教士可能就是那个提醒者。还要考虑的最后一点是,莱布尼茨关于中国的著作与启蒙运动的反基督教倾向之间的关系。早前,我们提出过这样一个问题:如果中国人在他们普通民众中间保持了比欧洲僧侣所具有的更好的道德,那么基督教的用途会是什么?莱布尼茨没有提出过这个问题,但是,在莱布尼茨之后不久,这种对中国道德的赞扬就被用来反对基督教,特别是沃尔夫和伏尔泰。还有莱布尼茨同时代的拜尔(Bayle),用他惯用的模棱两可的方式。莱布尼茨看起来与这一运动关系重大,既作为一个"公认的启蒙运动之父"引入作为一个中国道德称赞者。这些信件中,莱布尼茨以牺牲启示神学为代价提高自然神学。特别是在给苏菲的信中,莱布尼茨毁坏了启示、恩典、还有神秘。但是,我们不应该武断地认为,莱布尼茨想要破坏基督教。这样一种解释带来的问题在于:莱布尼茨的自然神学具有深沉的基督精神。帕特里克·赖利(Patrick Riley)讨论了这一点,强调莱布尼茨把自然神学扩展以至于涵盖了慈善,这使他的"理性宗教"尤其基督徒。对于莱布尼茨而言,被恰当理解的基督教,是与自然神学一致的。因为在理性和信仰之间不存在任何冲突,人们不会因为选择理性而丢掉信仰。因此,自然神学根本不会被基督教所掩盖,但是它会被欧洲基督教徒的狭隘与争吵所混淆。但是,只要基督教徒仍是宗派主义者,他们不只反对自然神学,也反对基督教。情况很像莱布尼茨所描述的,哲学学生争吵道德、真理等等,但却不让这些东西触及他们。如果人们真的知道基督教的基本核心,他们就不会允许分歧的意见攻击它。莱布尼茨说,我们应该担待所有事情而不是破坏教会的团结。(A VI,4,第2441—2442页)那些延续争论和分歧的人,不会真的知道,也不会真的相信基督教的基本真理——或自然神学。但这些人通过学习鉴赏中国传教士传授的一种改进的自然神学,可能会变成更合格的基督徒。

第四章

诠释中国

诠释学

迄今为止,通过莱布尼茨哲学来认识他对中国(文化)问题的涉足,我们主要关注的是他的文化交流观,而不是他对"光的交流"的具体落实。尽管莱布尼茨知识有限,他仍然致力于中国文化、思想和如何诠释它们的工作。甚至在上一章里提出的文化交流的构想也依赖于对中国一定的诠释。研究莱布尼茨如何涉足中国(文化)的理由之一是他作为一个文化诠释者的成功。我确信,莱布尼茨哲学不仅为促进(中西)文化交流,而且对理解相互交流的过程提供了一个坚实的基础。莱布尼茨也有一些错误,但是他对错综复杂的中国思想的诠释,却远远超出了与他同辈的欧洲人,甚至超出了许多在中国的传教士。这个巨大的成功提示我们进一步追问:莱布尼茨的哲学是否有某种使得他能做出这些成功诠释的基础?全面思考莱布尼茨诠释学的第二个理由是诠释方法在他哲学实践中的核心地位。他往往是搜寻各种各样文本中的最佳思想并且综合它们,不仅有中国(的文本)、哲学史上的,还有基督教内部不同派系的文本。虽然莱布尼茨并没有清晰的解释跨文化的诠释学,但是他对其他文化理解和诠释的基础已经在第二章建立起来了。迄今为止,人们关注的只是心灵与世界、心灵与天生观念之间的关系,但是文化交流的发展要求人们把注意的重心转向直接考虑心灵与心灵之间的关系。关于不同的单子共有什么的问题,已经由表达一词的回答了。在表达观念和宇宙万物的领域时,单子共有两个共同的根据,因为经验和理性都揭示了共同的特征。世界观的多样性源于作为这两个共同领域的一种特殊结合的人类意识的显现。这就是"视点"之创造。如果每一个心灵都表达着同样的宇宙和同样的观念,那么相同的类型和关系也会在每一个心灵中出现,那么,心灵就是通过它所清晰表达的式样而区别开来的。而统觉和那没有清晰表达的式样,则仍然保持在有意识的水平之下。经验决定着多样的心灵形式。考虑到人类经验的某些连贯性,例如饮食的需要,一些样式在每一个心灵都会是清晰的。而其他的样式,将会依赖于经验的不同而只在某些心灵中显得清晰。借着相当多的共有经验即从相似的地方表达着宇宙万物,单子将会认出更多的相同样式,从而共享一种文化。当一种文化下的心灵与另一种文化下的心灵相遇的时候,我们可以期待它们已经共享了某些样式,如同那些身体的需要。他们可以期望在互相教授新的样式时会相对容易,因为这些样式已经下意识地、含糊地被"知道"了。然而,这种交流的进程,必须通过经验才能完成。除非我们能够发现我们共有着同样的经验,或者我们"谈论着同样的事情",否则,我们共有的样式之间就仍没有关联。说得更具体一点,一旦我认出你给我的鸡爪是"食品",我就能推断出某些具体的做法,例如我应该假装喜欢它,否则你可能会失望。这个例子很简单,也很常见,但是同样的过程也可用来讨论"灵魂"。这一理解的过程与认识自然界的过程大体类似。只是,了解自然界时,我使我的观念同自然事件相匹配,然后得出结论;而在理解人时,我使我的观念同对方的言辞、行为、写作相匹配,然后得出结论。这一章将特别考察莱布尼茨研究并诠释中国(文化)时,这种认识论的情态是如何被表达的。

作为对评论的评论,对诠释的诠释,莱布尼茨《中国的自然神学论》(*Discourse on the Natural Theology of the Chinese*)一书提供了特别好的、观察莱布尼茨如何理解一个文本的视角。莱布尼茨有许多获取中国知识的资料来源。早在1687年,他就评论说,柏应理(Philippe Couplet)翻译的儒家经典包含着许多优秀的思想。(A I,5,26)但是《中国的自然神学论》一书本身只明确地使用了两个资料来源:一是耶稣会士龙华民;另一个则是西班牙的方济各会的修士利安当(Antonio Caballero a Santa Maria)。莱布尼茨将他们当做 Antoione de Sainte-Marie。① 这两人都被认为是反接纳立场的支持者,并且龙华民接替利玛窦成为在华传教

---

① 龙华民:《论中国宗教的几个问题》(*Traité sur quelques points de la religion de Chinois*)(巴黎,1700年)。利安当:《*Traité sur quelques points importants de la mission de la Chine*》(巴黎,1701年)(题目(法文)翻译成中文大概意思是"关于中国使命的一些论点")。孟德卫认为,利安当是这个文本的作者,我(该书作者)密切注意莱布尼茨引用了利安当。见于库克与罗思文的《关于中国的著作》(*Writings on China*)一书,第39—40页。研究莱布尼茨《谈话》一书的资料,参见孟德卫的《莱布尼茨中国印象的来源》。

士的首领。莱布尼茨评论说,用反对自己观点的资料,可以使他避免偏见的出现(Discourse 3)。《中国的自然神学论》实际上是莱布尼茨写给德雷蒙(Nicholas de Remond)的信。后者曾经将一些文本同马勒伯朗士的《一个基督教哲学家和一个中国哲学家的对话(Dialogue between a Christian Philosopher and a Chinese Philosopher.)》一书给了莱布尼茨。① 德雷蒙征询莱布尼茨在此问题上的看法。尽管莱布尼茨也寄去了一些评论和《中国的自然神学论》一书的摘要,但是他从未真正写完这一文章。

《中国的自然神学论》表明了莱布尼茨作为一个诠释者的身份,因为我们不仅仅能见到他如何诠释来自中国文本的一些引文,并且我们还能见到他在批评龙华民与利安当时所使用的诠释原则。后者在莱布尼茨在这些文本的旁注中尤其显得明晰。② 莱布尼茨最基本的诠释学原则就是共有合理性的假设。在《人类理解新论》一书中,莱布尼茨辨别了理性或逻辑真理与任何人都有的逻辑直觉。(例如 NE I,§20-21;RB 第83—84页;NE I,2,§1;RB 第88—89页)这些直觉主要表现在显而易见的矛盾上。莱布尼茨自然地假定中国人也有这种直觉。理性的能力不仅仅依赖于"无矛盾原则"的直觉使用,并且取决于先天观念。给出某一特定的观念,我们能够得出确定的、必然的结论,并且这种能力是全人类共有的。尽管我们共享一些观念,但是我们认识这些观念和对之进行推理的方式是多样化的。因此莱布尼茨并不设定中国人和欧洲人共享所有的必然真理。但是——即便存在感知观念的多样性——如果我们谈论同样的观念,我们应该能够得到同样的结论,即使我们来自于不同的文化背景。这种对合理性的普遍信念,使得莱布尼茨对中国文化产生兴趣,并持文化包容的立场。这个信念也是一个诠释原则:如果对某一文本的诠释看起来很愚蠢,或者不合理,或者明显

---

① 莱布尼茨承认通过龙华民和马勒伯朗士在1715年6月22日的一封信中收到了这些著作。

② 龙华民和利安当的文本及旁注在寇瑟尔特(Kortholt)出版。龙华民的文本也在迪唐斯(Dutens)出版。Ⅳ,i,第89—144页。马勒伯朗士文本的旁注在安德列·侯比内(André Robinet)出版,Malebranche et Leibniz: relations personnelles, présentées avec les texts comlets des auteurs et de leurs correspondants revus, corrigés et inédits,(大概意思是:"马勒伯朗士和莱布尼茨:人际关系,与他们的全文和通信"(Paris:Librairie Philosophique J. Vrin,1955),第483—490页。

地自相矛盾,那么这个诠释就可能是错的。

对于此一原则,利安当则明显不赞成。利安当承认自己笔下所描绘的中国学说明显自相矛盾,并且谬误百出,但是他解释说,我们不必要感到惊讶,因为异教徒经常自我矛盾。对此,莱布尼茨回应说:"我相信在他们所使用的语言中确实有矛盾的表达,在言辞本身(in terminis terminantibus)。也许也有人会把此归因于他们属于不同的宗教派别。但是如果他们属于同样的宗派,那么我们就应该寻求一种调和,并且以最公正合理的方式去进行这种调和。"(Discourse 11)回复在利安当提出的中国人把自相矛盾的属性归到了哲学范畴"理"之上的时候,莱布尼茨应用了这一原则。他回应说:"我根本就不明白,中国人怎么可能从原初物质(prime matter)——如同我们的哲学家在学校里所讲授的,纯粹地被动,缺乏秩序和形式——中引出秩序和所有的形式。我不相信中国人如此愚蠢、荒谬。"(Discourse 12)与此相反,利安当和其他很多人很愿意相信中国人"愚蠢,荒谬"。在整个《中国的自然神学论》一书中,对于中国人合理性的信念引导着莱布尼茨诠释中国文本,他摒弃了许多龙华民和利安当十分荒谬的诠释,因为他们使文本的意义太荒谬。(Discourse 63)在一段文字中,他写道,中国人可能像摩尼教教徒(Manicheans)和阿维罗伊主义者(Averroists)一样①,相信有一个"世界灵魂(world soul)",但是这一诠释会与文本矛盾,并且会与理性和个人的本性相违背。(Discourse 64)莱布尼茨并未进一步解释他的意思。但是如果某人明白作为"个人"的含义是什么,他就会明白一个"世界灵魂"与真正个人的存在是不协调的。在指出世界灵魂的观念同理性与经验相抵触后,莱布尼茨并没有反驳这种观点,因为他假定他的读者已经认同世界灵魂理论是错误的。实际上,莱布尼茨作了一个诠释学争论——一个把中国人看起来违背了理性和经验的诠释,就是一个错误的诠释。在另一段文字中,莱布尼茨更加肯定地陈述了这条原则:"要更明晰地阐述他们的理论,最安全的办法是考察他们学说

---

① 拉丁阿维罗伊主义(Latin Averroism)又称为"激进的亚里士多德主义"(radical Aristotelianism),是13世纪流行于巴黎大学文学院中的一种思潮。——译者注

的理性和协调性,而不是表面的言辞。"(*Discourse* 34a)

合理性假设提出关于理性真理的基本的、跨文化一致性的观点,却同时危及了文化的多样性。莱布尼茨将如何解释文化之间的差异以及其他文化不合理的现象？对理性的假设是双面原则的一部分,一方面理性是相对普遍的,另一方面经验是相对有条件的或是有一定视角的。莱布尼茨的方法综合了对事实的灵活性与对逻辑的严密性。我们通常可以从确定的观念中进行共同的推理,但是我们是否享有同一个观念是很难决定的而且依赖经验。莱布尼茨对于理性普遍性的自信在他估价中国哲学时是很清晰的,但是他的灵活性却不容易看到。比如说莱布尼茨认识到中国人视角性的经验是因为他们缺乏神启知识,——这是一个文化事实。在某些情况下,哪怕对理性作最好的运用,他们(中国人)也不能达到真理,因为他们的"视角"缺乏神启。例如,莱布尼茨接受这样的信念,"气"——一种物质力量——与"理"是永远并存的。因为创世的理论只有通过神启示才能被了解。事实上,对莱布尼茨而言的自然神学,是在缺乏启示神学的前提下,企图运用正确和普遍的理性推理的尝试。由于经验的视角性限制,尽管这种自然神论可以保持合理的一致性,但是却不能避免不完全性。

这个双面原则在莱布尼茨对他自己诠释活动的理解上和他对如何诠释中国思想的警告中表示得更为明显。莱布尼茨对他有限的事实经验极为敏感。他警告欧洲人要怀疑他们对中国所下的结论。他写道:"我仅仅希望我们能够拥有精确的翻译的有关谈论第一原则的中国经典的完全的阐释,更大量的引用。实际上,把所有的中国经典进行集中翻译也是可取的。但是这个工作现在还没做,我们只能作出临时的判断。"(*Discourse* 3)这个关于欧洲的怀疑主义来源于经验的视角性——从欧洲人的视角看,中国是一个模糊的、遥远的地方。然而,这个视角主义只是原则的一个方面。① 对于他判断中国人理性推理的能力,莱

---

① 视角主义(perspectivalism)主要指的是这样一种哲学立场:一个命题的真是相对于相关命题把握者的视角的——换言之,在观察者的相对视角之外,根本就谈不上命题自身的真值。——译者注

布尼茨依然保持自信。如果他们相信**神**是一个"世界灵魂",那么他们就错了。从他们的视角来看,**神**不可能是一个"世界灵魂",因为**神**与世界的分离是理性的一个普遍的、必然的真理。视角进入的地方是最初的"假设"——认识他们是否相信**神**是"世界灵魂"的信念是依赖于我们自己的经验,所以只是暂时的。由于这个双面原则,莱布尼茨不是从不完善的推理中而是从经验的问题中看到了错误与分歧。正是它们导致了中国人从经验中获得的知识的有限性和莱布尼茨自己对于中国思想了解的有限性。莱布尼茨对理性的信心和对经验的怀疑既不能淡化理性也会犯错而经验也能包含某些真理的事实,也不能削弱我关于"视角"是(理性和经验)共同结果的宣称。在莱布尼茨的诠释实践中,我们可以见到同样处理方式的运用。在此,把关于观念的真理与存在的事物相匹配。不同于科学把观念与经验的事物相匹配,诠释把观念与其他(文化)的语词相匹配。尽管同他的体系的公平性相比,莱布尼茨有时候对这个处理方法显示出太多的信心,但是这个处理方法不会比科学更可靠。

第二个诠释学原则来自于这种合理性假设,可称之为"宽容"原则。莱布尼茨的"宽容"意味着给文本最合理的、最具有一致性的意义。当然,这样一种宽容是具有多面性的,因为它虽然保持着对其他文化的兴趣和尊敬,但是也倾向于使其他文化看起来更像自己的。无须惊讶,如果莱布尼茨作正确诠释时,他发现很多其他思想家都像莱布尼茨。这个宽容原则并不仅仅体现在莱布尼茨关于中国的写作中,而是他诠释每一个文本的基础。在《人类理解新论》中,他表述了这样的方法:

> 在仔细考虑新旧两种理论之后,我已经发现,大部分被接受的原则总是明智的。所以我希望理智的人应当通过前进与建构而非退却或摧毁的方法来实现他们的抱负。我宁愿他们像建立良好的公共工程的罗马人那样,而不是像汪尔达人的国王(the Vandal king)那样。这个国王的母亲建议,既然他不能通过与这些壮丽的建筑相竞争而获得名誉,所以他应该摧毁它们。(NE I, ii, §22, RB 第100—101页)

我们可以区分诠释学宽容原则的三种特定运用。如果一个文本是模棱两可的或是无确定结果的,或是我们缺乏进行适当判断的足够知识,那么我们就应该采用对之最有利的诠释。如果一个文本自相矛盾,同时包含着好的和坏的观念,我们就应该去掉坏的而保存好的。最后,对被诠释文本有利的解释错误要比其他错误要好,因为前者促进文化交流,而后者阻碍文化交流。这种宽容增强了莱布尼茨包容的立场,而其本身就是包容的一个方面。

莱布尼茨诠释中国思想的第三条原则更为特殊:古代文本而非现代文本和对经典的诠释更具优先权。这里的"现代"既包括了正统的理学新儒家,如朱熹,也包括同耶稣会传教士相关联的"儒者(ru)"。这些耶稣会士认为,这些其(哲学)体系建立在"理"与"气"概念基础之上的新儒家(Neo-Confucians)是无神论者和唯物主义者。作为科举考试基础的关于经典的评注便是由朱熹在这样一种观点的支持下写作编订的。就我们现在所见到的遥远的古代背景来说,"古代"应该指的是孔子和其他早期儒家的经典。莱布尼茨在耶稣会士那里的资料也遵循着古代文献优先的原则,并且龙华民与倾向于文化包容的耶稣会士之间的主要冲突是谁有优先权的问题。然而,莱布尼茨不是简单的在他的资料来源上采取这个原则。他的方法也与他这样的信念相符合:我们应该返回到基督教经典文本而不是简单接受经院派的诠释。莱布尼茨反对关于中国的现代评论的结论是通过与欧洲的经院哲学派的比较而得出的(*Discourse* 1)。而且他对龙华民和利安当的批评也锁定在经院派的偏见上(*Discourse* 10,参照 *Discourse* 26)。① 现代评论家并不比中世纪罗马法的评论家或是关于亚里士多德的阿拉伯或经院派的评论家更有权威。龙华民和利安当"把晚近中国的学校判断成中世纪欧洲的学校(对此,他们非常执著)将使我们把他们认为是这样的人,即通过他们自己的诠释和评论来判断神与人的法律文本以及古代作者的文本"(*Discourse* 39)。莱布尼茨说,这个错误在哲学家、法学家、道德

---

① 也见于《谈话》一书,第 38,39 节。相似的评论可见于莱布尼茨对于龙华民的评论,尤其见于第 98—102 页,第 121—122 页的一系列评注(Dutens V,i)。

学家和神学家中很常见,但是他特别地批评了医药学家。他把批判的矛头指向了欧洲的那些文化包容论的反对者,他们主要是奥古斯丁主义者。他写道,这些学院派的偏见在龙华民和利安当那里是可以预料得到的,但不是"我们这个时代非常聪明的神学家,他们倾向于古代教父的教义而不是现代的纯思辨理论的观点或道德观点。"(*Discourse* 39a)

龙华民对于现代评论家的倾向有一个有说服力的根据,并且公平地说,不能当做学院派偏见被抛弃。在他看来,古代文献是模棱两可的,所以问题不在于那种文本可信,而在于谁可以把文本诠释得最好。龙华民回答说,在世的中国学者在诠释经典上,比这些刚到中国不久,还在挣扎着去理解中国语言的欧洲人做得更好。① 莱布尼茨有几种理由不同意这种看似合理的原则。他直接回复道:官方观点——康熙的包容肯定——将会比一些诠释者应更具有权威。② 另外,莱布尼茨的宽容原则意味着模棱两可的文献应该得到最合适的解读,而不是最可能或基于现代的解读。最后,莱布尼茨相信欧洲人可能比中国人自己更能够洞悉中国经典。他写道:"事实上很明显,如果我们欧洲人获得了充分的中国文献,在逻辑学、批判性思考、数学和我们远比他们精确的表达思想方式的帮助下,我们就能够解开中国古老著作中许多为现代中国人所不知的秘密。"(*Discourse* 68)也就是说,欧洲人有着更好的分析观念的技巧,他们能够获得对中国文本新的洞见,正如同他们能够从中国的科学技术中获得新的知识一样。他举了一个例子,法国传教士白晋对莱布尼茨二进制与《易经》中六爻排列的一致性的发现。(*Discourse* 68)莱布尼茨补充说,与此类似,基督教学者对希伯来人古籍的诠释就比犹太人的好。(Cult Ⅱ)

莱布尼茨选择遵照古代文献而不是现代文献的最后一个理由是,他在古代文献中发现了更多的真理。在中国的思想里面找到了一种适当的自然神论,这支持了他在详细介绍基督教之前把哲学向中国人介绍的方法,并且这使他对中国道德的赞扬建立在坚实的基础上,使他避

---

① 龙华民通过他的文本做出了这个评论,特别见于第100—101页(Dutens V,i)。
② 迪唐斯(Dutens)V,I,第99页,nn.18 and 20。

免了把中国人描绘成"品德高尚的无神论者"。古代文献给这种理论提供了最好的契机,因为古代中国人使用了有神论的术语:上帝和天。(*Shang Di* and *Tian*)古代文献的模棱两可允许很大的诠释空间,所以,莱布尼茨在模棱两可的文献中找到最好意义的原则允许他得出有利于接受的自然神论。《易经》的八卦与他的二进制之间的一致给古人的伟大智慧增添了证据。正如他在《中国的自然神学论》中所明确表示的:"现在我们可以看出,古代中国人不仅仅在虔敬(完美道德的基础)而且在科学上都超过现代中国人很多。"(*Discourse* 68a)同米勒的相遇也支持了他对古代的偏向,因为他们(古代中国人)被认为拥有现代中国人丢失了的"钥匙"。最后,非常古老的经典文献支持了他们(古代中国人)对真理的所有权,把他们同诺亚和《圣经》中人类的祖先紧紧地联系起来。莱布尼茨关于古代中国人同《圣经》中人类的祖先之间关系的观点并不明确,但是在《中国的自然神学论》中他多次提到中国经典文献中的不寻常的真理可能归因于同(《圣经》中)人类的祖先的联系。(*Discourse* 24a,第 32 页,第 37 页)

在比较哲学中或任何跨文化的理解中,我们开始都是把外国的思想转换成我们更熟悉的术语或形式。那么,指定一条普遍的诠释原则作为第四条莱布尼茨的诠释学原则也许并不正确。但是,现在我们阻止这种向自己术语的转换。尽管不可避免,但我们认为把巴特勒主教(Bishop Butler)和孟子相等同起来更像是一个曲解。① 相反,莱布尼茨和他同时代的人接受了这种认同思想中更熟悉形式的诠释方法。莱布尼茨与他的反接纳派的对手们之间主要的差异在于他们之中谁认同中国思想。这些反包容者把中国的思想等同于西方哲学中泛神论的**神**(God)的观念,像斯多葛学派或阿威罗伊学派(the Stoics or Averroes)所说的世界灵魂,更通常的是作为斯宾诺莎主义的一个形式。这种认识在马勒伯朗士的《一个基督教哲学家和一个中国哲学家的对话》一书中表现得更为明显。莱布尼茨并未直接引用这本书,但是把它作为

---

① 这个问题在理雅各(James Legge)1895 年翻译孟子时被提出。他写道,巴特勒主教的"观点同孟子的这些观点是尽可能的一致的"。(《孟子》(理雅各翻译),第 56 页)

《中国的自然神学论》一书的资料来源。① 马勒伯朗士对中国哲学所知甚少,他的诠释大部分建立在对斯宾诺莎与中国哲学的认同上。他对中国哲学的反对与对斯宾诺莎的反对相一致。② 马勒伯朗士在回复一段对他的批评的时候,对他的方法进行了澄清。该批评说,他把中国人描绘成无神论者是不公正的。他半带嘲讽地回复道:

> 可能没有一个中国人是赞同无神论的,所以中国人不能代表无神论来与我对话。那么为了满足批评者的这种观点,作者会把中国人变成日本人、暹罗人甚至是法国人;因为这里,斯宾诺莎不虔诚的系统已造成了巨大的破坏;并且在我看来,似乎在斯宾诺莎和中国哲学家的不虔诚之间有着大量的相同之处。③

类似地,拜尔(Bayle)也把斯宾诺莎和儒家归在了一起,并且在讨论斯宾诺莎时讨论儒学和佛教,在讨论日本时讨论斯宾诺莎。④

在《中国的自然神学论》一书中,莱布尼茨多次提到了这种认同(Discourse 13,第23、33页)。他断言说,一些现代中国作者可能坠入了斯宾诺莎主义的错误中,但是这个观点没有古典文献的支持。(Discourse 23)。他又写道,如果没有这些观点的关键证据的话,我们也应该相信文本,并象征性地解读它们(Discourse 33)。事实上,在认同中国的观点上,莱布尼茨采用的主要是来自基督传统的那些更合适的作者,而不是用斯多葛学派或是斯宾诺莎。他说,我们可以接受孔子没有明显地提及神灵(spirits)(这一事),因为摩西本人也没提及它们(Re-

---

① 马勒伯朗士:《一个基督教哲学家和一个中国哲学家关于**神**的存在和性质的对话》。多米尼克·里奥(Dominick Iorio)译,美国大学出版社,华盛顿,1980年。

② 孟德卫认为马勒伯朗士关于中国的直接资料来源于梁宏仁主教(Artus de Lionne)。他是一个反接纳者,曾经到过中国,他劝说马勒伯朗士写了《对话》一书。关于他与斯宾诺莎的关联,见于毕诺(Pinot)的《中国和法兰西哲学精神的形成(1640—1740年)》一书第329—333页和孟德卫的"马勒伯朗士与中国哲学"(《思想史杂志》(Journal of the History of Ideas)1980年第41期,第551—578页。)一文。

③ 马勒伯朗士:《对话》,第47页。

④ 拜尔·皮尔:《拜尔先生的历史与批判词典》,笛·梅佐(P. des Mazeaux)翻译(伦敦:Routledge/Thoemmes Press出版社,1997年)分别见于第五卷第199页与第三卷第550页。关于皮尔和马勒伯朗士在此问题上的争论,见于 Y. Lai《皮尔和马勒伯朗士笔下的斯宾诺莎与中国思想的关联》,《观念史杂志》,1985年第2卷,第151—178页。

marks 5）。相信**神**创造神灵来控制自然现象是错误的，但这并不是反对基督徒的，因为很多基督徒也想过同样的事，例如，莱布尼茨给出了一个经院派的信仰，某些天使在照看着天国（Discourse 2）。当中国人说到"理"——莱布尼茨把**神**当成它的第一动因——并不具有生命、权力和知识时，他们也许认为"理"并没有人的形态，如同狄奥尼修斯（Dionysius）认为**神**不具有相似属性一样。（Discourse 16b）换句话说，一些对"理"的否认，将被否定神学（Negative theology）的精神所接纳①。另一些时候，莱布尼茨还将中国哲学与古希腊哲学相比较。他写道，如同柏拉图一样，孔子相信**神**的统一性，但是在一些表述中，他会调和自己以适应一般人的成见（Discourse 34，参照 Discourse 24a, 42, 55）。莱布尼茨甚至会用自己的哲学来肯定中国哲学。如同他自己，中国人也相信，在**神**之下的所有神灵存在都有着某种肉体（Discourse 2）。在他对龙华民的页边注中，莱布尼茨作了与柏拉图、否定神学、德尔图良（Tertullian）、笛卡儿和不同的基督教教义的对比。

这个认同显示了莱布尼茨是如何尊敬地看待中国哲学的。当利安当认为异教徒是一群完全错误、完全迷信、充其量也不过是某种斯多葛主义者时，莱布尼茨把中国哲学家放到了与柏拉图、亚里士多德甚至一些基督教经典作家同等的地位上。作为诠释的一般原则，愿意用熟悉的思想去认同外国思想的意义很难估计。在遭遇异种文化时，莱布尼茨并没有什么直接经验，也不知道世界哲学的种类会超过他所熟悉的哲学的种类多少。同时，这种寻求相似性的意愿在他的哲学中是有基础的。因为，在知识上，我们或者是直接通过理性或者是间接通过**神**创的宇宙万物来接近**神**的，所以，随着不同文明的发展，它们都会走到一起或变得越来越相似。因此，莱布尼茨希望古希腊人、古中国人以及现代欧洲人有着相似的对经验的解释。这一期望与他对文化交流的可行性的期望一样，都是来自于他的哲学本身的。

---

① 否定神学亦称"阿波发神学"，以否定方法为基础的有神论。它通过断言**神**不是什么而不是他是什么来描述他。——译者注

争　论

至此,我们在相关于文本的情况下对莱布尼茨的方法进行了考察,虽然莱布尼茨在关于中国礼仪方面运用了同样的原则。然而,莱布尼茨主要关心的还是跨文化的互动和理解。核心问题可以称作文化或哲学的综合:我们如何能够理解别种文化的思想并把其中的某些元素纳入我们自己的思想中?对此问题的一个莱布尼茨式的回答可以从前面详述的原则中推出来,但是,现在我们转而考察一些莱布尼茨实际运用这种综合的事例将会更好。很清楚,莱布尼茨是一个善于做哲学综合推演的思想家。在《人类理解新论》中,泰奥菲勒斯(Theophilus)是如此证实的:"这个体系结合了柏拉图和德谟克利特,亚里士多德和笛卡儿,经院派和现代派,神学、道德和理性。显然它从所有体系中吸取了精华,并且发展得比任何人都更远(RB 71)。"除了刚才描述的一些诠释学原则,莱布尼茨没有提出如何执行这样一种综合的其他方法。我们已经看到莱布尼茨希望从中国学习和"综合"怎样的东西并使之成为自己的知识。他的兴趣超越了收集数据,但是并没有达到包括中国哲学的高度。一个理由将是他对中国哲学的低估。他认为中国哲学缺乏严谨的推理。李约瑟提出了,即使是可争论的,但仍然是令人兴奋的观点:

> 我对这种观点提供了一个进一步的考察:欧洲人得益于中国人的"有机自然主义"(organic naturalism)。这种(有机自然主义)原本建立在"关联思考"的体系上,在公元前 3 世纪的道家哲学中已经得到了极好的表述,并在公元 12 世纪的理学思想家那里得到系统化。它至少在从 17 世纪开始的、克服欧洲神学活力论(theological vitalism)和机械唯物论(mechanical materialism)之间二律背反的综合努力中起了重要的作用。①

---

① 李约瑟:《中国的科学与文明》,第二卷,第 497—505 页。

"有机自然主义",是一种具有复杂关联的、自我组织的世界观,它调和着"神学活力论者的理想主义"和"机械唯物主义"。这种观点可能从道教到理学,然后经莱布尼茨到黑格尔、恩格斯、再到怀特海。李约瑟把他的证据建立在莱布尼茨哲学体系和理学的相似性上,尤其是"前定和谐"。正如我们所见到的,有些相似非常突出。如果莱布尼茨此前真的了解理学,他可能从中国学到了很多。但是,对莱布尼茨著作和资料来源的深入研究显示,他的哲学远在他对中国思想有足够的了解之前已经成熟。① 无论如何,我们没有莱布尼茨从中国哲学里"综合"任何东西而转化成自己哲学思想的例子。然而,我们可以反过来看待这种"综合"。我们不是去检查莱布尼茨自己是如何执行这种"综合"的,而是考察他如何推断中国人执行它的。这个推断在两个层次上发生:在一个特定的论证上以及如何转变中国人的一般视野上。

莱布尼茨试图影响中国人而提出辩论的例子也很难找到。他没写过类似于马勒伯朗士的《一个基督教哲学家和一个中国哲学家的对话》这样的东西。无论何时,莱布尼茨一谈到中国哲学,他都是为中国哲学辩护,而不是与之辩论。虽然如此,莱布尼茨也对中国哲学做了一些含蓄的辩论,其中的一些已经在为"理性假设"的诠释学原则下出现了。如果中国人事实上相信它是的话,那么,莱布尼茨关于中国人并不相信原初的物质是最初推动力的辩论就会很容易转变成反对物质作为最初动因的争论。除此以外,莱布尼茨也针对中国思想中的某些元素提出过直接的争论。我们可以从这样一个争论开始,它包含在关于中国人对灵魂和不朽的信仰的讨论中。龙华民指出,理学家并不相信天堂或地狱,并且他们嘲笑具有如此信仰的佛教徒。对此,莱布尼茨回复道:

> 但是,如果他们考虑到这个至高无上的本体——对他们自己而言这是正义与智慧的源泉——在创造精神和灵魂时不会比一位智慧的国王因难于约束他那些桀骜不驯的臣民更差,他们就不会

---

① 对于李约瑟观点的最好驳斥见于丹尼尔·库克与罗思文的"莱布尼茨与中国思想的前定和谐",《观念史杂志》,1981年第42卷,第253—267页。

总是嘲笑了。因此,在这位伟大主人统治下的精神王国不可能比人统治下的王国更缺少秩序。由此也可以得出,在这种统治下,"善必赏,恶必罚"的正义在此生是不会充分实现的。(*Discourse* 65)

争论的前提是有一个作为智慧和正义来源的最高存在,所以,这里预设了一个事实真理。与"存在者的存在是预设的"这一宣称相伴随的是,儒家学者也共有这种最高存在的特定观念。表达**神**的所有心灵都有这种先天的观念;莱布尼茨设定的是他和现代中国人都把这同样的观念放进了他们的统觉之中。莱布尼茨表示,如果儒家学者检查或是分析这种观念,他们就会和莱布尼茨一样明白,作为智慧和正义来源的最高存在的观念包含着这样一种观念即这种存在比一个国王要表现得更为完美。很有可能,最高存在的观念包含着这样一种观念:这种存在要比低级的存在表现得更加完美,也就是说,最高存在比任何其他低级的存在表现得都要完美。其次,如果这些儒家学者检查他们正义的观念——它本身包含在他们最高存在的观念之中,他们就会发现,这个观念包含着"善必赏,恶必罚"的观念。另外,莱布尼茨不仅假定每个人都有先天的正义观念,并且他和儒家都把这同样的观念放到了自己的意识中。从经验中,我们知道,正义在今生并没有(完全)实现,莱布尼茨认为中国人理所当然也有这种经验。这样我们就可以断定,正义必须在来生实现,那么我们就一定拥有灵魂。

除了最后一个前提即完美的正义并不在此世实现外,这一争论依赖于必然真理的要求。它依赖于我们所具有的确定的先天观念以及与同一必然方式联系的那些观念。对于莱布尼茨来说,每一步都可以归纳成一个特性,因为正义观念包含着"善必赏,恶必罚"的观念。为什么现代中国人没有明白他们自己对最高存在的信仰必然包含着天堂的存在?莱布尼茨可能会这样解释:尽管他们表达了来源于**神**的必然观念,但是他们认知得还不够清晰。我们已经从影响领悟先天观念的经验方式中得到了解释这个问题的可能原因。由于我们的先天观念以有限的方式显露自己,也许经验就引导着中国人转向了其他真理。或者也许他们的语言符号系统使他们不能清楚地分析这些观念。尽管如此，由于莱布尼茨和中国人都分有同样的观念，莱布尼茨相信中国人将会很容易被说服。被必然观念说服的容易性在莱布尼茨的文化综合观里扮演着重要角色，而现代中国人的难于被说服则暴露了莱布尼茨方法的弱点。莱布尼茨争论中的一个典型要素，尽管迄今为止都是因必然真理而向前推进的，但它却是假设的。如果一个人相信最高存在是智慧和正义的来源，那么他就很容易相信善恶在来世有报应。争论的目的并不是关于确定的观念怎样必然地与其他观念相联系的纯思辨真理，而是一个事实真理——天堂确实存在。莱布尼茨的争论完全基于这一"咬定"——他们都相信最高存在是真实存在着的，这是一个存在的事实。通过一个存在事实的一系列必然真理产生一个事实真理的这种辩论形式在莱布尼茨的《中国的自然神学论》中多次重复出现，比如他在讨论灵魂时。这个前提就是古代中国人相信是智慧在控制着确定的自然进程。从这个信仰出发，莱布尼茨宣称他可以很容易说服他们，因为智慧自身是由一个最高的智慧所创造的。莱布尼茨并没有说他的辩论是如何起作用的，但是再一次强调了教授这一观点是怎样的容易，并且表明这"容易"是基于共有的存在主义前提的。如果不是都相信是精神在控制，那么说服中国人就会很难（*Discourse* 74）。紧接着这个宣称，莱布尼茨补充说，要使中国人相信"我们这个时代的真正哲学"（就是他们自己的哲学）将会更为困难。

这种结构也构成了莱布尼茨对于"礼仪之争"的回应。与参争论的其他人不同，莱布尼茨不仅追问中国人想些什么，并且追问，是否中国人所想的能被澄清或重新定位。因此他写道，中国人确实相信灵魂存在，而"这一点足以让博学的传教士启蒙他们，并澄清他们的混乱。"（*Discourse* 58）在另一段文字中，莱布尼茨写道，也许某些中国人相信**神**是世界的灵魂，并且相信它是与物质相联系的，但是考虑到他们相信作为原理的"理"能创造代表物质力量的"气"，"人们不必要责难他们，而仅仅需要向他们作解释。"（*Discourse* 2）因为中国人相信这些事实真理，我们可以通过向他们展示这些观念的必然性而轻易说服他们。我们可以向他们展示这些，因为观念之间的关联比关于存在事物的经验是更具有普遍性。如果中国人没有这种原初的事实真理，那么说服他们就会变得非常困难。

莱布尼茨争论的形式导致了什么是单子普遍具有的和什么是单子不带有普遍性的两个结论。所有的人类单子都表达神心中的观念,并且对这些观念的数量也能清楚无疑地表达。这一切,使得它们容易学习。尽管如此,在以上的情况中,虽然中国人表达了这样的观念,但是他们表达得不够清晰。他们并没有从他们所持有的真理观念而必然地得出结论。为什么?莱布尼茨并没有说,但是原因一定在于他们在宇宙中的不同位置。根据莱布尼茨的观点,他们可以通过同欧洲人的互动而清晰地表达这些观念。当然,同欧洲人的互动,是宇宙的视角性表达的结果。由此,我们可以看到必然真理的知识如何依赖于经验,并从文化交流中得益。由于我们自身的有限性,我们永远也不会得出我们观念的所有结论:我们总可以学到更多的必然真理,而其他文化也是这种知识的一个源泉。我们已经看到,莱布尼茨希望通过他对中国文化的联姻而获得必然真理,但不幸的是,他从来不把中国作为哲学思想的一个来源。他对自己的哲学看得过高,而对中国哲学看得过低。

莱布尼茨同中国思想的联姻显示了交流或争论依赖于两个共同基础的交叉:一个是必然真理的共有领域,另一个有些事实或经验真理的共同基础。为了向中国人证明灵魂的不朽,我们需要确立两个东西。第一,我们需要说明所有的实体都是不朽的:如果你真的明白"实体"这一观念,你将会明白这一观念本身包含着"不朽"观念。根据莱布尼茨的观点,这一步要相对容易,因为所有的人类已经有"实体"这个概念,而且是以包含"不朽"的方式拥有这一概念的。然而第二步,要说服人,每一个人事实上都是莱布尼茨叫做"实体"的东西。在接下来的部分中,我将考察这第二步是如何解释或执行的,但是莱布尼茨并不直接通过自然来支持它。在《中国的自然神学论》中的争论里,莱布尼茨设定这一步已经被执行了。这个方法是莱布尼茨在论及中国时必须完成的主要事情之一——在他们自己的文本中揭示自然神论的存在。因此如果现代中国人不相信灵魂或神的存在,我们不仅仅可以通过经验,而且还可以通过被中国人奉为权威的经典文本去说服他们。考虑到经验的视角性限制,后者可能会容易一些。

共同的基础——自然神论

如果这个双重的共同点是需要的,那么莱布尼茨的、与中国进行文化交流的计划就需要一些事实真理的共同根据。前面所有的争论都基于对**神**和**灵魂**,即自然神论的最根本的基础知识。正如《中国的自然神学论》的书名所指示的,莱布尼茨关于中国哲学的主要论点是它包含着自然神论的教义。在第二章中,通过概览从对于被创造的世界的经验中我们能知道**神**的什么,我们已经明白了莱布尼茨的理论架构。宇宙的存在必然有一个充足的理由,而且只有**神**能提供这个理由。这个知识对这个宇宙任何地方的任何人都是开放的。更广泛地说,由于每一个结果都在表达一个原因,那么我们从不同角度来表达的这个宇宙也在表达着**神**,因此宇宙的知识趋向于**神**的知识。如此,从宇宙的知识到**神**的知识的促进对任何人也是开放的。这一普遍的原则揭示了自然神论的可能性,但是我们也看到了不同的单子有什么共同之处这个问题的复杂性。考虑到已经建立的构架,基于单子同时表达宇宙万物和观念的领域,我们必须考察自然神论跨文化现象的出现。

我们即将提到中国的自然神论的一个可能的解释——古代中国思想中的基本的自然神论起源于与犹太—基督教传统相同的天启。由于这个原因,古代中国的神学就完全不是"自然的"了。在今天看来,这个观点似乎有些荒诞,但是在接触中国的早期,象数论者(Figurists)普遍持有这种观点。其杰出的代表就是白晋。这个观点的推动力是古代中国年表的问题。这个年表把早期的古代中国帝王放在与《圣经》中的人类祖先同样的年代。这个解释的第二个支撑点是把中国文字看做是由埃及象形文字演变而来的早期趋势。这个观点由基歇尔(Athanasius Kircher)在其 1667 年出版的《中国图说》(*China Monumentis Illustrata*,)一书中提出,是基于他观察到的埃及与中国在语言、宗教仪式以及风俗习惯上的相似性的基础之上的。① 关于中国和埃及之间有联系

---

① 孟德卫:《奇异的土地》,第 163 页。

的观点当时非常普遍,以至于在 1713 年的时候,拉克罗兹(La Croze)仍写信给莱布尼茨说:"我已经对中国象形文字的来源有了一些好的推测,并且对古代中国文字同埃及文字之间的相似性有了足够好的证据。"(LBr 517, Bl 69r°)白晋在他与莱布尼茨的通信中也揭示了他的象数论者的观点。例如,他写道,古代中国良好的科学发明事实上来源于"所有民族的古代祖先"(W 104),并且,"如果中国语言的钥匙被找到,那么它必然是通过对埃及象形文字的解释得出来的"(W 73)。莱布尼茨对这些象数论者的诠释的观点不是很明确。在他早期关于中国的写作中,他宣称要么埃及是中国的殖民地,要么相反(A IV,1,384)。但是后来,即使在他写给白晋的信中他也怀疑中国与埃及之间的关联(W 188)。在别的地方,他尖锐地批评了这种结合趋势。例如,他抱怨说,人们过于随意地把古代的神话同《圣经》联系起来,好像古人不能创造他们自己的迷信一样。① 尽管如此,莱布尼茨在他关于中国的著作里多次提到中国与《圣经》中的人类祖先具有某种关联。在《中国的自然神学论》里的一段文字中,他强烈地表达了这个关联。他描述了中国人关于神灵的学说类似于关于天使的学说。他写道:"很有可能,如此接近我们传统的伟大真理的这些东西,通过古代祖先而传给了中国人。"(Discourse 110)。莱布尼茨对中国人宣称"理生气"做了一个类似的评论,他把这等同于**神**创造世界。莱布尼茨注意到,甚至古希腊人也不知道宇宙是如何被创造出来的,这在传统上超出了自然神论的范围(Discourse 24a,参照 Discourse 32)。考虑到莱布尼茨模棱两可的评论,我们至少可以说,他考虑到了从《圣经》中的人类祖先到古代中国人之间存在着知识传播的可能。然而,莱布尼茨的总决断,在他丧失探讨这两者之间的联系上表露出来了。即使白晋在他的信中表示了明显的兴趣,莱布尼茨也没有展露出自己的兴趣,对研究这些联系和它们的含义也未作努力。这些兴趣的缺失同他反复对自然神论的强调形成

---

① 致埃策希尔·施潘海姆(Ezechiel Spanheim),1697 年 4 月 27 日。美世(Mercer)展示了莱布尼茨早期的影响,如同托马修斯(Thomasius),莱布尼茨自己,至少在他生命的早期,他们是共同趋势倾向于"折中主义",而反对古代神学的方法的(美世:《莱布尼茨的形而上学》,第 27—39 页)。

了鲜明的对比。

莱布尼茨在许多地方写到了自然神论,特别是在《神正论》中。《神正论》的焦点是信仰和理性之间的联系。莱布尼茨把这一点作为对自然神论的辩护,因为"有太多的趋势可以从它的基础上推翻自然宗教"(PD Ⅱ)。① 尽管《神正论》从讨论耶稣开始,他的角色也是限定的:"我仅仅要展示耶稣基督是如何把自然宗教转变成法律,并使之获得了公共教义的权威的。"(H6)耶稣并没有在理性所展示的之外添加新的东西,他仅仅是把这些知识转变成了确定的基础,克服了人类理性的易变性。② 如果我们在考察莱布尼茨在关于中国的著作中所具体说的时,同时也考察他工作更广泛的背景,(就可以发现)关于中国和欧洲的共同根据的解释包含在他关于自然神论的理论之中。如同《神正论》中所描述的,对莱布尼茨来说,自然神论的范围是相当传统的。要排除在自然神学之外的是三位一体的神秘,再生和圣餐礼,以及对神对这个世界的创造、神为什么选择创造这个特定世界的原因诸如此类(PD 16,23)。自然神论的基石就是神的存在和灵魂的不朽。莱布尼茨在其早期文章《自然反对无神者的声明》(Confessio Naturae Contra Atheistas)中就把这些设定为他的目标(A 1,1,489-493),它们也是笛卡儿的《形而上学的沉思》的目标。莱布尼茨的哲学从总体上看可以被当做自然神论,因为它建立在理性和经验之上,而不是信仰,但是莱布尼茨很少用这些术语来表达自己的哲学。我猜想,因为它需要一个发展的水平,在此,不会让其变得普通并居于那种意义"自然"中(就是说,一种可被发现的自然状态)。

自然神论的真理是如何出现的?人们,例如相互独立的中国人和欧洲人,如何能够分别单独发现关于神和灵魂的同样真理?我们首先可以考虑神存在的证据。莱布尼茨知道许多这样的证据。在《人类理解新论》中,他说:"我相信,事实上几乎所有用来证明神存在的方法都

---

① 赖利(Riley)强调《神正论》是一本自然神论的著作,他指出该书原稿的副标题宣称它是通过来源于"自然神论和法学"的数学上的确定性来完成证明的(Grua I,370,赖利:《普遍法学》(Universal Jurisprudence),第90页)。

② 参阅赖利:《普遍法学》,第107页。

是明智的,如果它们被完整的表达,他们是可以达到目的的。"(NEIV, x,§7;RB 438)在《单子论》中,他特别区分了三种证据。第一个证据是,永恒真理的存在需要神的永恒理智的支撑(M 43;AG 218)。第二个证据是莱布尼茨对本体论证据的修订。第三个证据来自于偶然性的存在物需要一个必然的充足理由。在自然神论的术语中,似乎本体论的证据占支配地位,因为它是先天的,并且同我们受时空限制的对宇宙的视角关系较少。然而,莱布尼茨很少在这一语境中运用它,大概是因为这类证据需要极端精微的推理。在莱布尼茨看来,除了他自己,从安瑟伦(Anselm)到笛卡儿(Descartes),没人清楚地懂得这个。如果相关的推理对于笛卡儿和安瑟伦来说都过于精微难懂,那么莱布尼茨怎么会期待中国人或者其他人做得到?而且,这个证据依赖于有一个明确的神的观念。但是,自然神论的问题在于:一个人首先是如何得到这一观念的?莱布尼茨视此为理所当然的:从清晰明确的神的观念出发,理性会说服你其他事情,例如神的正义和必然存在。或许出于同样的原因,莱布尼茨也很少使用这样的证据:通过必然真理的存在来证明神的存在。使用这个证据,你首先要确立起永恒必然真理的存在。对此,甚至有些欧洲人都感到怀疑。

　　莱布尼茨赖以解释自然神论的证据和其他文化也有神的观念的事实是来自于神创的、有条件的宇宙万物存在的一个后天性证明。莱布尼茨不仅仅在明确讨论自然神论时依赖于此证据,而且在反对无神论(例如《自然反对无神者的声明》(Confessio Natural Contra Atheistas);A I,1,489-493)和怀疑论(A VI,4,2265-2271)的争论中也是如此。然而,在讨论自然神论时,莱布尼茨强调需要一个充足理由,不仅是对于某些事物的存在,更是对于这个特定宇宙的秩序和完美的存在。在《人类理解新论》中,当讨论其他文化和普遍认同基础之上的论题时,莱布尼茨指出,对神的观念的广泛认识可能来自古代广泛的神启。他进一步补充说:

> 在没有宗教教义的情况下,是自然本性帮助人们发现了它:对宇宙万物的惊奇使他们思考一个更高的力量……你必须承认……我们认识神的观念的趋向是人类自然本性的一部分。即使最初的

教导可归于神启,但人类对这一教义的乐于接受仍来源于我们灵魂的自然本性。(NE I,I,§4)

从这个文章里我们可以看到几个要点。第一,这种对**神**的接近依赖于理性和经验。这个经验是对神启的经验,很像通过传教士或《圣经》得到的第二手材料,但可能仅仅是关于自然奇迹的经验。同时,基于我们对观念的共同表达,包含着**神**的观念和其他必然真理的心灵更容易接受**神**。在更广泛的术语里,莱布尼茨这里是指,我们对在自然界所见证奇迹来源的推理能力。那么,我们再一次见到了两个根据:一个是经验,它从我们对宇宙万物的表达中得来;一个是必然真理,从我们对先天观念的表达中得来。这两个层次相结合就给出了**神**存在的模糊观念。第二个要注意的要点是,莱布尼茨并没有再提出一个宇宙论证明的观点。即我们没有思考,由于一些有条件的或因果决定的存在,就推出没有原因的第一因。在某种程度上,莱布尼茨给出了一个目的论的看法:因为我们发现大自然如此美妙,我们就被引导着想到了**神**。这一过程无须一个明确的论证形式。在《人类理解新论》中,它更像是一种无意识的反应:"**神**存在的传统来自于一种自然的感觉。"(NE I,ii,§9;参阅.NE I,I,§4)这种感觉类似于我们避免自相矛盾的感觉或直觉。两者都是我们自觉意识之外观念的作用。因为我们倾向于更完美和更多的知识,所以,我们有一种认识**神**的先天观念的倾向,也就如我们有一个认识无矛盾原则的倾向。即便如此,如果对造物主的知觉保持在统觉的水平之下,仅仅在一个模糊的对自然敬畏的层次上显露自己,那么这与莱布尼茨的解释也是相一致的。

这些**神**的暗示对一神论的传播有两个缺点。第一,这个进展仅仅是高度可能的。在一个怀疑论者同一个宗教修士(代表莱布尼茨)对话时,怀疑论者可以争辩,尽管有着明显的秩序,这个世界仍有可能是偶然产生的。例如,可能存在着无穷多的世界,而我们恰好碰到一个有秩序的。对此,修士回复道:"绝对地说,我同意这种假设也不是不可能的。也就是说,当一个人认为这种推理来自事物的秩序时,这是不自相矛盾的。"(A VI,4,2268)然后,他给出了自己的设想。如果一个人被送到了另外一个世界或是宇宙的另一个地方,并且站在钟表、书籍、家具等等东西中间,没有人会怀疑这些是一个有意识造物主的产品。当然,它们也许是偶然的原子组合。但是,他总结说:"第二个观点的出现和第一个比较来说是微不足道的,就如同一粒沙对于一个世界。因为这个假定的事物是无限的小,它在道德上几乎等于零。因此有智慧的主宰(providence)具有道德的确定性。"(A VI,4,2268)缺乏完全的确定性表现出证据的来源。我们已经看到,确定性只有两个来源:必然真理和经验的原始真理。这两个都不能成为证明神存在的根据。毋宁说,这个推演遵循着事实真理的第三个来源,基于我们经验中观察的一致性和可能性。在广义上讲,这个推演基于科学。因此,具有说服力的、最自然的证据并不是最确定的证据。这一对神证明的第二个缺点是,这个论证并不包含着一个绝对完美的造物主,因为,如同莱布尼茨承认的,在我们有限的视角中,这个世界并不完美。尽管有这些缺点,莱布尼茨相信对于自然惊奇的经验同理性推理的能力一起造成了自然神论的广泛传播。莱布尼茨把作者同作品之间的关系同神和宇宙之间的关系进行类比,认为这是极度自然和非常明显的。当我们想象自己迁移到了宇宙的一个新的地方,我们认为我们会不得不变得疯狂地相信这本书是偶然的产物。这种类比的"自然"揭示了自然神论会在不同的、相互孤立的文化中产生。从宇宙的任何一个角度来看,奇迹和事物的秩序都会使人想到一个造物主,至少会感觉到对某种超越的力量敬畏。

这些暗示神的缺点从两个方向发展或促进了自然神论:通过理性和通过经验。第一个方向吸纳了这些模糊的提示并通过反思提炼它们,从而导致了神的典型证明、澄清了神赋予的先天观念。我们已经见到了莱布尼茨从事这一过程的一些例子,就如,他认为神的观念包含正义(的观念),而正义(的观念)又包含着来世(的观念)。另一个方向的发展是通过科学,强调了自然的完美。后者在怀疑论者和宗教隐士之间的对话中可以见到。修士一开始就宣称,由于可敬的事物的秩序,所有的现象都支持有一个智慧的主宰(providence)。怀疑论者则反驳道,尽管单独地看,一些事物显得很好,但作为一个整体的宇宙本身却不是这样。这里,"强者欺负弱者,而正义者又不拥有强力,而随处可见的是,有一定危害的规则玩弄着智慧和公义"(A VI,4,2265)。我们将期待隐士通过强调怀疑论者经验的角度性予以回复。莱布尼茨在其他地方作出了这种回答:我们不能判断作为一个整体的宇宙的完美,因为我们只在一个有限的时间里存在;我们不能判断宇宙的完美,因为其他行星可能也有生物或者比我们生活得更好的更完美的精神存在。修士宁可通过描述自然中无处不在的奇迹揭示了有一个造物主的存在来回复他们,而不是采纳怀疑论者的方法。他求助于科学,求助于显微镜:"这些人明显在欺骗自己,因为最后我们看不到什么中途而废的东西;这些造得不好的东西为什么这么快就消失了?它们如何从我们用显微镜武装起来的眼睛下逃脱?相反,我们惊奇地发现了足够可以让人高兴的东西,在一定程度上我们越来越能看穿自然的内部。"(A VI,4,2267)在《正义的一般概念》(*The Common Concept of Justice*)中,显微镜再一次出现了。它指出,只有当我们同时理解了部分和整体的时候,我们才能懂得一个事物的完美。对于宇宙本身,我们做不到这一点。但是,我们可以通过技术的帮助来看到自然的完美:"如果我们能同时辨别部分并且看到整体,如同利用显微镜观察昆虫和其他微小事物时所显示的那样,我们就能在最小的完整事物那里找到秩序和奇迹。"①

自然神学开始于对世界的惊叹的经验感觉。科学让我们越来越能看清自然的秩序和华美,而(原来)表面的不完美成了错误的知觉。来自于惊叹的**神**的原始暗示变得更加确定。科学与**神**的知识之间的关系在莱布尼茨对威廉·宾(William Penn)的一些评论里表述得最清晰。这些评论帕特里克·赖利(Patrick Riley)曾引用过。在评论里,莱布尼茨不仅明显地把**神**与理性联系到一起,如同他经常做的那样,而且还特别地把它与科学联系在一起。他写道:"由于已有的对自然奇迹的发现,向我们展示了越来越多的自然美,神的计划(providence)通过这么多新的光亮丰富了这个世纪。我们就应该把它们运用于耶稣基督给我们的**神**的观念并从其中得益。"(Grua I,91;赖利,《莱布尼茨的普遍法

---

① 莱布尼茨:《政治著作》(*Political Writings*),帕特里克·赖利译(剑桥大学出版社,1988年),第151页。

学》(*Leibniz's Universal Jurisprudence*),第 176—177 页)他接着写道:"真爱是建立在所爱对象的美丽的知识之上的。**神**的美明显在于这至上原因的奇妙的效应。因此,一个人越是了解自然,越是懂得自然科学的可靠真理——如同神圣的完美的光一样——一个人就越会爱**神**。"(Grua I,91;赖利:《莱布尼茨的普遍法学》,第 176—177 页)并且,如同我们已经看到的,**神**之爱是伦理学的基石。在莱布尼茨看来,不促进科学,这应当是确定有罪的。在前面提到的对话中,修士建议已经转变的怀疑论者把实践与祈祷结合起来。然而,祈祷很像科学:"一个坚实理由的永久追寻:为什么**神**看起来伟大和受人崇敬……因为自然中没有任何东西你不可以用来写一首圣歌。"(A VI,4,2273)

科学的力量导致了**神**。这引导着莱布尼茨努力促进与中国的文化交流。他在信中告诉白晋,他的"对促进**神**的荣耀和人类的幸福的热忱——通过基督教的传播和坚实科学(solid science)的进步,这些给了我们崇拜智慧和造物主的方法和对人类的更好的帮助"(W64-65)。对于科学的同样观念使得莱布尼茨执著于建立学术团体。他开始了建立柏林科学院章程的起草:

> 为了**神**荣耀的传播,为了信仰、对**神**的真正崇敬、良好的道德甚至为了整个世界的普遍福祉的保持与促进,人们的心灵很有必要通过良好的科学研究和领悟而被照亮,并被鼓励着对**神**的完美与工作的认识与惊叹,从而促进并引向对作为善的来源的**神**的爱与崇敬,同时抑制邪恶与懒惰,最终使我们能更好地服务**神**和祖国,以及他们自身……他们的其他邻居。[①]

通过研究与科学,人们的心灵更好的理解并惊叹自然,并且因此爱与尊敬它的创造者。自然的知识产生了正确的宗教,良好的道德,甚至全人类的福祉。这种从科学到宗教到道德的进步构成并解释了莱布尼茨那贯穿于柏林科学院成立文件之始终的名言:通过科学来传播宗教(*propagation fidei per scientiuas*)。

---

① 布拉特(Brather):《莱布尼茨和法兰西科学院》(*Leibniz und Seine Akademie*),第 94 页。

然而,对科学的促进并不是没有危险的。莱布尼茨认识到,科学的上升也意味着威胁的上升——唯物主义。在给白晋的一封信中,莱布尼茨明确地意识到战胜唯物主义是说服现代中国人接受基督教的主要难题。(W64)中国哲学的批评者的主要策略是把中国人描绘成为唯物主义。所以莱布尼茨强调耶稣会士不仅仅要向中国人介绍宗教,也应该介绍莱布尼茨自己的哲学,因为这能够战胜唯物主义。(W 64,参阅 W 56)在欧洲,莱布尼茨在现代人——主要是笛卡儿主义者(Cartesians)与古代人之间设立了一种对立,并把这个对立看做科学与宗教之间的对立。(例如 W64)莱布尼茨宣称自己的哲学避免了这些冲突,这就是为什么要把它同科学一起介绍给中国人的原因。因此他写信给沃珠(Verjus)说,他可以通过"建立一个虔敬与真理同等阐释的坚实哲学"来做贡献。(W56)具有讽刺意味的是,莱布尼茨希望他的哲学对中国的作用如同李约瑟(Needham)提出的中国哲学对莱布尼茨及其所起的作用一样。对虔敬的需要和莱布尼茨自己的哲学不应该被看做对科学介绍的减弱或淡化。他并没有在两者之间提出一个折中方案,也没有承认二者之间有冲突。相反,他《神正论》——在这本书里他概括他自然神论的理论——的核心焦点,与拜尔(Bayle)的"科学和理性是与神学相对立"的宣称正好相反。适当的科学导向**神**。① 我们也可以说,适当的神学需要科学。因为我们需要更完整的科学来见证**神**的完美。科学与神学之间的对立事实上揭示出这种对立是坏的科学和神学的对立。莱布尼茨不是通过把一些东西加到科学上,而是通过揭示适当的科学需要把经院哲学(Scholasticism)和笛卡儿哲学(Cartesianism)结合起来的联盟。莱布尼茨主要是通过他力的观念和他对笛卡儿运动理论的批评来初步达成这个结合的。我们从莱布尼茨把自己的哲学介绍给中国人的希望的中心找到了这种力的观念。他解释道:"通过这种方法,我相信,已经恢复了古代哲学或神学在里面如此有效的经院哲学,却一点也没有背离现代的发现和力学的解释,因为甚至力学也提到力的考量,而且已经发现的没有什么比物质现象中的力对精神的动因

---

① 参阅格洛孝滋(Grosholz):《柏拉图与莱布尼茨》,第 268 页。

的解释更为合适。"(W64,参照 W140)他在解释他的哲学对中国的作用时,向沃珠重复了同样的解释。(W56)通过这些解释,莱布尼茨把对他的哲学的介绍描绘成向中国人介绍科学的全面计划中的一部分,都是为了把人们引向自然神学。通过力的概念,科学战胜了唯物主义。这一运动提示了,来自弗兰西斯·培根(Francis Bacon)的一段文字。莱布尼茨在《自然反对无神论的声明》中把它写在开篇处:"偶然的品尝哲学导致远离神,但如果(我们)沉浸得更深,它重又把我们领回到他(身边)。"(A I,1,489;L109)

最后一个问题是考虑莱布尼茨的自然神学和启示神学之间的关系。当拜尔指出理性与信仰之间的冲突时,他的首要焦点在于理性与基督教神秘性之间的冲突。针对这一责难,莱布尼茨做出了他自己的评价:"总的来说,真理之间是不会彼此冲突的,而且理性之光是不亚于启示的神的礼物。"(PD29;H91)莱布尼茨利用必然真理与有条件真理之间的区别来表述理性与信仰之间的冲突。他强调了信仰与必然真理之间冲突的不可能性。在了解必然真理时,我们表达神的观念的秩序。这一秩序,神本身也不能违背。莱布尼茨写道:"为了维护宗教的神秘性,我们永远不能抛弃必然永恒的真理,以免宗教的敌人抓住这个机会同时谴责宗教与神秘。"(PD22;H88)然而,在信仰真理和条件真理之间会有冲突,或者它们会表现出冲突。(PD3;H75)实际上,这是宗教与虚假知识之间的冲突。(T122)如同我们所见,对于现实的系统,可能真理永远不可能占据宇宙的全部秩序。这个秩序只有神知道。我们只能得到莱布尼茨称为"神的习俗"的一般原则的知识。(DM 7,AG 40;DM 16;AG 48-49)然而神的特殊命令,可能与这些一般原则发生冲突,所以,无论一种自然法则出现得多么有规律,我们也决不会确定地知道他们将总是如此。事实真理(existential truths)的暂时性质给奇迹的出现留下了空间。在《神正论》里,莱布尼茨强调了宗教神秘的不可理解性。理解某物,就是拥有它的适当的观念:"对此,仅仅有一些观念是不够的,我们必须有构成它的每一事物的所有观念,并且所有的这些观念都必须清楚、明晰、适当。"(PD 73;H 114)如果我们不能理解一个观念,如果这个观念并不适当,我们就不能得出必然的结论。因此,宗教的神秘性是不能通过必然的推演证实或证伪的。任何反对信仰的说辞只不过是可能的、是基于经验的,并且在信仰与可能的证明之间的冲突中,信仰可以胜利。

超自然现象的存在不应该被当做科学的一大威胁。实际上,莱布尼茨反对把奇迹用作对自然现象的一个解释。**神**依据规则来运作,但有时他也可能违背一般规则,这是我们不能用理性去理解的。(不过)这仅仅是个例外。莱布尼茨同时批评了牛顿与马勒伯朗士,因为他们的体系都需要永久奇迹的存在,前者允许距离之间的引力而后者提倡偶因论。另外,我们的知识中奇迹的角色本身被理性所限定。一方面,如果某种信仰与我们知识中的必然真理相冲突,那么必然真理必定会赢而我们也必须承认那信仰不是真的。另一方面,理性自己必须判断经文中的真理和奇迹:"理性作为自然的诠释者而高于其他诠释者。"(A VI,4,2362)莱布尼茨对理性的这种应用在《对基督教的思考与分析》(*Examen Religionis Christianae*)中有详细的解释。理性部分地通过引入必然真理的结构、部分地通过常用来支持它的奇迹和预言的可靠性来判断经文上的真理。在《神正论》的绪论中,莱布尼茨说,信仰可以被看做各种各样的经验,因为它依赖于教会神父的经验(PD 1)。理性必须判断并诠释这些经验,如同对于它的其他任务。最后,基于可能性的关于事实真理的整个知识应该综合教义。这一教义是根据理性的经验和判断并建立在可能性的真理之中的。

为了说明我们是如何学习其他文化的,我们已经看到,莱布尼茨的兴趣以及他了解并诠释中国思想的方法遵循着融合理性与经验的一个复杂陈述。莱布尼茨的自然神论也遵循着同样的基础,既依赖于所有作为神的影像的所有心灵的先天观念结构,也依赖于作为与我们共有的特定的现实世界相连接的事实真理。一旦普遍的事实真理被找到了,论证就可以通过分析认识到的事物的观念而继续下去。莱布尼茨已经在古典中国思想中找到了事实真理的共同根据。这就是自然神论。这种自然神论来自于经验,尽管它的识别和结构基于我们拥有的理性和相关观念。虽然没有普遍认同,但自然神论也具有相对的普遍性,因为我们经验表达着同样的宇宙,具有某种共同性。在它最本原的形式中，对世界的经验导致了惊叹，而惊叹又引导我们寻找一些超物质的原因，这就是**神**。随着我们对宇宙的观念变得越来越确定，我们对**神**的观念也变得越来越确定。广义上讲，对宇宙万物的知识就是科学，因此自然神论的共同根据与科学的共同根据是一致的。因此，通过我们的经验知识，我们被引向了**神**的观念，而通过我们关于必然真理的知识，我们可以提纯这一**神**的观念并且考察其他必然发生的事，例如，天堂与地狱的存在。从这两个过程中产生的知识不能与基于信仰的启示真理相冲突，因为理性和信仰都来自于**神**。

为什么莱布尼茨对中国（文化）如此感兴趣？这个跨文化理解的双重根据回答了这一问题。自然神论的观念可以被任何人发现。莱布尼茨自己有时会提到，自然神论是相当普遍的。正如他写给白晋信中所说的："我倾向于相信古代中国人，如同古代阿拉伯人（参考《约伯记》），甚至古代凯尔特人（即德国人和高卢人）已经远离了偶像崇拜，在某种程度上他们崇拜着最高原则。"（W 189）尽管如此，他对中国表现出来的兴趣远远超过其他（国家）。一些具体因素决定了这个倾向：例如，他的资料的来源、中国的位置居于亚洲的那一边、中国语言的性质等。但是现在我们可以看到一个更根本的原因——伴随知识发展的自然神论的发展。因此被莱布尼茨称为"文化与修养"（NS 1）的另一中心的中国很可能拥有着这种自然神论以及同欧洲交流、理解、交换所必需的共同根据。在最先进的知识以及最共同的地方之间与欧洲的联系看起来很明显，但是在自然神论上的联系就不一样了。莱布尼茨超出了这两种选择。一个人可以在没有神启和神恩帮助的情况下得到所有的知识，这是一种堕落或"辉煌的罪恶"。因此中国人的成就，乐观地讲，是不中肯的，悲观地讲，是偏见、自负和无知的来源。这种态度大致与礼仪之争中反对者的态度相一致。第二种观点把文明当做某种自然的退化。这个论点在《人类理解新论》中被费拉勒（Philalethe）假设性地提出。他认为，如果真的存在普遍的先天观念，那么它们应该在最简单和最自然的人身上表现得最清晰。知识和文明使我们远离这些观念并使之模糊。莱布尼茨驳斥了这种关于先天观念的说法，因为对某物有确切的思想需要两种前提：有关于它的观念（这个我们都能做到）；通过经验来发现它。对先天观念的真实的理解依赖于文化，或者，如同莱布尼茨在《人类理解新论》中说的，"人类的自然历史"。先天观念的统觉需要理性和对于自然的系统经验。在莱布尼茨看来，中国的知识是欧洲以外最发达的，那么中国人也应该发现了构成自然神论基础的那些观念。这个事实真理的共同根据使得相互理解和学习成为可能。

诠释与接纳

在他所有的著作中，莱布尼茨都强烈地、一贯地支持在"礼仪之争"中的接纳立场。他从耶稣会那得来的信息是自然地倾向于接纳的，所以莱布尼茨接受他们的理由就不是什么怪事了。同时，对莱布尼茨而言，"礼仪之争"还有实际的影响。他相信，如果没有包容的态度，那么传教的使命和文化交流的机会就会丧失。即使不丧失，莱布尼茨的耶稣会资料来源也会遭受不利影响。然而，莱布尼茨的包容立场并不是简单地因为某种便利或资料来源。"礼仪之争"的核心在于不同的两个问题：这些指向祖先或孔子的仪式是宗教性的吗？汉语里的"上帝"和"天"能指称"God（神）"吗？这两个问题都变成了诠释的问题：我们如何诠释这些礼仪的含义？"上帝"和"天"意味着什么？为了支持包容的立场，莱布尼茨要么对相关问题作特殊诠释，要么在更广泛的意义上论述这些问题应该如何被诠释。这些论证来源于，并且加强了我们先前讨论过的诠释学原则。在考察这些特殊论证之前，我们应该考察莱布尼茨哲学中包容立场的更广泛的基础。

自然神论的可能性与对非基督教徒的尊敬是并肩而行的，正如阿奎那自然神论的教义能够容纳亚里士多德的异端思想。在莱布尼茨的自然神论看来，非基督教徒有一些关于**神**的知识和暗示不仅是可能的，而且是很自然的。另外，对于莱布尼茨来说，理性不仅仅把人们引向**神**，而且引向美德，这就把美德从对神启的依赖中解放出来。这也给出了包容立场的另外一个基础：正如经验与反思将把中国人引向提供万物理由的**神**一样，它们也将把中国人引向道德的行为以及对和谐和善的原则的追求。基于这样一个基础,自然可以得出莱布尼茨对中国伦理的估计与赞扬:"因此,中国人并没有达到完全的美德。没有神的恩典和基督教的教导,这是不可能的。然而,他们仍缓和了邪恶的苦果,虽然他们不能根除人类本性中的邪恶,但他们明显能控制邪恶的迅速成长。"(NS 5)事实上,莱布尼茨认为,在这点上中国人比已经发现了宗教真理的欧洲人做得更好。

在关于**神**的知识和道德行动中理性的核心作用把莱布尼茨的哲学导向了包容。这与那些把神启与恩典(两者看起来大部分都给了欧洲)作为核心角色的哲学家形成了鲜明的对比。第二个导致包容立场的理由是我们理解**神**的善的能力。在考察终极原因的作用时,我们注意到,**神**的善必然包含着**神**不谴责无辜和善良的异教徒,这就支持了包容的立场。莱布尼茨写道,对于异教徒,我们必须遵守经院哲学的格言:"Quod facienti quod in se est, non denegatur gratia necessaria"——"对于那些做了他能做的事的人,不应该拒绝他需要的恩典。"(T 95)他承认,拯救需要关于耶稣的知识,而无数的异教徒缺乏这种知识,但是他否认这样一种错误的两难推理——这样的人要么在没有基督的情况下被拯救,要么就下地狱。(T 95)例如莱布尼茨回应说,**神**能够以我们看不见的方式施与恩典,在一个人临死的时刻赐予他基督的知识。(CD 111)因此,那些基督教之外的人,虽然错过了这一信息,但仍然可以享受**神**的仁慈与正义。(CD 113)在"礼仪之争"中,反对耶稣会和包容的一个主要群体就是詹森教派信徒(Jansenists)和其他奥古斯丁主义传统的教派。在《神正论》中,莱布尼茨直接评论了这一群体。他反对这样一种观念:未受洗礼的儿童和这些从未听说过基督的人必然受到天谴。他同样反对,把异教徒的美德和行为看做是"美丽的罪恶"的观点。他写道,这些神学家,"对人贬低得太多,以至于使造物主的智慧和安排蒙羞"。(T 259;H 285)《神正论》的那些论证包容的一般立场——异教徒也能被拯救、也有美德——的章节,直接针对着包容的反对者,即奥古斯丁主义者。在《人类理解新论》中,他把这个一般论述直接针对"礼仪之争"。他再次批评了那些相信未受洗礼的儿童会遭天谴的奥古斯丁主义者。然后他补充道:

这个态度也许已经影响到了一些过分热心的教师与在中国的传教士之间的争论:后者认为古代中国人在他们的时代已经有了真正的宗教和真正的圣徒,并且在孔子的教导中,没有任何的偶像崇拜和无神论。不要在没有理解一个伟大民族的情况下就去谴责它。在这一点上,罗马看起来更通情达理。(NE IV,xviii;RB 501-502)①

莱布尼茨以一个直截了当的观点结束了评论:我们很庆幸,**神**比这些人更博爱。

除了这些植根于自然神论以及**神**的善中的哲学理由,莱布尼茨的包容立场也基于教派和解的实践观点。这一观点是在他关于教会重新团结的写作中发展出来的。他在《对基督教的思考与分析》中解释了这个观点。这里,他在考虑到形象在基督教中作用的时候警告说,想彻底根除邪恶的人必须当心别同时把教会给毁了。(A VI,4,2407-2408)然后,他从奥古斯丁主义者那里引用了一段文字:"在我们的教导和我们的容忍之间是有区别的;在我们必须要规定的和我们必须要修订的之间也是有区别的。在修改前,我们必须容忍。"(A VI,4,2407)为了教会的大善容忍坏的行为的观念构成了莱布尼茨在《中国近事》中呼吁一致的传教努力的基础。在这里,所有的人都应该教授拯救的必要和充足的核心原则,而同时容忍在其他事情上的不同。莱布尼茨把他提出的这个对天主教徒和基督教的其他教派的容忍延伸到了在中国的新基督徒。② 为了向中国传播基督教的大善,为了传教使命允许的知识交流,为了教会自身的和谐,莱布尼茨调和了宗教的实践与教义。

莱布尼茨意欲与中国文化调和的最有力的例子在"礼仪之争"中甚至没有被考虑的,这就是一夫多妻制的问题。在他的早期写作中,莱布尼茨担心传教的使命会因为中国人不放弃一夫多妻制而失败。1690年左右,他在他的信件中重复了多次:为了中国人的皈依,如果必要的

---

① 翻译有修改。
② 见于莱布尼茨对格哈德·梅耶尔(Gerhard Meier)的一封信的评论。

话,他们应该被允许保留一夫多妻制这个瑕疵。① 在《对基督教的思考与分析》中,关于基督教的婚姻制度,他给出了他最清楚的意见。这里,他写道,教会应该在欧洲禁止一夫多妻制:

> 但是,对于这些非基督教民族我们应该说些什么呢?如果使他们皈依基督教的是对他们根深蒂固的一夫多妻的宽恕,如果这成为一个拒绝的或唯一反对这样一种善的理由?看起来让教皇来做决定更为安全。但是我更倾向于说,如果教皇承认中国人有一夫多妻的权利有利于引导中国人皈依基督教信仰(众所周知,基督教的这一规定被很多中国的耆老所反对,并成为使他们皈依基督的主要障碍),他应该没有做任何与基督教义相抵触的事情。(A Ⅵ,4,2445)

一夫一妻制确实是中国人信仰基督的最大障碍之一,不仅仅因为中国人不愿意放弃他们的妾,而且因为这样会因家庭的分解而导致社会的瓦解。对于许多潜在的皈依者来说,更改他们的一夫多妻的家庭体系是传教士们不得不承认的最终障碍。尽管如此,一夫多妻制这一点是耶稣会士自己不愿接纳的。在倡导接纳一夫多妻制方面,莱布尼茨表现了极大的灵活性,超过了他的资料提供者。

由于所有这些理由,莱布尼茨致力于促进对中国人和欧洲的基督教派系的包容。由于"礼仪之争"的核心在于诠释的问题,莱布尼茨通过运用他的"诠释学宽容"来论证包容立场。首先,当意义是模棱两可的时候,采取更恰当的那个意义。我们并不充分了解中国人如何选择礼仪,并且在此之前,我们不应该谴责他们。莱布尼茨写道:

> 直到现在,我仍然不知道,官方认可的、基于古典文本之上的中国文人的真实教义(尤其是古典的)事实上是什么,是否足够清晰。无论如何,在我们对中国文化的了解像对希伯来语和阿拉伯语一样熟悉之前,我们很难在欧洲恰当地估计它。所以,我们还不能

---

① 莱布尼茨同兰格拉夫·恩斯特(Landgraf Ernst von Hessen-Rheinfalls)继续讨论了这个主题。见于1690年6月,1690年7月14日,1691年11月13日和1691年12月的信。也可见于1692年4月13日给格哈德·梅耶尔的信。

阅读他们的书籍并批判性地判断它们,像我们在基督教世界所实际做的那样。(Cult 8)

有这种知识之前,我们应该给"礼仪"以最恰当的意义。(Cult 9)莱布尼茨在术语的问题中采用了相同的原则。在莱布尼茨发给德斯·博斯(Des Bosses)的评论中,他写到了确定古代中国人信仰的困难。他说,我们整个历史的评论和哲学,仍然在争论柏拉图、亚里士多德和奥古斯丁的意义。对于中国,我们缺乏这些工具,并且中国人自己似乎也缺乏哲学的系统形式和语汇。(Remarks 5,7)由于这些理由,"一般说来,没有什么阻止我们好好地思考古代的理论,直到我们被迫采用其他的看法"。(Remarks 5)在《中国的自然神学论》中,莱布尼茨明确地推论说——由于现代人的矛盾性,对于古代人的恰当诠释具有可能性就已经足够了,但是事实上这些诠释不只是具有可能性(Discourse 1)。莱布尼茨的方法贯穿于《中国的自然神学论》始终,他从一些恰当的证据开始,然后他说明异议和反证是不确定的。在这些论证中,通过给模棱两可的文献以最合理的意义,"适当(favorable)"一词的意义稍稍离开了莱布尼茨早期的"宽容"。在这些情况中,偏见导致了鼓励交流以及与基督教和谐的诠释。

莱布尼茨的包容论宣称,赞成包容的一个错误不太严重,而且比威胁整个传教的使命好得多。我们已经在他论及一夫多妻制时看到了他的这个观点。在写给安尼巴尔·马尔凯蒂(Annibal Marchetti)(1702年3月[?];LBr 603,BI 6-7))的信中,他也提到过同样的观点。在先前的信中,马尔凯蒂已经尝试了说服莱布尼茨皈依天主教。莱布尼茨在回复中就礼仪问题对天主教进行了批评,即意大利的一些教徒过火得接近于偶像崇拜,崇拜创造物而不是造物主本身。他补充道:

> 但是,不管怎么样,我赞成你在中国方面取得的进展,因为介绍一个蜕化的基督教教义比什么都不介绍要好。而且我希望,像你们这样谨慎的人,应该在建立新的教会上努力,以避免太多的(你们自己已经认识到的)滥用。(LBr 603;BI 6-7;Bodemann,《莱布尼茨的通信集》(Der Briefwecbsel des Gottfried Wilbelm Leibniz))

在这一段里,我们再一次看见了莱布尼茨用同样的语境考虑欧洲内部以及对中国包容问题,尽管他自己在中国的问题上要包容得更多。在《关于儒家的礼俗》(De cultu Confucii civili)中,他说,只要儒家的教义仍然是模棱两可的,我们就应该给它们最好的诠释。他引用了保罗把雅典的祭坛诠释成某种未知的神这个先例。(Cult 8)①他总结说:即使我们的诠释是错误的,(但也)"没有哪个虔诚的欺骗是更无辜的,因为对那些错误的威胁和对那些教授者的冒犯是不存在的"。(Cult 9)

支持包容立场的最后一个原则就是莱布尼茨不仅仅关注中国人事实上所意指的,而且关注中国的学说如何被诠释。这种行为与我们在这一章的第一部分提到的诠释学原则是一致的:当一个文本有矛盾之处时,我们应该接受好的因素而摈弃坏的。莱布尼茨以请求传教士们教导新皈依的教徒礼仪的含义是什么和其中包含着什么样的精神结束了他对礼仪接纳的争论。(Cult 9)由于最后一点,莱布尼茨已不同于大多数其他的"礼仪之争"的参与者。问题通常在于这些礼仪背后的精神是什么。莱布尼茨追问道:在传教士的诠释和引导下,基督徒是否能以一种可接受的精神来实践这些礼仪?他在写给德斯·博斯的评论中说,一人不能创造新的条款,但是必须净化旧的。(Remarks 2)所以在《中国的自然神学论》中,莱布尼茨不仅仅尝试说明这些教义是纯洁的,而且强调了这些教义是可以被净化的。莱布尼茨注意到,利安当自己说中国人自相矛盾,把**神**和物质的属性同时赋予"理"。与其完全谴责中国人,为什么不保留好的而去掉坏的呢?(Discourse 11)同样,莱布尼茨指出了对这些古代学说谴责的自以为是和实践上的危害。他补充说,面对这些结果,"探究一下我们是否能给出了正确的意义是合理的"。(Discourse 3)最后一个例子关涉到了死后灵魂的存在问题。莱布尼茨写道,即使有现代的唯物主义诠释,古代人相信灵魂的证据"充分允许博学的传教士来启蒙他们和澄清他们的困惑"。(Discourse 58)由于一些共同基础,莱布尼茨相信把中国人引导至一个恰当的观点并不会太难。所有的这些陈述都表明,莱布尼茨的包容相关于这样一种

---

① 他提到的这一段是《新约·使徒行传》第十七章:第22—34页。

诠释学——更关心从中国哲学里诠释"好"的学说,而不是执着于某个特定的个人所想的和已经想到的细节。莱布尼茨使材料服从于他的需要,并且鼓励传教士也这样做。

现在我们应该简单地考察一下这种方法产出了什么样的特定诠释。莱布尼茨在一篇写给沃珠的题为"关于礼仪之争(De cultu Confucii civili)"的短文中详细解释了他对(中国)礼仪的包容观点。他以定义宗教上的异教徒开头:"我们认为,那个超人的力量,有着赏善罚恶的能力。而这个力量是否是现有的被崇拜物,例如异教徒(the Gentiles)的神祇,或者,它能恳请**神**,就像大多数基督教的圣徒一样,是无关紧要的。"(Cult 2)礼仪的问题是,中国人的礼仪是否在崇拜某个超人的力量并希望得到回报呢?莱布尼茨回答道,这些礼仪是如此地模棱两可以至于它们可能纯粹是非宗教的,尤其由于中国人在礼仪上表现得过分。(Cult 3)在写给德斯·博斯的一篇同样论题的文章中,莱布尼茨说:"然而,我们知道没有谁比中国人更注重仪式,并且我们不能用我们的风俗来判断他们的。崇拜与其说是基于礼仪,还不如说是基于情感。"(Discourse 4)我们已经看到作为礼仪的一个恰当部分的"礼"是儒家美德的一个核心。利玛窦把这个介绍给了欧洲:

> 古代中华王国以文雅和礼貌的普遍实践而闻名。这是人们极为重视的五主德之一,在他们的著作中有详尽的表述。实际上,他们在文雅的礼仪上做得太多以至于浪费了大量的时间。对于一个了解他们风俗的人来说,他们没有把自己从这种表面的表现中摆脱出来,这是一个很大的遗憾。在这一点上,中国人远过于了所有的欧洲人。①

即使中国人相信,他们从礼仪中获得了益处,但是这些益处也并不必然源于他们所推崇的这种东西。这些益处也许直接来源于礼仪中展现的道德行为。或者直接来源于**神**,因为**神**很高兴这些人推崇那值得推崇的东西,正如**神**奖赏那些尊敬父母的人一样。最后,即使在一般人

---

① 利玛窦:《十六世纪的中国》,第59页。

中间礼仪渐渐产生了迷信,这也不会使得这些礼仪本身变成迷信或偶像崇拜,除非这些迷信被官方规定。由于这些评论,莱布尼茨特别提到了康熙对耶稣会士拒绝任何迷信的诠释的认可。①

《中国的自然神学论》包括莱布尼茨关于接纳中国文化里关于"God"的术语的详细而广泛的论述。《中国的自然神学论》的大部分是尝试解释一套中文术语,把它作为与基督教相容的条理一贯的自然神论。我们已经看见这些术语的大部分:上帝——天堂之主,与人格神最接近的观念;天——天堂或自然,也许是一个有意识的存在,但是更像宇宙中内在的指导力量;理——宇宙活动发展的秩序或原则;气——被理所指挥的活跃的物质力量。莱布尼茨考虑的另外两个词是"天道"和"太极"。"天道"是把"天"和"道"(一个被柏应理译为"Lex sive Ratio"的词,意思是"方法"或"道路")两个字合在一起。"天道"同"天"一样模棱两可的,因为它可以指"**神**之道(Way of God)"和"自然之道(the path of nature)"这两个意思。"太极"通常被翻译成"伟大的终极(Great Ultimate)"。马修斯的字典(Matthews' dictionary)里是这样解释的:"绝对的——中国哲学的终极原则(the Absolute - the ultimate principle of Chinese philosophy)"。"太极"与"理"是紧密相连的,通常指整体上或原初的"理",但是对于它们之间的确切关系,不同的哲学家有不同的看法。② 莱布尼茨对所有的中国思想家论述的引用都来自龙华民和利安当。他说,引用对手的资料,可以使他避免偏激。然而,这些引文出自于一个广泛的年代,有着复杂的来源,所以它们本身通常

---

① 莱布尼茨从一个叫洪若翰(Jean de Fontaney)的人1701年12月15日写给他的信中了解了康熙赞成耶稣会士立场的谕旨。洪若翰在信中说,这个皇帝宣称"天"(Ciel)这个词可以理解为一个统治天地的独立的智慧存在。康熙的立场见于第31页。

② 理学家陈淳认为:"太极只是以理言也。理缘何又谓之极?极,至也。以其在中,有枢纽之义。如皇极、北极等,皆有在中之义。不可训极为中。盖极之为物,常在物之中,四面到此都极至,都去不得。如屋脊梁谓之屋极者,亦只是屋之众材,四面凑合到此处皆极其中;就此处分出去,布为众材,四面又皆停匀,无偏剩偏欠之处。……太极只是总天地万物之理而言"。此段文字摘引于陈淳《北溪字义》中的"太极条"。原注释中的英文为陈荣捷(Wing-Tsit Chan)翻译:《新儒家术语解释》(Neo-Confucian Terms Explained)(纽约:哥伦比亚大学,第118页)。陈淳又写道:"太极浑沦之妙,自无而入于有,自有而复于无,又只是浑沦一无极也……"(如前,第188页)

自相矛盾。由于这种方法,这一词语是什么意思的问题,就像在西方哲学把奥古斯丁、斯宾诺莎和尼采的一些章节混在一起去追问"God"是什么一样。由于资料的来源,"中国人"对神灵或人格神的信仰无法得到回答。这些古代的作品是在很长一段时期中的许多不同作者和不同资料来源的基础上编辑而成的。如同我们已经见到的,这些最早的文本似乎认识到神灵的存在,认识到"上帝"或许"天"作为某种形式的统治神,但是这些文本意义模糊,并且有一定的矛盾之处。众所周知,孔子对这个问题的看法是有所保留的,他拒绝谈论神灵。①"上帝"、"天"和"天道"这些术语都来自于经典文本,并有着不同的意义。在莱布尼茨的时代,一般人都相信灵魂,并且这个信仰并不被认为是与古代文本相抵触的。尽管如此,(在中国)控制着选择政府官员的考试体系、占据统治地位的哲学流派是理学。我们已经看到,这些学派的形而上学集中于"理"和"气"(两个概念)。"太极"是当时的另外一个常用术语,它有着不同的定义,但是被当做"理"的某些方面。在古典文献中,"理"、"气"和"太极"这些术语并不具有这种意义。当龙华民说中国人是唯物主义者和无神论者,他的这个宣称的基础就是他对于正统理学的诠释。尽管"无神论者"和"唯物主义者"可能是西方语境特有的,但龙华民关于理学家并不认同一个有意识的人格神的说法是正确的。如同他和其他人所说的,就欧洲人熟悉的哲学立场而言,这些后期儒家(宋明理学)很像斯宾诺莎和斯多葛学派。

在第一章介绍中国思想的背景时,我描述了中国思想发展的三个相关的时期:远古时期即《易经》等经典成书的时代,白晋和其他人认为这一时代是和《圣经》中描绘的人类祖先相关联的;战国时期的古典儒家时期,这个时期是孔子开创的;回应佛教的晚期儒家时代,这就是"新儒家"(宋明理学)时期。莱布尼茨在没有足够的办法对这三个时期进行区分并确定其时间,因为他是通过如龙华民和利安当等直接资料以及柏应理和白晋等更广泛地资料接触到了这些观念的。理解这些

---

① 《论语》中有名的一段说:"子贡曰:'夫子之文章,可得而闻也;夫子之言性与天道,不可得而闻也'",见于"公冶长"篇。

著作的巨大困难是宋明新儒家通过对古代文献的注释来证明自己的观点。理学家用经典文献来证明自己的理论,他们说到了"上帝"和"天"和神灵,但却从自然主义的形而上学角度来诠释它们。尽管莱布尼茨资料来源自身就没有分清不同的时期,莱布尼茨却认识到,它们的不同和冲突只能从历史变迁的角度来理解。他的诠释变得相对成功,因为他把他找到的混淆的引文区分成了三个体系。一是现代士大夫——儒者(ru),莱布尼茨认为他们可能是无神论者和唯物主义者,同真正的儒学是相冲突的。第二个体系是一般人的迷信和不正确的阐述。第三个是古人的体系,莱布尼茨把它称作令人敬佩的自然神论,它是与基督教是相容的。因为引文来源于众多的不同资料,所以它们经常彼此矛盾。莱布尼茨的方法是,采用引文中积极的部分,把它们归于古人;削弱那些消极的部分,或是揭示文本的含糊,或是把它们归于现代无神论者和一般人的迷信。这里的"加强"和"削弱"意味着更多或更少与基督教相容。(宋明)新儒家们在他们自己的形而上学术语和古代有神论之间达成的一致强化了莱布尼茨的论证。龙华民也强调了这个一致。他说,对于现代人来说,由于"理"是宇宙内在的物质原则,而理学家又说"理"就是"上帝",那么"上帝"一定是一种物质原则。莱布尼茨颠倒了他的论证,运用了更富有宗教意味的、古代文本中神一样的"上帝"来揭示"理"也是神一样的东西。然后,他把这个诠释同他对现代文本的诠释结合起来——在这里,他表示"理"是第一动因。"上帝"和"理"合在一起,于是形成一个可接受的神(God)的观念。(Discourse 28)莱布尼茨得到了一个被他认为属于古代的前后一贯的体系,在不知不觉中把古代的和现代的术语和资料来源综合在一起。作为绝对者,这种宇宙精神被称为"理"或秩序;作为万物的操纵者,它叫"太极";作为万物的统治者,它叫"上帝"。(Discourse 36)这三者都是谈论神的方法。在另外一段文字里,他更清晰地表述了这个结论:

> 我们所说的"人的理性之光",他们称之为"天命(天的法律与戒命)"。我们所说的遵守正义的内在满足和违背正义的恐惧,所有中国人(我们也一样)把之归结为"上帝"(也就是真神)给予的感应。触犯"天"也就是违背理性,求得天的原谅就是把自己放到

这非常的理性之法的面前,改过自新和真诚地在言辞和行为上改变自己。对于我来说,我认为这些都非常好,与自然神论非常一致……只要不更改铭刻在我们心中的自然法,这就是纯洁的基督教——除了神启和神恩对我们天性的促进。(Discourse 31)

然后,莱布尼茨对"礼仪之争"的第二个问题作了回应。他说,古代中国人在"上帝"和"天"的名义下认识**神**,也在"理"和"太极"的名义下认识**神**。但在"礼仪之争"中,后两者甚至没有被考虑到作为**神**的名称。这表明,莱布尼茨比他的资料来源者——耶稣会士们(对中国文化)更包容。这个结论强调了一个已经提到的事实,即术语的问题并不仅仅是一个翻译的问题,它涉及一个更基本的东西:中国人是否在"上帝"和"天"这些名称下崇拜着基督教的**神**呢?莱布尼茨的回答是肯定的。他对于古代中国哲学的诠释结果看起来很像是他自己的哲学。这种相似性使得他提出这样的建议:为了逐渐把中国人转变成基督徒,应该向中国人介绍哲学。这个要介绍的哲学当然是莱布尼茨自己的。

莱布尼茨作为诠释者

考虑到他面对的所有障碍——没有中文的知识、没有可依赖的诠释传统、没有关于其他文化思想的知识以及有偏见的、片段的资料来源,我们从我对莱布尼茨到底是如何理解中国思想的最初惊奇开始。尽管莱布尼茨犯了许多错误,但他对中国哲学的诠释甚至从汉学家那里也获得了赞誉,特别是将他与同时代人相比,而且其资料来源如此有限。孟德卫认为"莱布尼茨异常优秀地了解中国文化"。① 秦家懿(Julia Ching)和维尔(Willard Oxtoby)更进一步地指出:"对新儒家'理'和'气'的概念的诠释十分敏锐,精确得令人吃惊。"他们宣称:"莱布尼茨甚至在现在看来还是最深入了解中国及其哲学的最伟大的西方哲学

---

① 孟德卫:《莱布尼茨中国印象的来源》,第233页。

家。"①对莱布尼茨诠释的认真估价,首先需要一个权威的对于中国哲学的解释,然后再把这个解释与莱布尼茨的诠释相比较:这远远超过了本书的范围。考虑到莱布尼茨资料来源的限制,这个方法对他来说也很难做到公平。然而,如果现在我们希望考虑莱布尼茨哲学在文化交流和比较哲学中的价值,这个问题就有一定的相关。因此,在结束这一章的时候,我将对作为中国思想的诠释者的莱布尼茨的得失做一些评价。

我们可以分两条线来讨论莱布尼茨诠释中国方法上的不足。第一就是他无法完全避免他那个时代的欧洲中心主义观。莱布尼茨对其他文化的开放态度是很难被估价的,因为在这一点上他超出了他大多数的同时代人,但是在某些地方在我们的时代也是不能接受的。莱布尼茨提倡过一些可以成为东方主义的陈词滥调原则,例如相信东方人的推理能力不行,或者欧洲人可以到东方教授中国人他们自己的文化——莱布尼茨和白晋就认为他们可以教授中国人《易经》的真实含义。然而,莱布尼茨也明确、公开地为中国和欧洲的一般平等辩护,他反复强调欧洲需要向中国学习,即使在伦理学这样核心的问题上。他害怕中国人会学到欧洲人所有的知识,然后变得比欧洲人更强大。这也许显示了他作为一个欧洲人的狭隘观念,但同样也显示了他对中国的尊敬和对欧洲优越性的缺乏信心。然而,即使有这些开放的态度,莱布尼茨仍然保留了很深的欧洲中心主义,他从没有怀疑过这样的信仰——宇宙的一个有意识的、善的造物主。因为莱布尼茨对他自己哲学的极度自信,所以这种欧洲中心主义仍是假设的。当面对自己和其他人思想的冲突时,他几乎总认为自己是对的。他对他者的"宽容"表示着它们实际上符合或者预期了他自己的观点。换句话说,很难把莱布尼茨的欧洲中心主义和他的自我中心主义区别开来。在这一点上,我相信莱布尼茨背叛了他的认识论所要求的可误论。(在可误论上)公平地来说,莱布尼茨是领先于大多数的同时代人的——那些人确信他们自己是对的,并且认为他人没有讲清楚这个真理的相关能力。

---

① 秦家懿和维尔:《道德启蒙》,第12、15页。

莱布尼茨没有怀疑他最深的哲学观点的主要理由是他没有认识到文化差异的根本性。这个对差异认识的失败是莱布尼茨方法的第二个主要缺点。莱布尼茨"我们表达同样宇宙和同样先天观念"的理论使得他把中国的思想看成是与自己的思想相似的东西。由于莱布尼茨对中国思想的极度包容,这种倾向在实践的层面得到了进一步的强化。从他不愿意说中国思想是错误的这一件事上可以看出,他很难承认中国思想同他自己的哲学有任何差异。这种把中国思想看成极其相似于自己思想的倾向,可以用我们已经看到的一个例子来说明——莱布尼茨说服中国人相信天堂和地狱存在的论证。他说:

> 但是,如果他们考虑到这个至高无上的本体——对他们自己而言,这是正义与智慧的源泉——在创造神灵和灵魂时不会比一位智慧的国王在他的王国里对并非由他创造的,且由于不绝对依赖他而实际上难于统治的臣民施以的影响更差,他们就不会总是嘲笑了。(Discourse 65)

莱布尼茨补充说,一个智慧的国王公正地赏罚,所以**神**必定也是这样的。这里,莱布尼茨论证说,中国人还没有意识到他们已有信仰的结果,以至于他们可以通过清楚地阐释这些结果而轻易地被说服。我们应该首先就注意到莱布尼茨错了——中国人不会轻易地被这些论证所说服。原因不是因为没有意识到他们已有信仰的结果,而是因为莱布尼茨错误地解读了他们的信仰。在某种意义上,"理"是"智慧和正义"的来源,但不是以莱布尼茨所认为的"**神**被认为是智慧和正义的来源"那种方式。"理"不是任何事物的有意识的造物主,所以把"理"类比于一个国王是错误的。不存在一个有意识的造物主是中国哲学同(莱布尼茨时代的)西方哲学的一个最基本的区别之一。那么,在这一点上,莱布尼茨的翻译就是蹩脚的,而他的对手所宣称的"理"更像斯宾诺莎的**神**的观点就更正确。是什么导致了莱布尼茨的这个错误诠释?(是因为他)确信斯宾诺莎是错误的,而他给中国人最多的信任。莱布尼茨的宽容使得他把中国哲学看得与"真理"太过接近,也就是,与他自己的哲学(太过接近)。这一假设的共同性的另一结果就是,莱布尼茨相信,只要我们愿意去做,那么"光的交流"就很容易实现。我们可以从莱布尼茨那"中国将从欧洲学到所有的东西然后中断这种接触"的害怕的情感中看出这种信念。莱布尼茨渴望着这样一种情形:中国学习欧洲的优长,欧洲也学习中国的优长,于是两者的一个新的综合出现,但是经验已经说明了这个交流是何等的困难。那种认为知识只是一个量上的区别并且可以简单地加到其他知识上的观点现在看起来似乎是幼稚的,就像在埃及金字塔塔尖上加一个欧洲教堂的尖顶一样荒唐可笑。

莱布尼茨这个诠释的目的已经说明了他在理论上和实践上是如何通过确定的具体经验使我们普遍的先天观念显现出来从而避免笛卡儿和斯宾诺莎的立场的。尽管这个立场导致了多元主义,莱布尼茨仍然假设了更多的、现在看来并不公正的相似性和普遍性。莱布尼茨在一定程度上认识了文化有限性和文化多元性,正是这驱使他从事文化交流。但是,在知识是如何构造和组织的这一问题上,他实际上没有把握住最基本的文化差异,而正是这阻止了简单的跨文化知识交换。从积极的方面看,莱布尼茨对文化交流易行性的过高估计是一个幸运的错误,因为这激起了他从事文化交流的热情。尽管如此,不了解中西哲学的根本差异使得他没有认识到他能够从中学到多少。例如,中国人有着一个认为宇宙没有一个有意识的主宰者并(在此基础上)发展出了自身的建立在非物质基础之上的理论的传统。莱布尼茨甚至没有认识到这个差异,这部分是因为他的诠释学方法偏向于类似性。这个限制导致了他从未把中国思想看做是可供选择的,正如他没有意识到,他的一些最深的信仰是欧洲人独有的。他从没有被迫在他深信的确定性和他对文化多元性的承诺之间作出选择。莱布尼茨对于文化相似性和交流易行性的看法并不必然削弱他的方法和哲学基础。每一个单子都通过一个不同的视角表达着宇宙;但莱布尼茨没有认识到这些视角是多么的不同。莱布尼茨在实践上对他自己的有限性估计不足,但是他的体系容许了这一点。

迄今为止,我把这样的方法视为理所当然的:我们应该通过把莱布尼茨的诠释与我们已知的最好的诠释进行比较,确定其精确性,以此来评价他的诠释。然而,精确性并不是莱布尼茨的主要目的。考虑到作为莱布尼茨诠释学原则之一的宽容原则:如果一个文本模棱两可,或是我们对之缺乏足够的知识,我们应该采取对其最有利的诠释。如果诠释的目标是精确性,那么这个原则就不可取。莱布尼茨的诠释学原则选择了最有利的诠释而不是最可能的诠释,这让我们疑问他的真正目的。事实上,莱布尼茨的直接目的不是精确性,而是对中国一个有利的解释。在诠释学的问题上,把一个策略目的放在精确性之前,这使得莱布尼茨看起来(很奇怪)像一个后现代主义者,但是莱布尼茨明显这样做了。莱布尼茨的立场还是比较温和的,因为他的最终目的是关于宇宙更精确的知识和我们共有的合理性。达到这个目的的方法就是用一个有利的眼光来诠释的策略。如果莱布尼茨的直接目的是宽容而不是精确,那么,他有时把中国哲学看成与他自己的哲学相似的事实就不一定是一个公正的责备。如果目的在于通过"宽容原则"来促进文化交流,那么莱布尼茨就相当成功了。一个理由是,这种宽容可以作为诠释的一个有效目的,抵消人们对被诠释者的普遍质疑与敌意。在莱布尼茨的时代,人们对于非欧洲文化有一种普遍的偏见,因此一个有意识的宽容原则应该是合理的。即使是现在,宽容原则也可以得到强有力的论证,至少是在不同文化之间的交流中。考虑到我们对于非西方文化的长期低估,像莱布尼茨那样的有意提高其他文化的设定,看起来就是合理的,也许甚至是道德上必须的。

  然而,莱布尼茨的宽容原则的主要合理性来源于其对进一步文化交流的促进。一方面,与其他文化交流不可避免地会带来某些困惑,相信其他文化有很多有价值的东西,可以驱使着我们继续同其他文化交往。基于这一目的,莱布尼茨的宽容原则(即错误地赞成其他文化比反对其他文化更好)是恰当的。如果我们错误地赞成了其他文化,我们的错误很有可能在进一步的文化交流中被纠正。但如果我们错误地反对其他文化并中断接触,我们的错误就永远得不到纠正。这种危险烦扰着莱布尼茨,历史证实了他的担忧。考虑到这样一个设定——我们可以从其他文化中学到有价值的东西,即使一个反对其他文化的正确判断也会是危险的,如果它使得我们放弃进一步的文化交流。考察莱布尼茨所有关于中国的著作,他宽容原则的主要动机就在于说服欧洲人去相信"中国是值得学习的"。如果他的诠释是不精确的,那也就如此吧。错误会在进一步的交流中被纠正。宽容原则不仅仅为诠释者服务,也为被诠释者服务。莱布尼茨把宽容作为一条诠释学原则,因为他相信任何其他方法都可能冒犯到中国人。在这个意义上,宽容原则又是尊重原则。把莱布尼茨与那些认为中国人万事皆错的诠释者相比较,这个原则就是最好的。莱布尼茨的原则服务于一个实践上的目的,作为一种使得中国人更能够接受他自己思想的手段,但它也展示了对他者基本的尊重。支撑这种诠释学的基础有点像查尔斯·泰勒(Charles Taylor)所描述的那种设定:"在一个相当的时间跨度里使整个社会充满生机的所有人类文化,对于全人类来说,都有一些重要的东西。"①在他的文章中,泰勒归结说,也许我们至少有道德上的义务在这个设定的基础上开始谈论其他文化。② 我认为莱布尼茨会同意的。

---

① 查尔斯·泰勒:《承认的政治》,收录于约翰·阿瑟(John Arthur)和艾米·夏皮罗(Amy Shapiro)编辑的《校园战争:文化多元论与差异政治》(*Campus Wars: multiculturalism and the politics of difference*, Boulder: Westview Press, 1995),第259页。
② 同上书,第261页。

第五章

莱布尼茨与文化交流

在莱布尼茨写作他最复杂的关于中国哲学的著作的时候,反对耶稣会士和接纳中日礼仪的决定已经做出了。1704年,教皇克莱门特十一世(Clement XI)决定反对耶稣会士。他的敕令1707年在中国宣布,1709年在欧洲宣布。莱布尼茨不知此事。但是这个决定一直到二十世纪仍然是教会的态度。康熙被激怒了,也颁布了相应的敕令:如果教会使者希望留在中国,他必须持一种接纳的态度。耶稣会士尽量避免在教皇和中国皇帝之间作出选择,但是,由于教皇坚持自己的决定,越来越多的教士只好选择离开中国。1724年,康熙的儿子雍正,驱逐了所有除从事于天文学之外的教士。中国和欧洲之间横亘了一段漫长的鸿沟。到了十九世纪,中欧之间的战争终于爆发。敌意和强制的承认贯穿了整个世纪。随着与中国交流的机会的丧失,哲学的景观也发生了转移。渴求着的、令人激动的对其他文化的文艺复兴似的兴趣让位于十七世纪哲学家中逐渐的冷漠,只有莱布尼茨是个例外。即使如此,莱布尼茨在一段时间还是可以召集来自中国的教士们而没有引起太多的骚动。虽然莱布尼茨、笛卡儿、洛克和斯宾诺莎都是欧洲中心论者,他们四人都宣称不同文化的民族具有同样的能力。这种平等性连同实际的冷漠过渡到了更明确的种族主义哲学以及从理论上证明欧洲优越于其他民族。我们还存在于这种运动的遗产中。也许"光的交流"听起来有些幼稚,但是莱布尼茨的观点仍然有惊人的有效性。今天推动全球化的力量仍然是商品交流,但是观念的交流也随之发生着,只不过常常是单向性的。我们看一看学院哲学就够了。世界范围内的学院哲学家都知道柏拉图、亚里士多德和康德,但是很少有欧洲和北美洲的哲学家还能给出三个非欧洲的哲学家。一个新的哲学博士没有学过任何其他文化的哲学思想是很普遍的。哲学交流的缺乏是惊人的,应该引起我们的注意。现在,我们有物质的手段很容易地实现莱布尼茨三百年前所预见的文化交流。造成这种交流缺乏的,更多是由于意愿的缺乏而不是手段的缺乏。这种兴趣的缺乏甚至在莱布尼茨的时代也是令人困惑的,那时,人们普遍存有这样的观念:西方是唯一受到神启惠赠的。至此,只要一小步,就可以得出这样的结论:欧洲文化和哲学是唯一受到神的关爱的。然而,今天的哲学界的气候使得这种兴趣的缺乏变得更加让人难以理解。现在,我们很难想象,一个没有向其他文化开放的哲学体系会是公正的。没有一个先天的理由告诉我们,西方哲学优越于所有其他文化的哲学,从而使得哲学的交流成为没有意义的过程。同时,我们也缺乏足够的知识去做出这样一个后天的判断。与其他文化的哲学交流也许是没有意义的或不可能的,但是我们只能在经过了巨大的努力之后才能做出这种推断。我们还没有做出这种努力。相反,现代哲学的许多因素鼓励我们与其他文化进行交流。所有知识都来自某个确定视角的认识,很自然地要求我们参考其他视角的知识。思想和语言、思想和环境之间联系的认识,引导我们探索在不同语言和环境中成长起来的思想。可误论迫使我们怀疑我们的基本信念并且考虑其他不同的选择。所有这些因素——视角性的认识、思想和语言之间的联系以及可误论的原则——都在莱布尼茨哲学中认识到了,并且推动着他对文化交流的提倡。

我希望我已经提供了莱布尼茨对文化交流的要求,并且把他作为一个在理论上促进文化间交流的楷模。他在一封给彼得大帝的信中对这一点有很好的阐释:

> 尽管我在管理和法律方面工作了多年,而且为伟大的王子们作了多年的咨询,但我从没有认为艺术和科学已足够发展了,能够增加神的荣耀和人类的福祉,因为特别是在科学和自然知识以及艺术中我们看到了神的奇迹……我很荣幸、很高兴能为陛下您做这样有价值的、愉悦神的事情;因为我不只是一个国家中慷慨激昂的爱国者,我是为整个人类的福祉而工作的,因为我把天国看做我的祖国是而把有教养的人看做是我的同胞……①

我已经为莱布尼茨对文化交流实践的支持和他的博大哲学体系之间的相互依赖做过了论证。由于这种联系,我相信莱布尼茨不仅仅提供了一个榜样和一些强有力的说法,而且他的哲学体系在支持和解释文化交流方面也是有价值的。根据目前文化交流的贫困状况,和莱布

---

① 维纳(Wienner):《莱布尼茨选集》,第 596—597 页;《莱布尼茨未发表的信件和小册子》,福彻·德·科雷尔(Foucher de Coreil)编辑,第七卷,第 506—515 页。

尼茨对实践而非思辨的努力,如果没有看到莱布尼茨对于今天文化交流的深刻意义,这将是对他事业的背叛。当然,今天对"光的交流"的拒绝的解释更多的是历史学和社会学的,而非哲学的。尽管如此,当代对非西方思想的忽视是与真正的哲学问题联系在一起的,特别对相对主义的认识和在相似和差异之间的寻找平衡。这些同样的问题推动了关于文化多元性的冲突,使文化多元性摇摆在两极之间。一种宣称,西方文化的客观优势,另一种则宣称,没有一种文化可以宣称自己的优越性,拒绝跨文化的规范可以对文化本身进行判断。这两种极端都妨碍了向另一种文化学习的目的。在前面的情况中,如果我们假定西方文化优越于其他文化,我们则没有理由花力气向另一种文化学习。这就隐含了这样一种态度,"哲学"是西方人独有的,并且这一命题伴随这样一个宣称:哲学是特别好的。然而,第二种态度也没有好到什么地方去。如果我们没有什么可能的、可以判断其他文化的更好的标准,我们就没有任何动力促使我们从事文化交流并向其他文化学习。如果所有文化都是一样的,我们为什么要交流呢?这两种观点都有某种程度的夸张,但是冲突为一种诠释理论和我们不得不在相对主义和普遍主义之间协商的文化交流指出了方向。我们的信念必须有足够的弹性,使我们可以保持向其他文化学习的态度,然而又必须有一个足够确定的标准去判断我们自己和其他文化的观念。我相信,这正是莱布尼茨的哲学体系所提供的。莱布尼茨的理论给出了一个建立在或然性之上的知识体系。一方面,这种知识是相对的,因为在这里,什么都是可辩论的,甚至我们最可靠的知识也不过是最大的可能性。莱布尼茨自己接受了这种宣称,至少是在**神**存在和自我存在之外的所有的事实真理。甚至外在的世界也只是一种最大的可能性。这就可以使得任何存在于这个世界中的理论也仅仅是一种可能性。另一方面,我们也可以做出有根据的判断,因为我们所有的经验都表达同一个独立于我们彼此的视野的宇宙和观念的结构。当信念彼此矛盾的时候,我们能求助于我们的经验,这些经验表达了我们共有的一个宇宙。虽然我们切入这一宇宙的途径受着某种程度的限制,从而使得我们不能解决所有的矛盾。因此,莱布尼茨关于表达同一宇宙的单子的表述,回答了文化交流之间的相似性和差异性或者比较哲学之间的张力的问题。莱布尼茨的理论避免了这两种对立的选择。没有任何知识没有一点与我们现实经验的相对性,也没有任何知识没有一点现实依据。没有任何东西是完全绝对的,也没有任何东西是完全相对的。通过模糊普遍性和相对性之间的区别,莱布尼茨避免了早期近代哲学家所采取的立场。事实上,莱布尼茨有时也偶尔会偏离这种中间立场,更多地远离相对主义的一面。但不管怎样,我刚才描述的是从莱布尼茨哲学中得出的。

具体而言,莱布尼茨体系的三个方面支撑起了文化交流的观点。首先,所有人都通过两个共同的领域相互联系。一是普遍的经验世界,包括自然世界和我们身体的共同性。另一个就是莱布尼茨当做先天理念所讨论的东西,它们代表了**神**的知性。这种神学的考量在现在已经很难让人接受了。但是莱布尼茨指的是一些建立在不矛盾原理之上的构建经验的共同方法。莱布尼茨把这一原理叫做直觉。这种共同领域在康德哲学中也许很容易被当做使经验成为可能的先验的结构。但是,它们也同样容易被看做共同的心理的结构,很像休谟的原则:所有经验知识都建立在世界是一贯的这一假设之上。这些共同领域的存在,保证了我们可以通过与其他人进行交流了解我们自己的经验。这就解释了为什么我们有足够的使交流成为可能的共同根据。

莱布尼茨哲学中关于文化交流的第二个重要的方面是,我们对这两个共同领域的关系是一种表达而不是再复现。在这两种关系中,虽然在共同的东西和我们自己的经验之间不一定是相似的,但一定的关系和式样得到了保持和复制。有些关系只是模糊地得到了表达,而其他的则更为清楚和明晰。这种表达关系消除了非视角的知识。这对莱布尼茨的多元主义是关键性的。在某些讨论中,我们可以得益于别种观点,而且在大多数的论题中,不同观点的比较成为必要的手段。这种观点的界线延伸到了我们关于自己身体和自然界的经验,同时也延伸到了我们关于意识的共同结构和先天观念的经验上。因此,即使有某种确定的、普遍的范畴或结构,它们也不是这样被领悟理解的,而必须通过符号和偶然事件的经验中介。

莱布尼茨哲学体系中第三个重要的方面是,意识和理解的过程是通过这两个共同领域的表达的结合而发生的。如果莱布尼茨要避免撕裂我们的经验,他必须做出这个宣称,它很好地说明了跨文化之间的认识与理解。这一过程存在于观念和范畴之间的辩证的相互作用之中。有些是共同的,有些是不同的,带有自己特殊的经验。我们在莱布尼茨自己解释中国思想的过程中已经看到了这种相互作用,但是我们可以通过一个例子而看得更为清楚。让我使用一个个人的例子,一个和其他文化交流中的极端例子。一次,我在中国坐长途火车,与另一个中国老人坐在同一个长椅上。第二天早上我醒来时发现老人拍我的肩膀。他微笑着,用我听不懂的方言说着话。我回答说:"我听不懂。"他又说了什么,但是我还是听不懂。然后,他朝着他的口做了一个手势,好像他正在吃东西。尽管我们缺乏共同的语言,但是我想他是在指吃东西的事。我摇摇头,并且用手在嘴巴前也做了一个手势——我没带什么吃的,也不打算吃任何早餐。他似乎懂得我的意思。他拿出了一个看起来很奇怪的鱼干,并把它给我。他一手拿着鱼一手朝我做着手势。我摇摇头,有礼貌的拒绝了。他笑着,再一次把鱼给我。最后,我说了声谢谢,接受了东西。于是,我吃了那个鱼。他又说了一些我无法理解的话。于是,我用中文向他解释我是谁,但是他也没有听懂。最后,我们只能微笑了。当我吃完鱼后,他又给我油炸面包。通过同样的谦让礼节后,我又吃了他的面包。我们通过彼此不断的点头并微笑,坐完后半段的旅程。

　　如果说我们在交流,但"交流"又指什么呢?我们的经验是很不同的。他吃了一个普通的早餐,而我却吃一些不同寻常的东西。我不知道他想着什么并且为什么他要与我分享食物。尽管如此,我们还是达到了某种程度的理解。当他把鱼递给我时,我知道他是把鱼递给我吃,而不是把它当做一个幸运护身符收藏起来。我也知道他不仅仅是给我一个欣赏他早餐的机会。我甚至还懂得他吃的手势。相似地,他也懂得我原来作为拒绝的手势,然后我接受了鱼。我希望他懂得,我很高兴吃到这份早餐。问题的关键是,这种理解是怎么可能的呢?我们怎么能更好地解释它?我选择这个例子主要是因为它很少涉及两个文化世界的交集。我不是因为事先懂得这是中国农民请人吃早餐的方式而懂得它的。我从来就没有学过他的"语言",不管是他的口头语言还是他的肢体语言。如果我们没有享有什么共同的文化或解释的方式,那么,唯一使我们能够理解的只能是我们存在于自然世界中的人的共同性。用莱布尼茨的话来说,我们表达着一个共同的世界。因此,我们两个朝同一条鱼做手势。很自然地,这鱼对我们每一个人具有不同的意义,虽然,我们都知道它能吃,甚至我们两个人可能还都想到,我们回家后,这一件事会是一个很好的故事。我不是说我们有着关于鱼的共同经验,只是说,这种享有的现实没有某种客观的理解——我们彼此是从不同的视角去表达它的。表达要求我们不能解决鱼有怎样一种"客观"意义的争端,因为我们彼此是从一定的视角去表达它的。相似地,没有什么意义的单元从他的心中传到了我的心中。这只是说,心灵不是通过窗户传递观念而相互作用的。尽管如此,在我们的表达之中的作为共同根据的鱼的表象,使我们达到了某种理解。我们依赖一个朝着鱼干做手势之外的共有的世界。我们两个都看到一个不眠之夜已经过去了,而我似乎没有自己的食物等等。而且,这种相遇还预设了一个建立在我们自己彼此经验之上的世界的更广泛的知识。我们两人都假定,我们有时是需要食物的,而且食物是通过口吃进去的。当然,这里,文化也没有完全被排除在外,但我可以与一个这样的人通过微笑而交流,他的文化是在一个与我完全不相干的环境中发展起来的。我想,最初进入中国的耶稣会士恐怕正是用这种方式进行交流的。

这个例子支持了我们表达着同样的宇宙的观点,但是,它指示出我们表达了一个共有的观念结构吗?这个反对意见建立在一种从经验是怎样为意识所规定中分离出来的幼稚的经验之上。莱布尼茨相信这两者是不能分离的。只要用我们从最基本意义上表达的理性结构,我们就可以看到它在类推中起作用。我假定中国人在做一个手势的时候是要给我吃的东西。这种假定不是任何明确推理的产物,但是建立在一种出之于直觉的明确类比之上。从我的经验中,我相信那动作看起来像人在吃东西的时候嚼动嘴巴。他的行为看起来像一个人正用一种特别的方式动着他的嘴巴。所以,他也许是意指吃。这个中国人依靠着一种同样的类比:在睡了一夜之后,我应当要吃点什么。这种类比的能力,正是莱布尼茨说我们表达着同样的先天观念的总体时所意指的。

至此,我已经用莱布尼茨的理论解释了在具体情境中的两个人的相互理解,但是它也可以应用于哲学。我将再运用两个来自孟子的众所周知的故事作为例子。这两个故事都是为了证明他这样的观点:人的自然本性倾向于一个伦理的社会关系。第一个是,孟子对梁惠王说的话。梁惠王问孟子,自己能不能成为保民的王。孟子说,他能并给出了这样一个故事:一天,梁惠王碰巧看到一头要被杀了作牺牲的牛从堂下经过。梁惠王看到牛害怕得浑身发抖、听到它可怜的哀鸣,于是放生这头牛。孟子说,这种自发的对牛的同情心是仁德的萌芽。(1A7)在第二个故事中孟子也说明了一个同样的问题。他说,不管谁,看到一个将要掉入井中的孩子,都会担心孩子,即使没有其他人看到也没有任何奖励。这同样说明了所有的人有一种可以发展成为仁德的基本的同情心。(2A6)

让人吃惊的是这些故事如此让人易懂。在将近两千五百年之后,当已经传遍了大半个世界,它也没有稍稍减少它的说服力。莱布尼茨将怎样解释这种易懂性?这种容易理解的根据就是我们对同一宇宙的共同感觉。我们并没有与孟子一样的经验,但是我们经验了相似的情景,因此,虽然我们没有看到同一个孩子,但我们都看到过孩子。我看到过一些水井,虽然它们与孟子所指的那些并不相同。我知道看到一个受罪的动物时的感受。另外,这种理解也需要一种能一贯地从理念得出结论的能力。因而,如果我首先想到孟子所指的情感是某种义愤,我将看到从这所产生的结论。我发现,仁慈的德性是从这种情感中发展出来的,而如果这种情感是义愤,那么这种联系看起来将是矛盾的。这种矛盾性的认识使得我们重新解释这种情感,也许要与某种像同情的东西联系起来。这种理解的过程要求这种理念和经验之间的辩证的运动。让我再一次强调,我们看见一个孩子将掉入井中的经验——假如我们都围在一个敞开的井边——绝不会与孟子的完全一样。事实上,我的经验也绝不会与你们的完全一样。每一个人都有不同的经验,但这正是莱布尼茨说我们是同一个现实的原因的表达。这个例子的力量在于,孟子是在一个完全异于西方文化的情景中创造这两个故事的。

我们能理解这种辩论不可能是因为文化的重叠。这就是说,不是因为我们在同一个教我们怎样感受一种情绪的文化氛围中我们才有同样的情感。这种相似性的唯一解释似乎在于我们表达着同一个宇宙。引人注意的是,这一过程也能很好地解释误解,尤其是我们讨论更为抽象的概念的时候。例如,莱布尼茨首先是把"天"与他自己的"God(神)"的观念联系起来的,然后他把从他的**神**的观念中得出的结论运用于"天"。如果他有更好的文本,并且做了更为仔细的阅读,他可能已经认识到中国人会从"天"引出的不同结论。这些结论将解释,"天"的概念与"nature"更相符而不是与"God"。进一步的阅读将会带来新的观念,一个允许新的演绎的与"nature"稍有不同的概念。

  我已经用莱布尼茨的词语很粗略地描述了这一过程,把像思想和语言之间的关系以及用怎样的词语我们能够更好描述我们的观念等明显的问题放到了一边。我的观点在于,莱布尼茨通过表达统一在同一个意识中的两种共性的结合,在文化的差异和相似性之间建立了一个很好的平衡,解释了这些相似性和差异性共同促成了理解的可能性的方式。解释跨文化之间的理解能力,是一个我们应当严肃对待莱布尼茨理论的理由。另外,我们可以在这种理论的基础上得出一个务实的论点。如果我们表达着同样的现实,我们必须时时意识到这种视角的限度,我们也应该意识到在其他视角中的潜在的善。我们决不能有一个视角优于另一个视角的确定优越性。理论的这一点要求我们走向宽容。同时,因为我们表达着同样的现实,我们在估价他人视角的时候就有了一些理由。因此,我们可以认定我们的观点可能是更好的,但是我们也可以认定,其他人的观点或许会更好。一个严格的相对论者或怀疑论者,可能也有某种宽容的基础,但是没有一种向其他文化学习的原因,因为它没有办法决定其他的文化学习是否有值得学习的方面。莱布尼茨的理论驱使我们对其他文化不但有宽容的心而且去学习它。

  最后,莱布尼茨的哲学体系和他对文化交流与和谐的推动是相符合的。如果那允许我们理解的是我们对同一个宇宙的经验,那么,增加彼此理解的最好方法就是增加相互的经验。莱布尼茨自己没有清楚得出这个结论,但是,这个作法可以从他的理论体系中被推导出来。他对中国的特别注意,建立在他相信中国人——作为另一个发达文化的中心——与欧洲人有着很多的共同经验。单子可以通过分有更多的观点的相似性而切入彼此的视角,而这也可以通过增加彼此的相互作用和交流而得到。换一句话说,当我们的理解之间似乎有鸿沟或不同的诠释有矛盾的时候,在两者之间建立联系的办法就是求助于经验并检验这种诠释。这种回答似乎很像科学。这也是莱布尼茨用于研究文化交流的基础。在我们跨文化之间的理解这么重要的现代世界,增加不同文化之间的相互作用和相互交流也同样重要。或许我们不需要中国人来教我们自然道德——像莱布尼茨所希望的那样,但是这种直接的相互作用和交流本身推动了一种和谐的伦理。与这种分有的经验的需要密切相连的,是莱布尼茨这样的信念:知识和经验把人们带到了一起。在某个具体的情景中,我们对一个共有世界的表达,把我们带入一个共同的理解之中。但是,莱布尼茨走得更远,他宣称,一般的知识,甚至在独立的环境中发展的知识,也可以使我们走到一起。抽象地讲,通过反思和知识,我们超越了宇宙中的某个地方,参与到一个更大的普遍性之中。这种从不同视角得到的知识倾向于彼此连接的观念,使得莱布尼茨极其相信文化交流之容易和自然神学的历史。自然神学假定,经验把生活在完全孤立环境中的人带向对宇宙理解的相似的结论。对于莱布尼茨来说,这不仅意味着在不同文化中的人将发展出相似的科学,也意味着他们可以发展出相似的伦理和宗教观点。这种趋同的倾向现在看起来似乎有些幼稚,但是这种信念导致的结果是一种开放的、相互尊敬的与其他文化交流的信念。我们可以具有这种开放的态度,因为另一文化的视角自然地补充我们的视角,从而使我们对我们共有的世界有一个更为广泛的认识。这就是莱布尼茨描述的,欧洲和中国两种相互补充的文化需要走到一起并形成一个对宇宙的更为完全的表达。因为我们的观点不是简单地不同与不能调和,其他文化也不是简单的与我们相对和给我们威胁。是这种生活在一个共同享有的世界中的信念促使莱布尼茨去推动文化之间的交流。在这个全球化的时代,这种信念可以给我们很好的帮助。

人名索引

A

阿尔坎　F. Alcan F.　126

阿尔诺　Arnauld　31,35,87,147

阿奎那,托马斯　Thomas Aquinas　3,6—9,13,209

阿里阿德涅　Ariadnes　163

阿瑟,约恩　John Arthur　224

阿洛伊(伊本·鲁世德)　Averroes　5

阿维森纳(伊本·西纳)　Avicenna　5

艾顿　E. J. Aiton　155

艾梅丽　Amelie　154

艾森可夫,保罗　Paul Eisenkopf　175

安瑟伦　Anselm　200

奥尔登伯格,亨利　Henry Oldenburg　126

奥菲斯　Orpheus　10,11

奥古斯丁　Augustine　3,9,10,133,188,210,211,213,217

奥古斯都　Augustus　3,149,152

奥斯滕斯,雅各布　Jacob Ostens　42

B

巴吕齐　Baruzi　126,150

巴特勒,乔瑟夫(巴特勒主教)　Bishop Butler　189

白晋　Joachim Bouvet　11—13,18,29—31,132,135—137,140,142,143,145—147,155,156,159—161,163—167,169,170,174,188,197,198,204,205,208,217,220

柏拉图　Plato　5,6,9—12,19,120,191,192,205,213,227

柏应理　Philippe Couplet　22,125,144,182,216,217

拜尔　Bayle　104,178,190,205,206

贝朗,康拉德·巴索尔德　Conrad Barthold Behrens　159

彼得大帝　Peter the Great　50,134,151,152,228

毕达哥拉斯　Pythagoras　10—12

毕诺,维吉尔　Virgile Pinot　32,34—36,168,190

宾,威廉　William Penn　203

伯夫,阿尔伯特　Albert Burgh　43

伯里埃,保罗　Paul Beurrier　11,12

伯纳德,爱德华　Edward Bernard　160

伯内特,托马斯　Thomas Burnett　133,148,149

伯尼特,吉尔伯特　Gilbert Burnet　148,149

博吉斯　Borges　58

博斯,巴托洛梅乌斯　Bartholomaeus des Bosses　50,132

博斯,德斯　Des Bosses　213—215

博因堡,约翰·克里斯蒂·冯　Baron Johnn Christian von Boineberg　126,127

布尔歇,路易斯　Louis Bourget　134

布拉特,汉斯-斯蒂芬　Hans-Stephan Brather　129,153,154,204

布里农,玛丽　Marie de Brinon　175

布伦瑞克的公爵鲁道夫　Duke Rudolph of Brunswick　134

布罗索　Brosseau　125

布内格,赫伯特　Herbert Brege　117r

C

陈荣捷　Wing-Tsit Chan　20—22,26,216

成吉思汗　Chinggis Khan　18

D

达·伽马,瓦斯科　Vasco da Gama　5

达斯卡尔,马塞洛　Marcelo Dascal　102,162

达斯卡尔　Dascal　162,163

丹尼尔　Daniel Papebroch　27,144,150

德尔图良　Tertullian　191

德范克,约翰　John DeFrancis　165

德里格　Feodorico Pedrini　29

德蒙塞,勒内-亨利　René-Henri de Crux de Monceaux　176

狄奥尼修斯　Dionysius　10,191

迪唐斯　Dutens　149,155,161,183,188

杜德美　Pierre Jartoux　29,134,154

多尔衮　Dorgon　18

E

铎罗,查尔斯·托马斯　Charles Maillard de Tournon　36

俄狄浦斯　Oedipus　11

恩格斯　Engels　193

恩斯特,兰格拉夫　Landgraf Ernst von Hessen-Rheinfalls　141,211

F

斐拉莱特　Philalethe　90

费奇诺,马尔西略　Marsilio Ficino　10

冯塔尼-佩里森,保罗　Paul Pellisson-Fontanier　131,150

冯友兰　Fung Yu-la　20,21

弗朗克,奥古斯都·赫尔姆努斯　Augustus Hermannus Francke　149,152

伏尔泰　Voltaire　70,178

伏羲　Fuxi　12,13,20,22,30,135,165—167

福柯　Foucault　58

福西厄斯,艾萨克　Isaac Vossius　30,31

G

该隐　Cain　30

高本汉(珂罗倔伦)　Karlgren　25

哥伦布　Columbus　5

格拉斯赫尔茨,艾米丽　Emily Grosholz　120

格里尔　Guerrier　152

格洛孝滋　Grosholz　205

郭弼恩　Charles Le Gobien　141

H

哈纳克　Aldolf von Harnack　149,153,154

海德格尔,马丁　Martin Heidegger　110

海姆,迈克尔　Michael Heim　110,134,149

含　Ham　30

合,雅各　Jacob Hop　148

何丙郁　Ho Peng Yoke　158,166

赫胥黎,阿道斯　Aldous Huxley　9

黑格尔　Hegel　193

洪若翰　Jean de Fontaney　136,216

忽必烈汗　Kublai Khan　4

怀特海　Whitehead　193

霍伊维尔,格尔德　Gerd van Heuvel　134

霍伊维尔　Heuvel　134

J

基尔希　Kirch　134

基尔希基尔德,特弗里德　Gottfried Kired　134

基歇尔,阿塔纳修　Athanasius Kircher　11,12,17,126,130,197

吉,爱德华　Eduard Gee　149

加尔文　Chauvin　175

杰利,尼古拉斯　Nicholas Jelley　86

K

卡素朋,伊萨克　Isaac Casaubon　11

卡泽,塞萨尔　Cesar Caze　134

考尔巴赫,弗里德里希　Friedrich Kaulbach　120

科尔贝特　Colbert　169

科尔伯特,吉恩·巴蒂斯特　Jean Baptiste Colbert　156,169

科尔特斯,赫尔南　Hernan Cortes　5

科汉斯基,亚当　Adam Kochanski　132

科雷尔,福彻德　Foucher de Coreil　127,152,228

克莱门特十一世　Clement XI　36,227

克雷,埃德温·范　Edwin Van Kley　29

孔泰,路易斯·乐　Louis Le Comte　125

寇瑟尔特　Kortholt　167,183

库克,丹尼尔　Daniel J. Cook　49,50,182,193

L

拉赫,唐纳德　Donald Lach　3,4,6,49,147,149—151,155

拉克罗兹　Maturin Veyssière La Croze　164,165,167,198

拉鲁贝尔,西门　Simon de la Loubère　125,170

拉罗克,丹尼尔　Daniel Larroque　140

拉罗克　Larroque　161

莱福特,弗朗索　Francois Lefort　152

赖利,帕特里克　Patrick Riley　62,178,199,203,204

雷蒙(德雷蒙),尼古拉斯·德　Nicholas de Remond　50,183

李约瑟　Joseph Needham　25,158,192,193,205

里奥,多米尼克　Dominick Iorio　189

理雅各　James Legge　20,189

利安当　Antoione de Sainte-Marie (Antonio Caballero a Santa- Maria)　125,182—184,187,188,191,214,216,217

利玛窦　Matteo Ricci　13,17,18,28,32—34,37,168,182,215

梁宏仁　Artus de Lionne　190

龙华民　Nicholas Longobardi　31,125,182—184,187,188,191,193,216—218

卢多尔夫,海因里希·威廉　Heinrich Wilhelm Ludolf　152

卢多尔夫,希布　Hiob Ludolf　134,160

卢瑟福　Rutherford　58,68,70,71,110

鲁保禄　Paul Rule　23

鲁道夫,恩诺　Enno Rudolph　117,147

鲁西德,伊本(阿维洛伊)　Ibn Rushd　5

陆伯嘉　Brocard　29

路易十四　Louis XIV　5,126,127,156

罗思文,小亨利　Henry Rosemont Jr　21,22,49,50,158,182,193

罗素-库迪拉特　Russell-Couturat　55

洛克,约翰　John Lock　44

M

马尔凯蒂,安尼巴尔　Annibal Marchetti　213

马格里尔,沃尔德　Woldemar Guerrier　134

马格努斯　Magnus Wedderkopf　64,68

马可·波罗　Marco Polo　4

马勒伯朗士,尼古拉　Nicholas Malebranche　31,60,79,80,87,125,183,189,190,193,207

马里亚尼　Mariani　143

马利亚贝基,安东尼　Antoine Magliabechi　150

马修斯　Matthews　21,198,216

麦克雷,罗伯特　Robert Mcrae　86,87

梅尔,康拉德　Konrad Mel　149

梅耶尔,格哈德　Gerhard Meier　211

梅佐　P. des Mazeaux　190

美世　Mercer　198

门泽尔　Mentzel　164,165

蒙田,米歇尔·德　Michel de Montaigne　14—16,39,44,45

孟德卫　David Mungello　23,28—31,125,182,190,197,219

米兰米克,乔治　George Minamiki　31,34,37

米勒,安德烈亚斯　Andreas Müller　130,131,155,164,189

闵明我　Claudio Pilippo Grimaldi　132,135,137,139,144—147,150,151,155,159—161

摩尼　Mani　3,66,184

摩西　Moses　10,11,190

莫雷尔,安德烈亚斯　Andreas Morell　152

莫雷尔　Morell　142,148

默克尔,弗兰兹·鲁道夫　Franz Rudolf Merkel　147—150,175

默瑟,克里斯蒂亚　Christia Mercer　14

N

南怀仁　Ferdinand Verbiest　28,29,157

牛顿　Newton　207

努尔哈赤　Nurhaci　18

诺亚　Noah　11,12,30,132,189

O

欧尔班,费迪南德　Ferdinand Orban　132,175

欧几里得　Euclid　4,28,29

P

帕斯卡　Pascal　31,32

庞蒂皆瑞　Pondicherry　128

培根,弗兰西斯　Francis Bacon　129,157,206

普雷休斯,文森特　Vincent Placcius　149

普鲁塔克　Plutarch　15

Q

秦家懿　Julia Ching　134,219

诠释(赫尔墨斯)　Hermes　10—14,16

S

萨彻,汉斯　Hans Zacher　134

塞缪尔　Samuel Chappuzeau　140

赛义德,爱德华　Edward Said　127

施罗克,卢卡斯　Lucas Schrock　133,159

施潘海姆,埃策希尔　Ezechiel Spanheim　198

史景迁　Jonathon Spence　12,28,29,33,34,37,38,139,143

斯宾诺莎　Spinoza　8,26,36,38,40—48,50,51,55,56,60,69,73,80,85,86,97,

107,111,119,189,190,217,221,222,227
斯皮泽尔,戈特利布　Gottlieb Spitzel　11,159
斯皮泽尔　Spizel　11,17,126,130,166
苏菲　Kurfürstin Sophie　132,150,159,175,176,178
苏拉特　Surat　128
琐罗亚斯德　Zoroaster　10—12,30

T

泰奥菲勒　Theophile　84,89,90,99,104,107
泰奥菲勒斯　Theophilus　192
泰勒,查尔斯　Charles Taylor　224
坦泽尔　Wilhelm Ernst Tentzel　134,150
汤若望　Johann Adam Schall　28,157
特里萨　Theresa　74
特里斯梅季塔斯,赫尔墨斯　Hermes Trismegistus　10
提维诺特,玛尔什代锡　Melchisedech Thevenot　139
田浩　Hoyt Tillman　24
托兰德,约翰　John Toland　133
托马修斯　Thomasius　198
托尼迈,勒内-约瑟夫　René-Josephe Tournemine　132

W

维德迈尔,丽塔　Rita Widmaier　155,159,162—164,166,167
韦伯,约翰　John Webb　30,31
维纳,菲利普　Philip Wiener　127,152,228
维特森,尼古拉斯　Nicholas Witsen　134,160
卫匡国　Martino Martini　30,125
卫礼贤　Richard Wilhelm　21
魏茨泽克,卡尔·弗里德里希·冯　Carl Friedrich von Weizsacker　117
沃利斯,约翰　John Wallis　149
沃特曼,约翰　John Waterman　134
沃珠,安东尼　Antoine Verjus　49,50,132,140,145,151,163,205,206,215

乌尔里希,赫尔佐格·安东　Herzog Anton Ulrich　152

伍安祖　On-cho Ng　27

X

西马,尼古拉·阿戈斯蒂诺　Nicolas Agostino Cima　133

西纳,伊本(阿维森纳)　Ibn Sina　5

希波吕托斯　Hippolytus　3

席文,纳丹　Nathan Sivin　138,157,158

夏洛特,苏菲　Sophie Charlotte　132

夏皮罗,艾米　Amy Shapiro　224

雪堡的赫伯特主教　Lord Herbert of Cherbury　47

Y

雅布隆斯基,丹尼尔·恩斯特　Daniel Ernst Jablonski　154

亚当　Adam　11,30,132,155,161

亚历山大的克莱门特　Clement of Alexandria　3,9

耶利米　Jeremiah　10

耶稣　Jesus　6,8,11—13,16—20,22—24,28—32,34,35,37,49,50,125,126,132—134,136,141—154,157,168,177,182,187,199,203,205,209,210,212,216,219,227,232

以诺　Enoch　13,30

殷铎泽,普罗斯佩罗　Prospero Intercetta　125,126

犹大　Judas　64

Z

詹启华　Lionel Jensen　17,23,28,33

张诚　Jean Franucois Gerbillon　29

中纳,乔安·雅各布·朱利叶斯　Johann Jacob Julius Chuno　141,148,151,152

宙斯　Zeus　21

后　记

假如说我得到方先生的《互照：莱布尼茨与中国》这一著作是由于某种偶然，那么翻译它、把它介绍给中国读者就是一种必然。这不仅是因为本书触及了一个重大而迫切的人类共同的课题，也不仅仅是因为该研究本身引证材料的广泛详实、论证的深入浅出以及结论的富有启迪使之具有的学术价值，还是因为它与中国的联系如此密切。莱布尼茨与中国？你直观的反应会不会是：这样的课题不应该是中国人研究的吗，怎么会是美国人呢？然而，说到书的出版，那当然得感谢王立刚先生了。没有王先生的热情接纳、极力推荐及其马不停蹄的辛劳，本书是不可能如此顺利地付梓的。

一年半左右的时间跨度不太长、也不算短，但其中却容纳了我本人从初次草译到最后定稿的五次从头到尾的阅读、思考、斟酌与修改。而作为美籍华人学者的王蓉蓉女士和作为汉学家的方岚生先生的细致精准的校对，则更是本书质量的强大支撑。

另外，本书的出版还得感谢我的两位研究生，晋楠和夏亚平。他们分别为我提供了第三章和第四章的第一稿初译。当然，我的妻子黄松花女士以及女儿曾静之也应该在此提及。在这一段时间里，她们与我朝夕相处。她们对我的帮助是无形的、也是无处不在的。

记之以志！

曾小五

2010 年 11 月 20 日于芝加哥